L'EXPERT DES TESTS

L'EXPERT DU CONCOURS SESAME NIVEAU DÉBUTANT

11 TESTS BLANCS

Dorone **Parienti**

Elie-Nathan **Parienti**

David **Flak**

ellipses

Retrouvez les ouvrages de la collection sur
www.editions-ellipses.fr

AVERTISSEMENT
Les sujets proposés dans cet ouvrage ainsi que les corrigés et les commentaires qui les accompagnent n'engagent que l'auteur et l'éditeur et n'ont aucun lien avec l'organisation des concours cités.

ISBN 9782340-042810
©Ellipses Édition Marketing S.A., 2020
32, rue Bargue 75740 Paris cedex 15

DANGER LE PHOTOCOPILLAGE TUE LE LIVRE

Le Code de la propriété intellectuelle n'autorisant, aux termes de l'article L. 122-5.2° et 3°a), d'une part, que les « copies ou reproductions strictement réservées à l'usage privé du copiste et non destinées à une utilisation collective », et d'autre part, que les analyses et les courtes citations dans un but d'exemple et d'illustration, « toute représentation ou reproduction intégrale ou partielle faite sans le consentement de l'auteur ou de ses ayants droit ou ayants cause est illicite » (art. L. 122-4).
Cette représentation ou reproduction, par quelque procédé que ce soit constituerait une contrefaçon sanctionnée par les articles L. 335-2 et suivants du Code de la propriété intellectuelle.

www.editions-ellipses.fr

Remerciements

Merci à Brieuc Bénezet pour son soutien indéfectible.

Merci à Anne-Laure Tedesco pour son excellent travail de mise en page.

Merci à Laure Chataignon pour son aide précieuse.

Merci à Kathy Bokobza pour sa lecture attentive et ses suggestions.

Merci à Lucie Yaël Mazzolini, pour tout.

Merci aux professeurs de La Grande Prepa pour leur remarquable travail : Laurent, Inès, David, Wang Yan, Valérie, Eytan.

Merci à vous, chers lecteurs, de nous faire confiance pour préparer vos concours.

TOP 5
ou
REMBOURSÉ
Sans aucune condition

Avec LaGrandePrépa, intégrez les 5 meilleures écoles accessibles via le Concours SESAME ou soyez **intégralement remboursé**.

KEDGE BUSINESS SCHOOL — SKEMA BUSINESS SCHOOL — EMLV — ESSEC BUSINESS SCHOOL — em lyon business school

Prêt à relever le défi ? Contactez-nous au 07 56 99 09 09

Ou rendez-vous sur www.lagrandeprepa.com

FORMATION

Sommaire

Introduction à l'épreuve de raisonnement au Concours SESAME

« La chance aide parfois, le travail toujours »

Vous vous apprêtez à vous lancer dans cette course contre la montre qu'est l'admission en école de commerce et vous avez réalisé que l'étape indispensable de ce parcours du combattant, c'est le passage du concours Sésame. Si ce test d'aptitudes fait tant parler de lui aujourd'hui, c'est avant tout parce qu'il est mal connu ou du moins mal perçu.

Le Concours SESAME est une banque d'épreuves communes à 16 programmes et 12 écoles de commerce et de management international, tous membres de la Conférence des Grandes Écoles. Ces écoles délivrent toutes un diplôme visé par le Ministère de l'Enseignement Supérieur, de la Recherche et de l'Innovation à bac+4 et bac+5.

L'accès au concours SESAME est ouvert aux élèves de terminale littéraire, économique, scientifique ou technologique, ainsi qu'aux titulaires du bac ou équivalent étranger.

Les épreuves écrites, qui se déroulent sur une seule journée, sont communes aux 12 écoles et 16 programmes ainsi qu'à tous les centres de concours, en France et à l'étranger. Seuls les coefficients appliqués par les écoles à chaque épreuve changent. Trois groupes d'épreuves structurent la partie écrite du Concours SESAME : Langues, Raisonnement & Compétences, Analyse-Synthèse.

À quoi ressemble l'épreuve de Raisonnement & Compétences au concours SESAME ?

L'épreuve de Raisonnement & Compétences au concours SESAME dure une heure et réunit trois types d'exercices : raisonnement, aptitudes numériques et aptitudes verbales. Il vous est demandé de répondre à une série de 45 QCM. Cette épreuve a pour objectif d'évaluer votre capacité de raisonnement ainsi que vos connaissances numériques et verbales.

Seules les bonnes réponses sont comptabilisées, il faut donc répondre à toutes les questions.

L'épreuve Raisonnement & Compétences au concours SESAME ne doit avantager aucune formation, qu'elle soit scientifique, économique ou littéraire. Pour résumer, cette épreuve du concours Sésame permet de mesurer la capacité du candidat à appliquer un raisonnement logique aux champs de la résolution de problèmes ou de la logique formelle.

Le Concours SESAME est un test d'aptitudes, pas de connaissances !

Qui est l'auteur ?

Dorone Parienti est **L'expert du Concours SESAME** et prépare chaque année des centaines d'étudiants à ce test d'admission. Concepteur de concours officiels, Dorone est également auteur de 13 ouvrages aux Éditions Ellipses.

Depuis 2018, Dorone Parienti est Directeur Général de *La Grande Prépa*, prépa ayant connu **la meilleure marge de progression par étudiant** sur les tests d'admission post-bac. Dans des classes de petit effectif, Dorone y dispense toute son expérience et son savoir-faire.

Vous avez une question ou souhaitez obtenir un rendez-vous individuel gratuit avec Dorone Parienti ?

Contactez-nous au **07 56 99 09 09** !

Comment utiliser ce livre ?

- **Étape 1 :** Pour chacun des tests blancs, exercez-vous en conditions réelles. Chronomètre sur la table, faites votre possible pour répondre à un maximum de questions dans le temps imparti. À la fin du temps imparti, copiez vos réponses sur une grille.

- **Étape 2 :** Dans un deuxième temps, finissez votre test en prenant le temps nécessaire, l'objectif étant de réussir à répondre à un maximum de questions restantes.

- **Étape 3 :** Enfin, regardez la correction, comparez avec vos réponses et calculez le score que vous auriez eu dans le temps imparti. Gardez en tête que l'important n'est pas votre score mais votre capacité à ne pas refaire les mêmes erreurs.

Il est important de travailler régulièrement, d'espacer les séances de révision afin d'optimiser l'assimilation des méthodes. Concentrez-vous sur des parties différentes du test chaque jour afin de vous renforcer petit à petit. Un bon rythme de travail consisterait à travailler sur au moins 2 mois, à raison d'une heure par jour en semaine, et deux heures par jour le week-end.

Afin de vraiment progresser, il est nécessaire de faire des fiches sur les questions auxquelles vous n'arrivez pas à répondre : à chaque erreur demandez-vous pourquoi vous n'avez pas trouvé la bonne réponse et faites en sorte de pouvoir réussir à résoudre un exercice similaire la prochaine fois que vous en rencontrerez.

Il est impératif d'assimiler toutes les méthodes que vous trouverez dans les corrections ! Les exercices de ce livre ont été conçus dans l'objectif de couvrir tous les thèmes que vous rencontrerez potentiellement le jour de l'épreuve.

Quelques jours avant de passer votre épreuve, réalisez quelques tests blancs en conditions réelles. Cela vous permettra de vous mettre en condition, afin de ne pas être déstabilisé le jour de l'épreuve.

Enfin, gardez à l'esprit que l'important n'est pas le score que vous aurez à l'issue des tests blancs ; l'important est de progresser entre les tests et de ne pas refaire les mêmes erreurs. Ce livre regorge de questions difficiles et variées ainsi que des méthodes de résolution associées. Fichez les questions qui vous posent problèmes et progressez : c'est de cette manière-là que vous réussirez le jour J

Des fiches méthodes pour mieux se préparer

Dans la suite de ce chapitre, vous trouverez quelques fiches sur les grands thèmes abordés dans l'épreuve de Raisonnement & Compétences au Concours SESAME. Nous vous avons synthétisé l'essentiel des connaissances à avoir, en seulement quelques fiches !

Au travail !

Logique générale – Cours

Logique Chiffre

I. Les multiples

Logique principale : Les quatre nombres qui composent la série sont multiples d'un même nombre, noté *n*. On choisira comme réponse la proposition également multiple de *n*.

Attention, la notion de multiples peut apparaître sous différentes formes au concours SESAME. Par exemple, les termes de la série $\underline{3}18$ – $\underline{6}36$ – $\underline{2}12$ – $\underline{5}30$ sont structurés d'une même façon : le premier chiffre multiplié par 6 a pour produit les deux derniers chiffres. Pour $\underline{3}18$, on a bien $3 \times 6 = 18$.

Notions à connaître : les multiples et diviseurs

- On dit que 8 est un multiple de 2, que 2 divise 8 et que 2 est un diviseur de 8.
- Si un nombre est multiple de **n**, alors il est multiple de tous les diviseurs de **n**.
  Ex. : 48 est multiple de 24, il est donc multiple de 12, de 6, de 4, etc.

  Remarque : Si un nombre est multiple de a et de b il n'est pas forcément multiple de $a \times b$.
  Par exemple, 36 est multiple de 6 et de 4, mais il n'est pas multiple de 24 ($= 6 \times 4$).
  Remarque : Si un nombre est multiple de a, de b et de c, et que a, b et c sont des nombres premiers, alors ce nombre est multiple de $a \times b \times c$. Par exemple, tous les multiples de 2, de 3 et de 5 seront multiples de 30 ($= 2 \times 3 \times 4$).

Notions à connaître : les critères de divisibilité

- Un nombre est divisible par 2 s'il finit par 0, 2, 4, 6 ou 8.
- Un nombre est divisible par 3 si la somme de ses chiffres est divisible par 3.
  Ex. : 42 est divisible par 3 car $3 + 4 + 2 = 9$ qui est divisible par 3.
- Un nombre est divisible par 4 si le nombre composé par ses 2 derniers chiffres est divisible par 4
  Ex. : 1 316 est divisible par 4 car 16 est divisible par 4.
- Un nombre est divisible par 5 s'il se termine par 0 ou par 5.
- Un nombre est divisible par 6 s'il est divisible par 2 et par 3.
- Un nombre est divisible par 9 si la somme de ses chiffres est divisible par 9.

Ex.: 918 est divisible par 9 car 9 + 1 + 8 = 18 qui est divisible par 9.

Exercice d'application.

65 51 170 102 ?

A. 41

B. 37

C. 34

D. 28

Exercice d'application. Réponse C

Les quatre nombres dont on dispose sont des multiples de 17.

En effet, 65 = 17 × 5 ; 51 = 17 × 3 ; 170 = 17 × 10 ; 102 = 17 × 6.

Ainsi la proposition que l'on retient est 34, qui est le seul multiple de 17 proposé.

II. Successions externes

L'objectif est ici de repérer les croissances sur une même position.

Ex.: 469 – 551 – 604 – 791

Remarque: l'écart est de 2 rangs maximum entre les occurrences

Attention, il arrive que les croissances suivent différents mouvements appelés Zig-Zag.

La grande diagonale		La diagonale		La diagonale milieu	
X – –	– – X	X – –	– – X	– X –	– X –
– – X	X – –	– X –	– X –	X – –	– – X
X – –	– – X	– – X	X – –	– X –	– X –
– – X	X – –	– X –	– X –	– – X	X – –
X – –	– – X	X – –	– – X	– X –	– X –

Le graphique fourni une vue verticale de la série, composée d'occurrence à trois chiffres.

Notons enfin que la succession externe peut concerner le nombre lui-même. Le candidat devra alors repérer une même croissance ou une croissance évolutive entre les nombres de la série.

Ex.: 205 – 212 – 220 – 229 (croissance évolutive sur l'occurrence elle-même)

Exercice d'application.

217 438 150 973 ?

A. 291

B. 770

C. 638

D. 546

Exercice d'application. Reponse C

Pour répondre à cette question, analysons le chiffre du milieu de chaque occurrence :

217 – 438 – 150 – 973. On observe une croissance de deux rangs et le chiffre du milieu de la prochaine occurrence sera nécessairement un 9.

III. Nombres premiers

Les nombres premiers sont de moins en moins apparents dans l'épreuve de Logique du Concours SESAME. Néanmoins, le candidat devra tous les connaître jusqu'à 100. A minima, il devra être capable de les identifier rapidement.
Voici une liste des nombres premiers jusqu'à 100 :
2, 3, 5 7, 11, 13, 17, 19, 23, 29, 31, 37, 41, 43, 47, 53, 59, 61, 67, 71, 73, 83, 89 et 97.

Exercice d'application.
1316 1725 1936 2349 ?
A. 2564
B. 2709
C. 2964
D. 3381

Exercice d'application. Réponse C
Séparons en deux parties distinctes chacun des éléments de la série.
Nous avons **13**/16 ; **17**/25 ; **19**/36 ; **23**/49.
Les premières parties de chaque nombre sont des nombres premiers, présentés dans un ordre croissant : 13, 17, 19, 23. La première partie du nombre manquant sera alors 29.
Les deuxièmes parties de chaque nombre sont des carrés, présentés dans un ordre croissant : 16, 25, 36, 49. La deuxième partie du nombre manquant sera alors 64.
Le nombre manquant est donc 2964.

IV. Suites géométriques

Rappelons qu'en mathématiques, une suite géométrique est une suite de nombres dans laquelle chaque terme permet de déduire le suivant par multiplication par un facteur constant appelé *raison*. Dans ce type de série, l'objectif va être ici de trouver la *raison* qui régit la suite. Exemple : 2 – 4 – 8 – 16

Exercice d'application.
2/9 1/6 1/8 3/32 ?
A. 1/2
B. 3/14
C. 1/16
D. 9/128

Exercice d'application. Réponse D

Pour répondre à cette question, remarquons que la série est décroissante. On constate alors (en effectuant quelques calculs…) que notre série est géométrique, chaque terme est le produit du précédent multiplié par 3/4 :

- $2/9 \times 3/4 = 1/6$
- $1/6 \times 3/4 = 1/8$
- $1/8 \times 3/4 = 3/32$

Notre solution est donc égale à $3/32 \times 3/4 = 9/128$.

V. Carrés et cubes

La logique des carrés et des cubes est assez présente au concours SESAME. Le candidat doit connaître et reconnaître facilement les carrés (de 1 à 20) et les cubes (de 1 à 10). Pour aborder ce type de série, l'objectif du candidat va être de repérer un carré/cube dans l'une des 4 places où ce carré/cube pourrait se cacher. Attention, il peut être représenté de différentes façons : 225/361/681/614

	1	**2**	**3**	**4**	**5**	**6**	**7**	**8**	**9**	**10**	**11**	**12**	**13**	**14**	**15**	**16**	**17**	**18**	**19**	**20**
1	**1**	2	3	4	5	6	7	8	9	10	11	12	13	14	15	16	17	18	19	20
2	2	**4**	6	8	10	12	14	16	18	20	22	24	26	28	30	32	34	36	38	40
3	3	6	**9**	12	15	18	21	24	27	30	33	36	39	42	45	48	51	54	57	60
4	4	8	12	**16**	20	24	28	32	36	40	44	48	52	56	60	64	68	72	76	80
5	5	10	15	20	**25**	30	35	40	45	50	55	60	65	70	75	80	85	90	95	100
6	6	12	18	24	30	**36**	42	48	54	60	66	72	78	84	90	96	102	108	114	120
7	7	14	21	28	35	42	**49**	56	63	70	77	84	91	98	105	112	119	126	133	140
8	8	16	24	32	40	48	56	**64**	72	80	88	96	104	112	120	128	136	144	152	160
9	9	18	27	36	45	54	63	72	**81**	90	99	108	117	126	135	144	153	162	171	180
10	10	20	30	40	50	60	70	80	90	**100**	110	120	130	140	150	160	170	180	190	200
11	11	22	33	44	55	66	77	88	99	110	**121**	132	143	154	165	176	187	198	209	220
12	12	24	36	48	60	72	84	96	108	120	132	**144**	156	168	180	192	204	216	228	240
13	13	26	39	52	65	78	91	104	117	130	143	156	**169**	182	195	208	221	234	247	260
14	14	28	42	56	70	84	98	112	126	140	154	168	182	**196**	210	224	238	252	266	280
15	15	30	45	60	75	90	105	120	135	150	165	180	195	210	**225**	240	255	270	285	300
16	16	32	48	64	80	96	112	128	144	160	176	192	208	224	240	**256**	272	288	304	320
17	17	34	51	68	85	102	119	136	153	170	187	204	221	238	255	272	**289**	306	323	340
18	18	36	54	72	90	108	126	144	162	180	198	216	234	252	270	288	306	**324**	342	360
19	19	38	57	76	95	114	133	152	171	190	209	228	247	266	285	304	323	342	**361**	380
20	20	40	60	80	100	120	140	160	180	200	220	240	260	280	300	320	340	360	380	**400**

La même remarque est valable pour la table des cubes suivants.

1	2	3	4	5	6	7	8	9	10
1	8	27	64	125	216	343	512	729	1000

Exercice d'application.

146 891 366 684 ?

A. 225

B. 235

C. 245

D. 255

Exercice d'application. Réponse D

Chaque nombre de la série est structuré de la même façon : les extrémités sont égales au carré du chiffre du milieu. Pour 146 par exemple, le chiffre du milieu 4 a pour carré les extrémités du nombre, 16. Visuellement : 146.

La logique est la même dans toute la série et on choisira donc la proposition 255.

VI. Sommes et produits externes

Pour résoudre cette logique, on choisit la première occurrence de la série et on calcule la somme et le produit des chiffres qui la constituent. Puis on regarde si cette somme ou ce produit est constant en faisant le test sur les autres occurrences de la série.

Ex. : 980 – 566 – 1763 – 944 (la somme des chiffres fait toujours 17).

Attention aux sommes/produits progressifs.

Exercice d'application.

142 235 364 457 ?

A. 569

B. 586

C. 589

D. 598

Exercice d'application. Réponse B

La logique à respecter dans cette série est une logique de *sommes progressives externes*. Pour trouver la logique régissant la série, on choisit la première occurrence de la série et on calcule la somme des chiffres qui la constituent ($1 + 4 + 2 = 7$). On regarde ensuite si cette somme est constante ou progressive en faisant le test sur les autres occurrences de la série.

Pour la deuxième occurrence, nous avons la somme ($2 + 3 + 5 = 10$), pour la troisième occurrence ($3 + 6 + 4 = 13$) et enfin la quatrième ($4 + 5 + 7 = 16$)

La somme des chiffres évolue entre chaque occurrence de la série (+3) : 7 – 10 – 13 – 16.

La somme des chiffres de la dernière occurrence devra donc être égale à 16 + 3 = 19. Seule la proposition 586 répond à cette condition.

VII. Sommes et produits internes

Pour résoudre ce type d'exercice, on choisit la première occurrence de la série et on prend généralement le/les plus grands chiffres de cette occurrence. On regarde alors s'il n'y a de combinaisons possibles avec le/les autres chiffres de l'occurrence.

Exercice d'application.

1338 6254 7241 6230 ?

A. 9215

B. 2690

C. 5331

D. 4184

Exercice d'application. Réponse D

La logique à respecter dans cette série est une logique de *sommes et produits interne*. Pour trouver la logique régissant la série, on choisit la première occurrence de la série et on calcule la somme des deux chiffres des extrémités (1 + 8 = 9). On regarde ensuite le produit des deux chiffres du milieu (3 × 3 = 9) et on s'aperçoit qu'il y a une égalité.

Cette logique est présente dans toutes les occurrences de la série et on choisira donc pour réponse la proposition 4184 (on a bien 4 + 4 = 1 × 8).

fiche

Logique Lettre

I. Correspondance et rang alphabétique

Dans la partie Logique Générale du Concours SESAME, les lettres ont une valeur numérique.

La numérotation alphabétique utilise les 26 lettres de l'alphabet.

IMPORTANT : Si vous connaissez le rang numérique des lettres E, J, O, T et Y (EJOTY) alors vous pouvez vous repérer facilement et trouver le rang de n'importe quelle lettre de l'alphabet.

Tableau de correspondance :

0		9	I	18	R
1	A	**10**	**J**	19	S
2	B	11	K	**20**	**T**
3	C	12	L	21	U
4	D	13	M	22	V
5	**E**	14	N	23	W
6	F	**15**	**O**	24	X
7	G	16	P	**25**	**Y**
8	H	17	Q	26	Z

II. Successions externes

Nous parlons de succession externe lorsque des lettres qui occupent la même position dans les différentes occurrences de la série, se suivent avec un ou plusieurs rangs d'écart.

Ex. : ABE – RHD – ONC – ZTP (évolution croissante de 6 rangs).

Il arrive que les croissances suivent différents mouvements appelés Zig-Zag.

La grande diagonale		La diagonale		La diagonale milieu	
X – –	– – X	X – –	– – X	– X –	– X –
– – X	X – –	– X –	– X –	X – –	– – X
X – –	– – X	– – X	X – –	– X –	– X –
– – X	X – –	– X –	– X –	– – X	X – –
X – –	– – X	X – –	– – X	– X –	– X –

Le graphique fourni une vue verticale de la série, composée d'occurrence à trois lettres.

Enfin, faîtes bien attention aux successions externes progressives.

Exercice d'application.

B D G K ?

A. U

B. P

C. R

D. M

Exercice d'application. Réponse B

Pour répondre à ce type de questions, prenons le réflexe de noter à côté de chaque lettre sa valeur numérique : B(2) ; D(4) ; G(7) et K(11).

On constate dans un premier temps qu'il y a une évolution croissante entre la valeur numérique de ces lettres. Cette évolution se caractérise par un écart de 2 rangs entre B et D, de 3 rangs entre D et G, de 4 rangs entre G et K, et donc de 5 rangs entre K et... P.

III. Successions internes

Pour résoudre ce type d'exercice, on choisit la première occurrence de la série et on regarde s'il y a un lien entre les lettres qui la compose.

Par exemple, la logique de la série AB – EF – GH – IJ est une succession interne : un rang sépare les lettres d'une même occurrence.

Là encore, faîtes bien attention aux successions internes progressives.

Exercice d'application.

AMO CTV ZPR KAC ?

A. PUL

B. PSE

C. QBA

D. MCE

Exercice d'application. Réponse D

Pour répondre à cette question, attardons-nous sur les deux dernières lettres de chaque occurrence. On constate qu'il y a un écart constant de 2 rangs entre la valeur numérique de ces lettres. Pour la première occurrence par exemple, M et O ont deux rangs d'écarts.

Même chose pour les lettres T et V dans la deuxième occurrence.

On choisira pour cette raison la proposition D.

fiche

Logique Inclassable

De nombreuses questions posées au Concours SESAME ne peuvent entrer dans une case définie. Voici un exemple de trois exercices (difficiles) et bien différents les uns des autres.

Exercice d'application.

ANGE	DONNE
AGE	OR

UNE	ET
HE	...

A. LAC

B. PIC

C. ROC

D. SEC

Exercice d'application. Réponse A

Divisons les deux tableaux de l'énoncé en quatre cases: une case en haut à droite (HD), une en haut à gauche (HG), une en bas à droite (BD) et une en bas à gauche (BG).

On remarque que lorsque la syllabe en bas à droite du premier tableau (OR) est placée avant une autre syllabe du tableau, elle forme avec chacune d'elles un nouveau mot: *orange*, *orage*, et *ordonne*.

La seule syllabe respectant cette logique dans le deuxième tableau est LAC.

Les mots formés sont alors *lacune*, *lâche* et *lacet*.

Exercice d'application.

CRANE 34215 NACRE 21345 ANCRE ? CARNE

A. 24135

B. 3 1425

C. 43 215

D. 51 324

Exercice d'application. Réponse A

Pour répondre à cette question, commençons par analyser le trio: CRANExx34215xxNACRE.

On remarque que, pour chaque lettre du premier mot (CRANE) est associé un chiffre qui déterminera le rang de cette même lettre dans le mot suivant.

C → 3

R → 4

A → 2

N → 1

E → 5

Le C a pour chiffre associé le 3. Il apparaîtra en 3e position dans le mot qui suit (NACRE).

Le R a pour chiffre associé le 4. Il apparaîtra en 4e position dans le mot qui suit (NACRE).

La logique est la même pour les autres lettres et on trouve comme deuxième mot NACRE.

On cherche à présent la série de chiffres se trouvant entre les mots ANCRE et CARNE.

La lettre A dans ANCRE se trouvera en 2e position dans CARNE, le N est 4e position, le C en 1re position, le R en 3e position et enfin le E en 5e position.

La série de chiffres à trouver est donc : 24135.

Exercice d'application.

9S 3M 6J 1J ?

A. 5C

B. 7N

C. 3B

D. 4A

Exercice d'application. Réponse D

Pour répondre à ce type de question, vous devez parfaitement connaître le rang ou valeur numérique des mois de l'année : Janvier = 1, Février = 2, Mars = 3...

Ici, le couple chiffre-lettre est constitué du rang de certains mois de l'année et de leur première lettre. Par exemple, 9S représente le mois de septembre qui est le 9e mois de l'année et dont la première lettre est un -S (Septembre).

On choisira logiquement la proposition D : 4A (Avril = 4).

Soyez conseillé(e) par Dorone Parienti !
Soyez conseillé(e) dans votre préparation
aux concours en réservant un RDV individuel gratuit
(présentiel ou téléphonique) avec nous sur :
www.lagrandeprepa.com / 07.56.99.09.09

Logique numérique – Cours

Géométrie

I. Les quadrilatères principaux

Parallélogramme

1. **Définition** : quadrilatère dont les **diagonales** se coupent en leur milieu
2. **Propriété** : quadrilatère dont les **côtés** sont parallèles et égaux deux à deux
3. **Aire** : (base · hauteur)

Rectangle

1. **Définition** : parallélogramme dont les **diagonales** ont la **même longueur**
2. **Propriété** : parallélogramme possédant deux **côtés** consécutifs **perpendiculaires**
3. **Aire** : (longueur · largeur)

Losange

1. **Définition** : parallélogramme dont les **diagonales** se coupent perpendiculairement
2. **Propriété** : parallélogramme possédant 2 côtés consécutifs égaux
3. **Aire** : (grande diagonale · petite diagonale) / 2

Carré

1. **Définition** : c'est un losange et un rectangle
2. **Propriété** : c'est un losange et un rectangle
3. **Aire** : (côté · côté)

II. Cercles

Périmètre : $2 \times \pi \times r$ **Aire :** $\pi \times r^2$

Astuce : Un triangle inscrit dans un cercle et dont un des côtés coïncide avec un diamètre du cercle est un triangle rectangle.

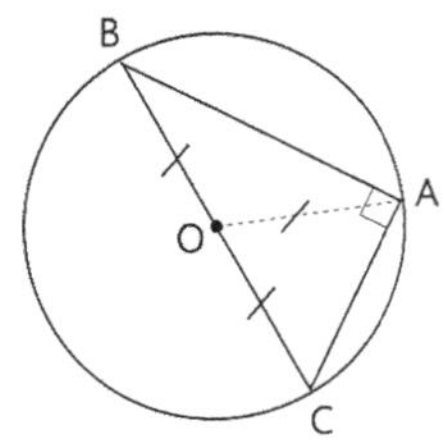

III. Aires et Volumes

Aire d'un triangle : $bh/2$

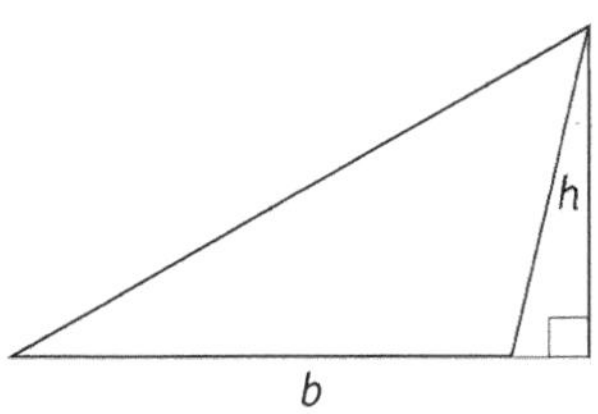

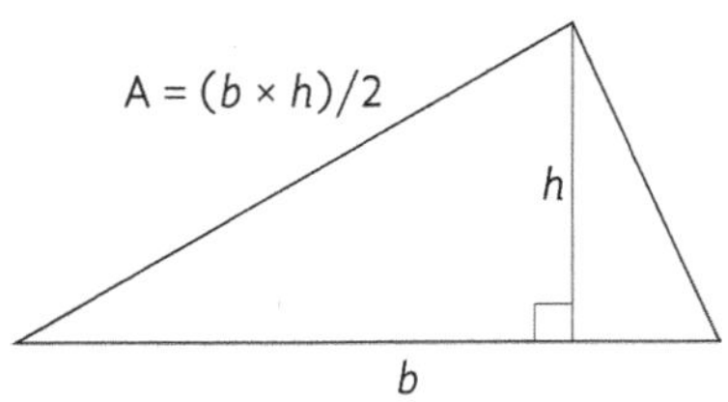

Aire d'une sphère : $4\pi \times r^2$

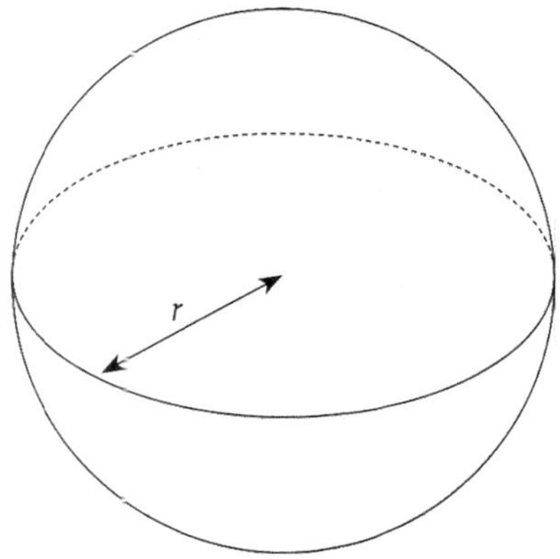

Volume d'un cube d'arête c : c^3

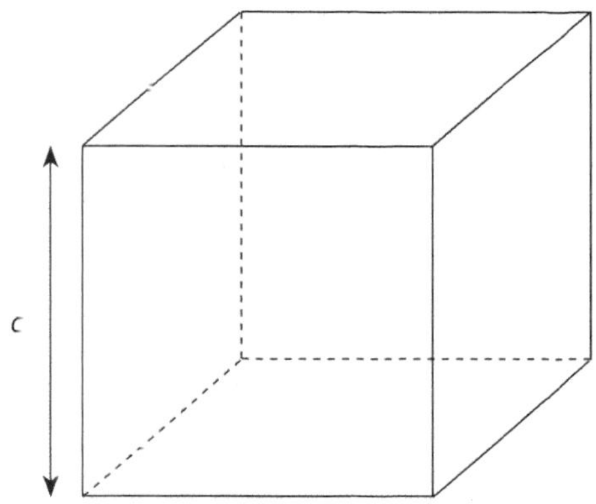

Volume d'un parallélépipède rectangle : $h \times L \times l$

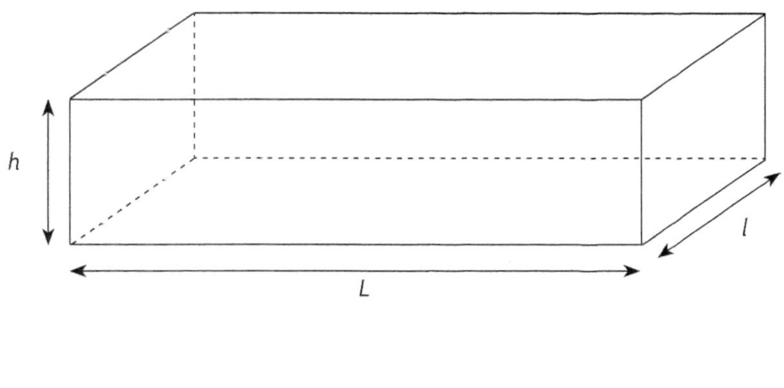

Volume d'une boule : $4/3\ \pi \times r^3$

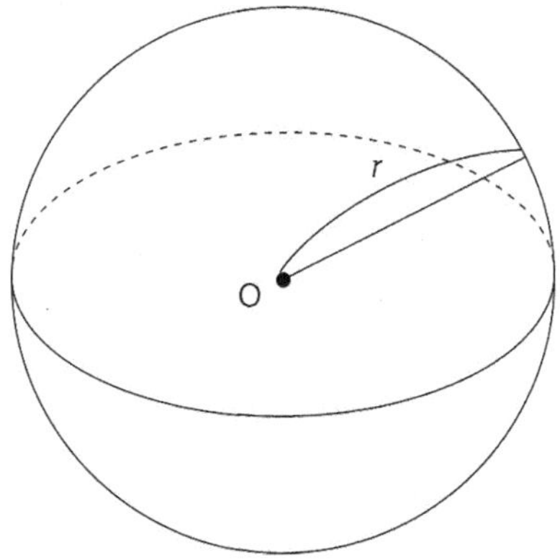

Volume d'une pyramide : $Ah/3$ (avec A la base colorée)

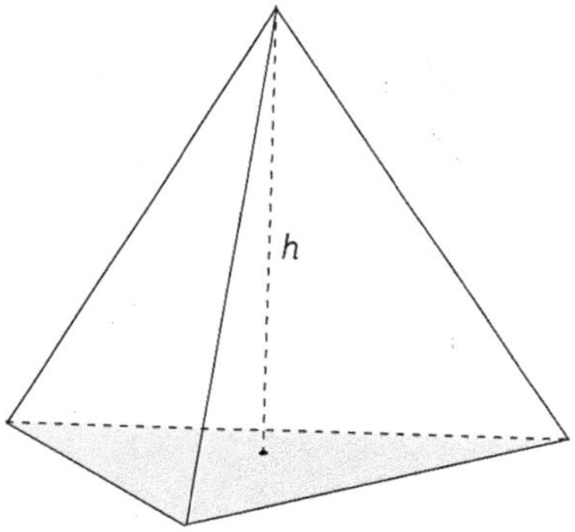

Équations

fiche

I. Équations

- Dans les questions qui portent sur des équations, il est impératif de transformer chacune des données de votre énoncé sous forme d'équation, en gardant toujours en tête l'inconnue que vous cherchez.

  Remarque : Pour résoudre un système à ***n* inconnues**, il est nécessaire d'avoir ***n* équations** afin de connaître les valeurs de **toutes les inconnues**. En revanche, il est parfois possible de trouver la valeur d'une inconnue avec seulement 2 équations, même si on a plus de 2 inconnues !

  Ex. : A + B + C + D + E = 10 et A + B + C + D + 2E = 11 → on peut ici déduire que E = 1. Mais on ne peut pas déduire la valeur des autres inconnues.

II. Moyennes

- **Moyenne « Classique » (Arithmétique) :** C'est la somme des valeurs divisée par le nombre de valeurs. En d'autres termes on a :

$$\overline{X} = \frac{X_1 + X_2 + \ldots + X_n}{n}$$

  Ex. : Pour calculer la taille moyenne des individus d'un groupe, on additionne les tailles de chaque personne du groupe, et on divise cette somme par le nombre de personnes constituant le groupe.

- **Moyenne pondérée :** C'est la somme des valeurs multipliées par leurs coefficients respectifs divisée par le nombre de valeur. En d'autres termes on a :

$$\overline{X} = \frac{c_1 \times X_1 + c_2 \times X_2 + \ldots + c_n \times X_n}{c_1 + c_2 + \ldots + c_n}$$

  Ex. : Une classe composée de 8 filles et 12 garçons. La moyenne des filles est de 14 et la moyenne des garçons est de 18. La moyenne de la classe sera donc égale à : $\text{Moyenne} = \frac{8 \times 14 - 12 \times 18}{8 + 12} = \frac{328}{20} = 16{,}4$

III. Pourcentages

- **Augmentation de 20 % :** Prix final = (1 + 20 %) × Prix initial = **1,2 × Prix initial**

- **Baisse de 20 % :** Prix final = (1 – 20 %) × Prix initial = **0,8 × Prix initial**

- Si nous avons $\frac{\text{Prix final}}{\text{Prix initial}} = 1{,}30$, alors nous avons une **augmentation de 30 %**, car 1,3 = 1 + 30 %.
- Si nous avons $\frac{\text{Prix final}}{\text{Prix initial}} = 0{,}60$, alors nous avons une **baisse de 40 %**, car 0,6 = 1 – 40 %

IV. Intérêts

Soit C_0 le capital placé, n le nombre d'années et R le taux d'intérêt

- **Intérêts simples (cas classique) :**
  - Capital final au bout de n années : $\mathbf{S = C_0 \times (1 + nR)}$
  - Intérêts perçus : $\mathbf{C_0 \times nR}$
- **Intérêts composés :**
  - Capital final au bout de n années : $\mathbf{S = C_0 \times (1 + R)^n}$
  - Intérêts perçus : $\mathbf{C_0 \times (1 + R)^n - C_0}$

V. Vitesse, Distance, Temps

$\text{Vitesse} = \frac{\text{Distance}}{\text{Temps}} \Leftrightarrow \text{Temps} = \frac{\text{Distance}}{\text{Vitesse}} \Leftrightarrow \text{Distance} = \text{Temps} \times \text{Vitesse}$

Cette unique équation vous permet de résoudre théoriquement tous les cas de vitesse – distance – temps que vous pouvez rencontrer.

Cependant, dans de nombreux cas, il vaut mieux utiliser des astuces pour gagner du temps. Nous en parlerons dans la correction des exercices.

Probabilités

I. Probabilités

Probabilité d'un tirage : $\dfrac{\textbf{Nombre de cas favorables}}{\textbf{Nombre de cas possibles}}$

La règle de base consiste à diviser le nombre de cas favorables par le nombre de cas possibles. La difficulté est alors de réussir à trouver le nombre de cas favorables ainsi que le nombre de cas possibles.

Ex. 1 : Combien ai-je de chance de tirer une dame dans un jeu de 52 cartes ?

Réponse : $\dfrac{\text{Nombre de dames}}{\text{Nombre de cartes}} = \dfrac{4}{52}$, soit 1 chance sur 13

Ex. 2 : Combien ai-je de chance de tirer une dame ou un trèfle dans un jeu de 52 cartes ?

Attention : il ne faut pas compter en double la dame de trèfle dans les cas favorables !

Réponse :

$$\frac{\text{Nombre de dames + Nombre de trègles – Dame de trèfle}}{\text{Nombre de cartes}} = \frac{4+13-1}{52} = \frac{16}{52} = \frac{4}{13}$$

Ex. 3 : Combien ai-je de chance de tirer un roi dans un jeu de 52 cartes, sachant que je n'ai pas tiré le roi de pique ?

Attention : Le roi de pique ne fait plus parti des cas favorables, ni même des cas possibles.

Réponse : $\dfrac{\text{Nombre de roi restants}}{\text{Nombre de cartes restantes}} = \dfrac{3}{51}$, soit 1 chance sur 17 ! (car $51 = 3 \times 7$).

II. Tableau

Voici un genre d'exercice qui revient assez souvent au concours Sesame, mais qui reste très utile.

Ex. : Dans un groupe de 60 personnes, 37 individus parlent anglais, 20 parlent espagnols et 7 ne parlent aucune des deux langues. Combien de personnes parlent espagnol et ne parlent pas anglais ?

Dans ces exercices, il est alors très utile de réaliser un tableau pour retranscrire l'énoncé. On retranscrit l'énoncé à l'aide d'un tableau, et on obtient :

	Anglais	~~Anglais~~	Total
Espagnol		**?**	20
~~Espagnol~~		7	
Total	37		60

Il suffit alors de compléter le tableau comme suit :

	Anglais	~~Anglais~~	Total
Espagnol		***16*** (= 23 – 7)	20
~~Espagnol~~		7	
Total	37	***23*** (= 60 – 37)	60

Il y a donc 16 personnes dans le groupe qui parlent espagnol et pas anglais.

Pour compléter ce tableau il faut comprendre les choses suivantes :
→ La somme des 4 cases centrales est égale au grand total (ici, 60).
→ De plus, horizontalement et verticalement, la somme des valeurs contenues dans les deux premières cases est toujours égale à la valeur de la troisième case. Ainsi par exemple, la valeur de la case (anglais ; ~~espagnol~~) additionnée à la valeur de la case (anglais, espagnol) nous donne 37, qui correspond au nombre total de personnes parlant anglais.

Unités et mesures

fiche

Grandeur	Unité	Symbole	Relation entre unités
longueur	millimètre	mm	
	centimètre	cm	1 cm = 10 mm
	mètre	m	1 m = 100 cm = 1 000 mm
	kilomètre	km	1 km = 1 000 m
aire	mètre carré	m^2	
	are	a	1 a = 100 m^2
	hectare	ha	1 ha = 100 a = 10 000 m^2
masse	gramme	g	
	kilogramme	kg	1 kg = 1 000 g
	tonne	t	1 t = 1 000 kg
durée	seconde	s	
	minute	min	1 min = 60 s
	heure	h	1 h = 60 min = 3 600 s
	jour	j	1 j = 24 h
volume	litre	L	1 L = 1 dm^3
	mètre cube	m^3	1 m^3 = 1 000 L
vitesse	mètre seconde	m/s	1 m/s = 3,6 km/h
	kilomètre heure	km/h	

fiche

Trucs et astuces

I. Pair / Impair

- Pour être sûr de ne jamais se tromper, remplacez « Impair » par 1 et « Pair » par 2. On obtient ainsi :

  ➤ Somme :
  Pair + Pair = Pair
  Impair + Impair = Pair
  Pair + Impair = Impair

  ➤ Produit :
  Pair × Pair = Pair
  Pair × Impair = Pair
  Impair × Impair = Impair

II. Multiplications

- **Règle du dernier chiffre** : 989 × 888 finira par un 2 (car 8x9 = 7<u>2</u>)
- Pensez aux identités remarquables :
  $19 \times 21 = (20 - 1) \times (20 + 1) = 20^2 - 1^2 = 399$
  $59^2 = (60 - 1)^2 = 60^2 + 1^2 - 2 \times 60 \times 1 = 3600 + 1 - 120 = 3481$
- Pour diviser par 5, on multiplie par 2 et on divise par 10.
  Ex : 325/5 = 650/10 = 65
- Pour multiplier par 5, on divise par 2 et on multiplie par 10
  Ex : 130 × 5 = 65 × 10 = 650

III. Nombres consécutifs

- **Ne posez toujours qu'une seule inconnue :** appelez *n* le plus petit nombre de la suite et notez les nombres ainsi : *n* ; (*n*+1) ; (*n*+2) ; etc.
- La somme de 3 nombres consécutifs est égale à 3 fois le nombre du milieu (valable pour 5, 7, etc.). Par exemple, 4 + **5** + 6 = 3 × 5 = **15**.
- La moyenne de 3 nombres consécutifs est égale au nombre du milieu (valable pour 5, 7, etc.). Par exemple, la moyenne de 6, 7, **8**, 9 et 10 est **8**.

IV. Dates

Ex. : si aujourd'hui nous sommes mardi, quel jour de la semaine serons-nous dans 100 jours ?

Il suffit de **réaliser une division euclidienne par 7**, et de rajouter le nombre de jours restants. Ici on obtient : $100 = 7 \times 14 + 2$. On avancera donc de 2 jours, nous serons ainsi jeudi.

V. Conversions

$1\ m^3 = 1000\ dm^3$	1/8 = 0,125 = 12,5 %
$1\ m^2 = 100\ dm^2$	1/5 = 0,20 = 20 %
1 m = 10 dm	1/4 = 0,25 = 25 %
$1\ L = 1\ dm^3$	1/3 = 0,33 = 33,3 %

VI. Multiples et diviseurs

- On dit que 8 est un **multiple** de 2, que 2 **divise** 8 et que 2 est un **diviseur** de 8.
- Si un nombre est multiple de ***n***, alors il est multiple de tous les diviseurs de ***n***.
  Ex. : 48 est multiple de 24, il est donc multiple de 12, de 6, de 4, etc.
  Remarque 1 : Si un nombre est multiple de a et de b il n'est pas forcément multiple de $a \times b$.
  Ex. : 36 est multiple de 6 et de 4, mais il n'est pas multiple de 24 ($= 6 \times 4$).
  Remarque 2 : Si un nombre est multiple de a, de b et de c, et que a, b et c sont des nombres premiers, alors ce nombre est multiple de $a \times b \times c$.
  Par exemple, tous les multiples de 2, de 3 et de 5 seront multiples de 30 ($= 2 \times 3 \times 4$).

VII. Critères de divisibilité

- Un nombre est **divisible par 2** s'il finit par 0, 2, 4, 6 ou 8.
- Un nombre est **divisible par 3** si la somme de ses chiffres est divisible par 3.
  Ex. : 342 est divisible par 3 car $3 + 4 + 2 = 9$ qui est divisible par 3.
- Un nombre est **divisible par 4** si le nombre composé par ses 2 derniers chiffres est divisible par 4
  Ex. : 1316 est divisible par 4 car 16 est divisible par 4.
- Un nombre est **divisible par 5** s'il se termine par 0 ou par 5.
- Un nombre est **divisible par 6** s'il est divisible par 2 et par 3.

- Un nombre est **divisible par 9** si la somme de ses chiffres est divisible par 9.
  Ex. : 918 est divisible par 9 car 9 + 1 + 8 = 18 qui est divisible par 9.

- Pour déterminer si un nombre **N est divisible par 11** :
  - on calcule la somme A des chiffres en position impaire ;
  - on calcule la somme B des chiffres en position paire ;

  N est divisible par 11 si et seulement si la différence A – B est divisible par 11 (souvent la différence sera égale à –11, 0 ou 11).
  Ex. : 1397 est divisible par 11 car (1 + 9) – (7 + 3) = 0 qui est divisible par 11.

Soyez conseillé(e) par Dorone Parienti !
Soyez conseillé(e) dans votre préparation aux concours en réservant un RDV individuel gratuit (présentiel ou téléphonique) avec nous sur :
www.lagrandeprepa.com / 07.56.99.09.09

Logique verbale – 10 règles d'or

I. Accord du participe passé avec l'auxiliaire avoir

Le tableau ci-dessous vous permettra d'avoir une vue d'ensemble des règles d'accord du participe passé employé avec l'auxiliaire *avoir*. Vous y trouverez la règle générale de l'accord du participe passé employé avec l'auxiliaire *avoir* ainsi que les différents cas particuliers.

	VARIABLE	INVARIABLE
Règle générale de l'accord du participe passé employé avec l'auxiliaire avoir	Le participe passé s'accorde avec le complément direct si celui-ci est placé avant le verbe. 1. Ces étudiantes, je les ai reçues hier au café. 2. Les lettres que je lui ai écrites sont arrivées.	Le participe passé est invariable si le COD est placé après le verbe ou s'il n'y en a pas. 1. J'ai beaucoup aimé sa dernière exposition. 2. J'ai lu avec intérêt son dernier rapport.
Participe passé des verbes impersonnels ou employés impersonnellement		Le participe passé est toujours invariable. 1. Il a plu toute la journée. 2. J'ai horreur des froids qu'il a fait en janvier.
Participe passé suivi d'un infinitif	Le participe passé s'accorde si le pronom objet direct le précède et qu'il fait l'action exprimée par l'infinitif. 1. Ces choristes, je les ai entendus chanter (choriste = sujet logique de *chanter*)	Le participe passé est invariable si le pronom objet direct est CD de l'infinitif. 1. Les canards que j'ai vu abattre étaient d'une espèce commune (canard = COD de l'infinitif *abattre*)
Participe passé dont l'objet direct est « l' »	Si « l' » représente un nom, le participe passé s'accorde avec ce nom. 1. Il a retrouvé la salle telle qu'il l'avait laissée.	Si « l' » représente une idée exprimée, le participe passé est invariable. 1. Elle est plus autonome que je ne l'avais pensé.

II. Accord des adjectifs de couleur

En règle générale, on accorde en genre et en nombre les adjectifs de couleur. Cependant, si l'adjectif est un nom commun, il reste invariable.

- *Ex.:* Paul vient d'emménager dans une chambre étudiante, qu'il a aménagée en achetant des coussins **noisette** et des rideaux **orange**.
- Ainsi, les couleurs marron, azur, émeraude, noisette, etc. resteront invariables.
- *Remarque:* il existe des exceptions à cette règle, ce sont les couleurs rose, mauve, pourpre et écarlate qui, bien qu'elles définissent un nom commun, s'accordent en genre et en nombre.

Deux adjectifs employés ensemble pour désigner une seule couleur sont invariables.

- *Ex.:* Paul vient d'emménager dans une chambre étudiante, qu'il a aménagée en achetant des meubles **rouge cerise**.

- *Remarque:* Si ce sont deux adjectifs de couleur, on met un trait d'union entre eux. Exemple: Aurélie a des yeux bleu-vert.

III. Accord des adjectifs numéraux

Les déterminants numéraux cardinaux, c'est-à-dire ceux qui expriment un nombre, sont invariables, sauf *un*, qui fait *une* au féminin, ainsi que *vingt* et *cent*. *Vingt* et *cent* prennent un *-s* quand ils sont multipliés et qu'ils ne sont pas suivis d'un autre déterminant numéral.

- *Ex. 1:* Elle a vingt et une étudiantes dans son cours.

- *Ex. 2:* Elle a quatre-vingts étudiants dans son cours.

- *Remarque:* Il y a un cas où *vingt* et *cent* sont invariables, même s'ils sont multipliés et qu'ils ne sont pas suivis d'un nombre: c'est lorsqu'ils ont une valeur ordinale, au sens de « vingtième » et de « centième ». Par exemple, la page deux cent (la 200e page).

IV. Accord des mots composés

Pour former le pluriel des mots composés, qu'ils soient reliés par un trait d'union ou non, il faut identifier la nature de chacun de leurs éléments:

Verbe + Nom	Le verbe reste invariable, le nom prend le pluriel selon le sens	Chasse-neige, couvre-pieds
Nom + Nom	En général, les deux éléments prennent le pluriel.	Choux-fleurs, sourds-muets
Adjectif + Nom	En général, les deux éléments prennent le pluriel.	Grands-mères
Nom + Adjectif	En général, les deux éléments prennent le pluriel.	Coffres-forts
Adverbe + Nom	L'adverbe est toujours invariable	Arrière-boutiques

V. Adjectif verbal

Un adjectif verbal est un participe présent employé comme adjectif. Il se termine soit par « *-ant* », soit par « *-ent* » et s'accorde en genre et en nombre.

À l'inverse, le participe présent exprime une action, il est formé du radical du verbe suivi de la terminaison « *-ant* » et est invariable.

Il y a également une différence d'orthographe entre le participe présent – toujours formé sur le radical utilisé pour l'imparfait – et l'adjectif verbal. Voici quelques exemples d'utilisation.

Alternance	Participe présent	Adjectif verbal
guant/gant	*navi**guant***	*navi**gant***
cant/quant	*convain**qu**ant*	*convain**c**ant*
ant/ent	*précéd**ant***	*précéd**ent***

Ex.: Une somme équival**ant** à mon salaire/J'ai obtenu une somme équival**ente**.
(Participe présent) (Adjectif verbal)

VI. Accord de *nu, demi* et *semi*

On utilise l'adjectif *nu* devant un nom désignant une partie du corps afin de former un adjectif composé. Dans ce cas, l'adjectif *nu* reste invariable et se lie au nom par un trait d'union.

Ex.: Il marche nu-pied sur le gazon.

Lorsque l'adjectif nu suit le nom, il s'accorde en genre et en nombre avec celui-ci selon la règle d'accord des adjectifs.

Ex.: Il marche pieds nus sur le gazon.

Placé après le nom auquel il est joint, *demi* (ou *semi*) s'accorde en genre seulement avec le nom auquel il se rapporte. *Demi* ne désigne alors que la moitié de l'unité exprimée, d'où le singulier obligatoire.

Ex.: Elle court deux heures et demie par semaine.

Placés devant un adjectif ou un nom, *demi* et *semi* sont invariables en genre et en nombre et se joignent par un trait d'union au nom ou à l'adjectif qu'ils accompagnent.

Ex.: Les Parisiens se qualifient pour les demi-finales du championnat.

VII. Tout

Tout dans le sens de « n'importe quel » est au singulier dans les expressions suivantes: en *tout* cas, *tout* compte fait, de *toute* façon, en *tout* genre, à *tout* hasard, à *toute* heure, de *toute* manière, à *tout* moment, de *tout* temps, en *tout* point, à *tout* prix, de *toute* sorte.

Lorsqu'il y a une idée de nombre, *tout* prend la marque du pluriel: en *toutes* lettres, *tous* les habitants, *tous* les jours de la semaine.

Tout est invariable lorsqu'il peut être remplacé par entièrement: les gâteaux, il les a avalés tout entiers, elles étaient tout étonnées.

Remarque: devant un adjectif féminin commençant par une consonne ou un *h* aspiré, on accorde en genre et en nombre : une question toute pertinente, des maisons toutes hantées.

VIII. Les pléonasmes

Le pléonasme est l'expression d'une idée qui est renforcée par l'ajout d'un ou plusieurs mots choisis qui ne sont pas nécessaires au sens grammatical de la phrase. C'est un moyen d'expression aussi fréquent dans le langage littéraire que celui familier. Dans celui-ci, la figure est parfois involontaire comme dans l'expression *monter en haut*.

Remarque: Le pléonasme est considéré comme étant un ajout de détails qui font redondance et n'apportent rien de nouveau, sinon de la lourdeur dans une expression. Au concours SEMAME, il est considéré comme une erreur de style, méfiez-vous en !

IX. Genre des noms

On hésite parfois sur le genre de certains noms français, particulièrement quand il s'agit de désigner des objets ou des concepts non animés. Le tableau ci-dessous vous présente une liste de 40 noms féminins que l'on emploie souvent au masculin, et inversement.

Masculin :	**Féminin :**
Abîme	Acoustique
Abysse	Algèbre
Adage	Anagramme
Amiante	Amnistie
Antidote	Ébène
Apogée	Écarlate
Après-midi	Enzyme
Armistice	Épithète
Astérisque	Équivoque
Effluve	Icône
Éloge	Idylle
Exergue	Interview
Globule	Oasis
Haltère	Octave
Hémisphère	Omoplate
Horaire	Prémisse
Opprobre	Réglisse
Pétale	Ténèbres
Tentacule	Vésicule
Viscère	Volte-face

X. Verbes pronominaux

On appelle verbe *essentiellement pronominal* un verbe qui ne peut être employé qu'à la voix pronominale, c'est-à-dire obligatoirement avec un pronom réfléchi.

Ex. : Elle se méfie de tous les étrangers. (Le verbe méfier n'existe pas).

La règle d'accord du participe passé des verbes essentiellement pronominaux est simple : le participe passé de ces verbes s'accorde toujours en genre et en nombre avec le sujet.

On appelle verbe *occasionnellement pronominal un* verbe employé à la voix pronominale mais qui peut aussi être utilisé à une autre voix, active ou passive.

Ex. : Elle s'est lavée les mains. (Le verbe laver existe).

La règle d'accord du participe passé des verbes occasionnellement pronominaux est la même que celle du participe passé employé avec l'auxiliaire avoir : le participe passé de ces verbes s'accorde avec le complément direct (CD) si celui-ci est placé avant le verbe.

La difficulté avec les verbes occasionnellement pronominaux est donc de trouver un complément direct et plus particulièrement de voir si cette fonction est assumée par le pronom réfléchi. Différents cas sont possibles.

- Le pronom réfléchi (*se*) peut être complément direct.

  Ex. : Ils se sont insultés pendant plus d'une heure. (Chacun a insulté l'autre.)

- Dans d'autres cas, il peut y avoir un CD qui ne soit pas le pronom réfléchi.

  Ex. : Elle s'est fixée des objectifs ambitieux (Le CD *objectifs* est placé après le verbe).

- Enfin, il peut ne pas y avoir de complément direct.

Soyez conseillé(e) par Dorone Parienti !
Soyez conseillé(e) dans votre préparation aux concours en réservant un RDV individuel gratuit (présentiel ou téléphonique) avec nous sur :
www.lagrandeprepa.com / 07.56.99.09.09

Annales

Test blanc n° 1

Sous-test 1

Logique générale

❑ **Question 1.** 73 75 78 82 ?

A. 86
B. 85
C. 87
D. 84

❑ **Question 2.** A C E G ?

A. M
B. Q
C. J
D. I

❑ **Question 3.** 1 + 2 = C 3 + 5 = H 4 + 9 = M 6 + 6 = L ?

A. 7 + 4 = K
B. 3 + 10 = N
C. 2 + 2 = V
D. 9 + 5 = Z

❑ **Question 4.** 12(9) 35(64) 40(16) 15(?)

A. 25
B. 36
C. 77
D. 81

❑ **Question 5.** 11B 73J 52G 92K ?

A. 68N
B. 73R
C. 90V
D. 45W

❑ **Question 6.** IDNUL IDRAM EHCNAMID ?

A. OPTYAIS
B. EJAOCM
C. IDEMAS
D. IAZPQW

❑ **Question 7.** 505 461 732 823 ?

A. 192
B. 588
C. 609
D. 743

❑ **Question 8.** BOB = 19 LYNX = 75 ANNE = 34 AVA = ?

A. 89
B. 24
C. 10
D. 55

❑ **Question 9.** FRANCE IRLANDE AUTRICHE ?

A. VOISINAGE
B. ALLEMAGNE
C. PORTUGAL
D. LISTE

❑ **Question 10.** 128 64 32 16 ?

A. 4
B. 6
C. 8
D. 10

❑ **Question 11.**

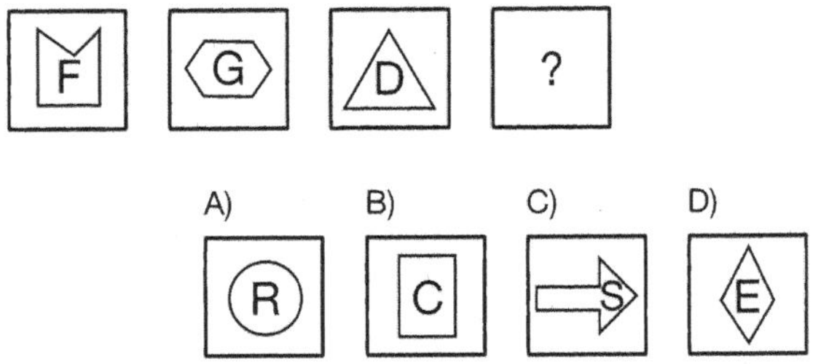

❑ **Question 12.**

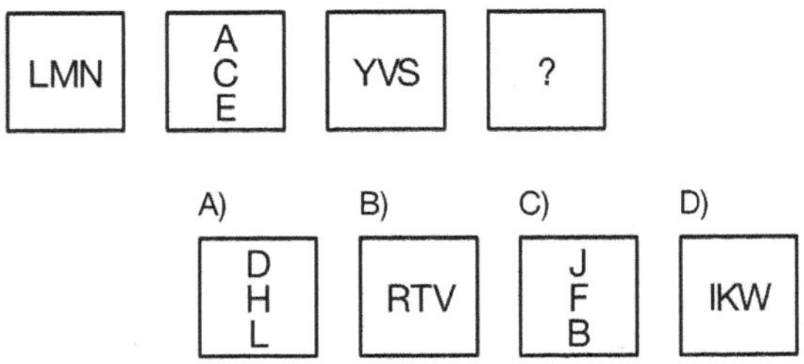

❑ **Question 13.**

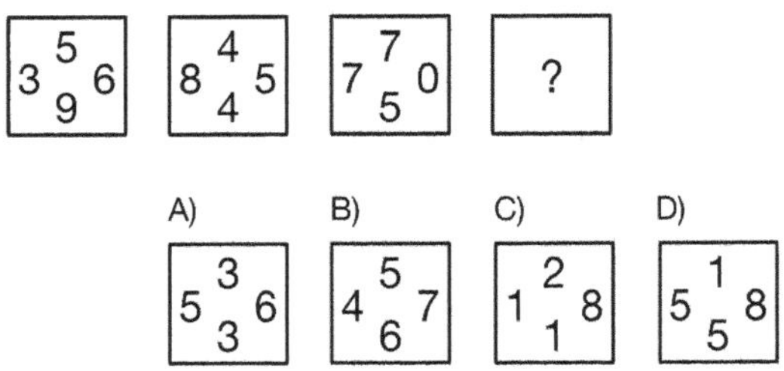

❑ **Question 14.** Damien, Élise et Florent travaillent dans la même entreprise. Si Damien est en congé, Élise l'est également. Si Élise n'est pas en congé, alors Florent est en congé. Aujourd'hui, Élise n'est pas en congé. Que peut-on en déduire ?

A. Aujourd'hui, Damien et Florent sont en congé
B. Aujourd'hui, seul Damien est en congé
C. Aujourd'hui, seul Florent est en congé
D. Aujourd'hui, Damien et Florent ne sont pas en congé

❑ **Question 15.** Complétez la série suivante : garder / regard // opter / ...

A. trompe
B. parti
C. guêpe
D. porte

Sous-test 2
Logique numérique

❑ **Question 16.** Combien d'heures font vingt-six quarts d'heure ?

A. 4 heures
B. 4 heures et demie
C. 6 heures
D. 6 heures et demie

❑ **Question 17.** Pour un anniversaire, Hugo a commandé deux tartes de tailles différentes. Chacune d'elle contient une fève. On coupe la plus grande tarte en six parts égales et la plus petite en quatre parts égales. En prenant une part de tarte, quelle est la probabilité de tomber sur une fève ?

A. 1/24
B. 1/5
C. 1/12
D. 1/10

❑ **Question 18.** Dans la figure ci-dessous, le périmètre du petit carré est égal au tiers du périmètre du grand carré. Quel est le rapport de l'aire du petit carré sur celle du grand carré ?

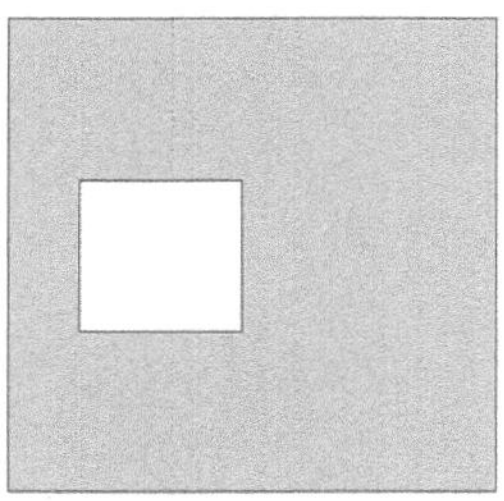

A. 1/3
B. 2/3
C. 1/9
D. 8/9

❑ **Question 19.** J'ai roulé pendant une demi-heure à vitesse constante. Si j'avais roulé deux fois plus vite, j'aurais parcouru 60 kilomètres. A quelle vitesse ai-je roulé pendant cette demi-heure ?

A. 40 km/h
B. 50 km/h
C. 60 km/h
D. 70 km/h

❑ **Question 20.** Parmi les nombres suivants, lequel est le plus petit ?

A. 2^3
B. $\sqrt[3]{2}$
C. 2
D. $3\sqrt{2}$

❑ **Question 21.** La somme des âges de Milo, Benjamin et Rui est égale à 40 ans. Dans trois ans, Milo aura deux fois l'âge de Benjamin, qui aura deux fois l'âge de Rui. Quel est l'âge actuel du plus jeune ?

A. 3 ans
B. 4 ans
C. 5 ans
D. 6 ans

❑ **Question 22.** Un particulier a partagé son capital en deux parties inégales, un tiers pour la première partie et deux tiers pour la seconde. La première partie est placée au taux de 5 % et la seconde à 7 %. Au bout d'un an, les deux parties ont rapportées 950 €. Quelle est la valeur du capital initial ?

A. 15 000 €
B. 20 000 €
C. 10 000 €
D. 25 000 €

❑ **Question 23.** Le prix d'un bien a augmenté de 5 %, soit 6,20 €. Quel est le nouveau prix de ce bien ?

A. 117,8 €
B. 124,0 €
C. 130,2 €
D. 137,5 €

❑ **Question 24.** Les trois quarts d'un nombre à quoi on ajoute 10 donnent 70. Quel est ce nombre ?

A. 40
B. 50
C. 60
D. 80

❑ **Question 25.** Quel est le volume d'un cône de hauteur 6m et de rayon 5m ?

A. 50 πm^3
B. 100 πm^3
C. 125 πm^3
D. 250 πm^3

❑ **Question 26.** Un loyer annuel de 3 000 € augmente à raison de 150 € par an. Au bout de combien d'années va-t-il dépasser 4 850 € ?

A. 11 ans
B. 12 ans
C. 13 ans
D. 14 ans

❑ **Question 27.** Dans une association, il y a 60 % de femmes. En un an, le nombre de femmes a augmenté de 20 % et le nombre d'hommes a augmenté de 10 %. Quelle est, en pourcentage, l'évolution du nombre d'adhérents entre les deux années ?

A. 14 %
B. 15 %
C. 16 %
D. 17 %

❑ **Question 28.** La figure ci-dessous représente un triangle équilatéral ABC et le cercle inscrit à ce triangle. Le rayon du cercle a pour mesure $2/\sqrt{3}$ cm. Quelle est la longueur d'un côté du triangle ?

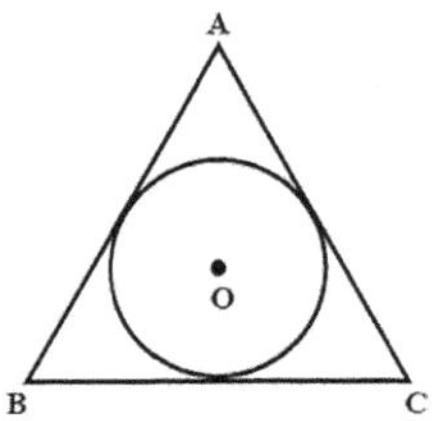

A. 3 cm
B. 4 cm
C. 5 cm
D. 6 cm

❑ **Question 29.** Deux amis partent de la même ville et dans la même direction à des vitesses différentes. Le premier part à 8h00 et roule à 100km/h. Le second part à 9h15 et roule à 125 km/h. À quelle heure vont-ils se retrouver ?

A. 14h15
B. 13h15
C. 12h15
D. 11h15

❑ **Question 30.** Un carré est tel que son périmètre est égal au tiers de sa surface. Combien mesure l'un des côtés de ce carré ?

A. 3
B. 3/4
C. 12
D. 6

Sous-test 3

Logique verbale

❑ **Question 31.** Lequel de ces termes désigne une « une paralysie des quatre membres » ?

A. Paraplégie
B. Diplégie
C. Tétraplégie
D. Monoplégie

❑ **Question 32.** Où est l'intrus ?

A. Arsenal
B. Régal
C. Chacal
D. Choral

❑ **Question 33.** Quelle est l'orthographe correcte du mot manquant dans cette phrase extraite de Légende de D. Gemmell : « *la beauté soyeuse des boutons remplit ses sens comme un* ... » ?

A. opiacé
B. oppiassé
C. opiassé
D. auppiacé

❑ **Question 34.** Parmi tous les mots proposés ci-dessous, un seul est féminin. Lequel ?

A. Orbite
B. Ovule
C. Pétale
D. Haltère

❑ **Question 35.** Qu'est-ce qu'une « pandémie » ?

A. Un bonheur inespéré accordé par le sort.
B. Un amas de glace formé par l'accumulation d'épaisses couches de neige
C. Une épidémie qui s'étend à la quasi-totalité d'une population

D. Une classe d'âge dont les effectifs sont anormalement bas

❑ **Question 36.** Qui est l'auteur de l'article « *J'accuse… !* » au cours de l'affaire Dreyfus et publié dans le journal *L'Aurore* du 13 janvier 1898 ?

A. Victor Hugo
B. Emile Zola
C. Jean Jaurès
D. Georges Clemenceau

❑ **Question 37.** Aux États-Unis, le désir de mobilité sociale repose sur l'idée selon laquelle le pays serait une terre où tout individu, quelle que soit sa couleur, son appartenance ethnique ou même son lieu de naissance peut réussir s'il fait preuve d'une volonté suffisante.
Quel proverbe illustre le moins bien cette situation ?

A. Le destin vend ce que, croyons-nous, il donne.
B. Chacun est artisan de sa bonne fortune.
C. Les astres peuvent l'homme incliner, le sage les peut dominer.
D. Faire contre mauvaise fortune, bon coeur.

❑ **Question 38.** Choisissez la reformulation dont le sens se rapproche le plus du, ou des passages soulignés : « Le député et les notables locaux sont <u>à couteaux tirés</u>. Les discours des uns et des autres se répondent comme un duel d'artillerie ».

A. en concurrence
B. hostiles les uns envers les autres
C. en rivalité
D. sur la défensive

❑ **Question 39.** Où est l'intrus ?

A. Décamper
B. Filer
C. Déguerpir
D. Discourir

❑ **Question 40.** Deux parmi les quatre phrases figurant ci-dessous sont orthographiquement et/ou grammaticalement incorrectes. Lesquelles ?

1. Levés assez tôt pour un dimanche matin, nous quittions notre aérodrome, armés de nos jolis baise-en-ville.
2. À côté des bénévoles, majoritaires, les gardes-malades professionnelles font leur apparition dès le XVIIIe siècle.
3. Les pots-au-feu napoléoniens avec du foie gras cuit au chambertin sont la spécialité du chef Guy Savoy.
4. Les trois quarts après onze heures sonnaient mais les abats-jours n'étaient toujours pas arrivés.

A. 1 + 2
B. 3 + 4
C. 1 + 3
D. 2 + 4

❑ **Question 41.** Complétez l'extrait de la manière la plus cohérente possible.
« La discorde est le plus grand (...) du genre humain, et la (...) en est le seul remède ».

A. bien / bonté d'âme
B. mal / tolérance
C. égarement / guerre
D. penchant / fortune

❑ **Question 42.** Parmi les propositions suivantes, laquelle est correctement conjuguée ?

A. Elle a prévoyé de dîner avec ses amis ce soir
B. Elle as fait un gâteau au chocolat pour sa fille
C. Nous avons eut une belle journée hier
D. Ils sont partis tard hier soir

❑ **Question 43.** Quel siècle est communément appelé « *Le siècle des Lumières* » ?

A. XVIIe siècle
B. XVIIIe siècle
C. XIXe siècle
D. XXe siècle

❑ **Question 44.** Parmi les propositions suivantes laquelle définit correctement l'expression « être sous la coupe de » ?

A. Être partagé entre plusieurs choix à faire
B. Être sous la domination de quelqu'un
C. Être isolé, coupé du monde
D. S'engager dans l'armée

❑ **Question 45.** Où est l'intrus ?

A. Aristocratie
B. Démocratie
C. Épistémocratie
D. Technocratie

Test blanc n° 1

Sous-test 1
Logique générale

- **Question 1. Réponse C**
La logique qui détermine cette série est décroissante et évolutive. L'écart entre la première occurrence et la deuxième est de 2 rangs, entre la deuxième et la troisième de 3 rangs et ainsi de suite. Finalement, le nombre qui vient après 82 est nécessairement 87 (écart de 5 rangs).

- **Question 2. Réponse D**
L'écart entre le rang de chaque lettre est de 2. En effet, A a une valeur numérique égale à 1, C à 3, E à 5, G à 7 et donc on choisit I qui a une valeur numérique égale à 9.

- **Question 3. Réponse A**
Logique triviale : la somme des deux chiffres donne le rang de la lettre. On obtient ainsi dans la première occurrence 1 + 2 = C (3), car C est la troisième lettre de l'alphabet.
En conclusion, seule la proposition 7 + 4 = K respecte cette condition car : 7 + 4 = 11 (K).

- **Question 4. Réponse B**
La logique qui régit la série est la suivante : la somme des deux chiffres, élevés au carré, donne le nombre entre parenthèses. On obtient donc : $1 + 3 = 3$ et $3^2 = 9$, d'où 12(9).
De manière analogue, $1 + 5 = 6$ et $6^2 = 36$, d'où 15(36).

- **Question 5. Réponse A**
Une logique interne détermine cette série : la somme des chiffres de chaque occurrence est égale au rang alphabétique de la lettre associée. Par exemple, pour la première occurrence, 1 + 1 = B et B est la deuxième lettre de l'alphabet. Seul « 68N » correspond à cette logique car 6 + 8 = 14 et la lettre N est la quatorzième lettre de l'alphabet.

- **Question 6. Réponse C**
Chaque mot de la série définit un jour de la semaine écrit à l'envers Ainsi : IDNUL = LUNDI, IDRAM = MARDI, etc. Parmi les propositions, on choisira donc IDEMAS = SAMEDI.

- **Question 7. Réponse D**
La logique à respecter dans cette série est une logique de sommes progressives externes. Pour trouver la logique régissant la série, on choisit la première occurrence de la série et on calcule la somme des chiffres qui la constituent (5 + 0 + 5 = 10). On regarde ensuite si cette somme est constante ou progressive en faisant le test sur les autres occurrences de la série. Pour la deuxième occurrence, nous avons la somme (4 + 6 + 1 = 11), pour la troisième occurrence (7 + 3 + 2 = 12) et enfin la quatrième occurrence (8 + 2 + 3 = 13).

La somme des chiffres évolue entre chaque occurrence de la série (+1) : 10 – 11 – 12 – 13.
La somme des chiffres de la dernière occurrence devra donc être égale à 13 + 1 = 14.
Seule la proposition 743 répond à cette condition.

- **Question 8. Réponse B**

Dans cette série, chaque mot est associé à un nombre. L'idée va être ici de « traduire » les lettres composant chaque mot en valeur numérique. Ainsi, pour le premier mot, BOB = 2/15/2 et on remarque que 2 + 15 + 2 = 19. En résumé, la somme des valeurs numériques des lettres composant chaque mot est égale au nombre associé. Ainsi, le mot AVA est associé à 24 car A = 1, V = 22, A = 1 et nous avons 1 + 22 + 1 = 24.

- **Question 9. Réponse B**

Dans cette série, les mots sont des pays et le nombre de lettres est évolutif : on passe de 6 lettres pour France à 7 lettres pour IRLANDE, 8 lettres pour AUTRICHE et donc 9 lettres pour… ALLEMAGNE.

- **Question 10. Réponse C**

Cette série est une suite géométrique de raison 1/2. En d'autres termes, chaque nombre permet de déduire le suivant par une multiplication constante et égale à 1/2. On a bien : 64 = 128 / 2, 32 = 64 / 2, 16 = 32 / 2 et donc 8 = 16 / 2.

- **Question 11. Réponse D**

Dans chacun des cadres, le nombre des côtés de la figure à quoi on ajoute une unité nous donne le rang alphabétique de la lettre affichée. Nous choisissons donc la proposition D, où nous avons un quadrilatère qui possède donc 4 côtés, et le rang alphabétique de E est égal à 5 (4 + 1).

- **Question 12. Réponse C**

La série de lettres effectue une rotation d'un quart de tour dans le sens des aiguilles d'une montre. Elle se présentera à la verticale et se lira de bas en haut dans le cadre solution.
De plus, l'écart entre les lettres d'une même série est évolutif :
- + 1 dans le premier cadre avec la série L – M – N
- + 2 dans le premier cadre avec la série A – C – E
- + 3 dans le premier cadre avec la série S – V – Y
- + 4 dans le cadre solution

On choisira pour ces deux raisons la proposition C, avec la série « B – F – J ».

- **Question 13. Réponse A**

La somme des chiffres décroit entre chaque cadre. La somme vaut 23 dans le premier cadre, puis 21 dans le deuxième, 19 dans le troisième et donc 17 dans le cadre solution.

- **Question 14. Réponse C**

  Pour répondre à cette question, la meilleure méthode consiste à utiliser les méthodes d'implication logique de base, en particulier l'axiome : $\mathbf{A \rightarrow B \Leftrightarrow non\ B \rightarrow non\ A}$.

  On obtient ainsi :

  (1) Damien est en congé $\rightarrow$ Élise est en congé $\Leftrightarrow$ Élise n'est pas en congé $\rightarrow$ Damien n'est pas en congé

  (2) Élise n'est pas en congé $\rightarrow$ Florent est en congé.

  Ainsi, puisqu'Élise n'est pas en congé, on en déduit que seul Florent l'est.

  On retiendra donc la proposition C.

- **Question 15. Réponse D**

  Les termes « garder » et « regard » sont des anagrammes. Autrement dit, les deux mots sont composés des mêmes lettres disposées dans un ordre différent. On retiendra alors la proposition D car « opter » et « porte » sont également des anagrammes.

Soyez conseillé(e) par Dorone Parienti !
Soyez conseillé(e) dans votre préparation
aux concours en réservant un RDV individuel gratuit
(présentiel ou téléphonique) avec nous sur :
www.lagrandeprepa.com / 07.56.99.09.09

Sous-test 2
Logique numérique

- **Question 16. Réponse D**

  Question simple, il faut le reconnaître !

  On sait qu'une heure est composée de 60 minutes, soit 4 × 15 minutes.

  Par suite, on a : 26 × 15 minutes = 24 × 15 + 2 × 15 = 6 × (4 × 15) + 2 × 15 = 6 heures et 30 minutes.

  En conclusion, 6 heures et demie correspondent à vingt-six quarts d'heure.

- **Question 17. Réponse B**

  Cette question est plutôt simple. Après le découpage des deux tartres, dix parts sont proposées aux invités. Parmi elles, deux contiennent une fève. Ainsi – indépendamment de la taille des parts – lorsqu'un convive choisira une part, il aura **2** chances sur **10** de recevoir une fève, soit **1** chance sur **5**.

- **Question 18. Réponse C**

Soit p, le côté du petit carré. On a alors : $P_p = 4p$, avec P_p le périmètre du petit carré.
Soit g, le côté du grand carré. On a alors : $P_g = 4g$, avec P_g le périmètre du petit carré.
L'énoncé nous informe que périmètre du petit carré est égal au tiers du périmètre du grand carré.
Autrement dit, $P_g = 3P_p$. Et donc : $4g = 12p \Leftrightarrow g = 3p \Leftrightarrow g^2 = (3p)^2 \Leftrightarrow g^2 = 9p^2$
.

L'aire du grand carré (g^2) est neuf fois supérieure à celle du petit carré (p^2).

- **Question 19. Réponse C**

En roulant 2 fois plus vite, j'aurais parcouru 60 kilomètres en 30 minutes.
Avec ma vitesse actuelle, j'ai donc parcouru le même trajet en 2 fois plus de temps, soit 60 kilomètres en... 60 minutes. Conclusion : ma vitesse était égale à 60 km/h.

- **Question 20. Réponse B**

En préambule, rappelons que, par définition : $\sqrt[n]{x} = x^{1/n}$.
Dans notre exercice : $\sqrt[3]{2} = 2^{1/3}$.
Ainsi, nous avons nécessairement : $2^3 > 3\sqrt{2} > 2 > \sqrt[3]{2}$.
Nous avons ainsi montré que le nombre «   » est plus petit que tous les autres nombres présentés.

- **Question 21. Réponse B**

Soit M, B et R les âges actuels de Milo, Benjamin et Rui.
L'énoncé nous apprend que la somme de leurs âges est de 40 ans.
$\Rightarrow$ Soit : $M + B + R = 40$.
Dans trois ans, l'âge de chacun d'eux augmentera de 3 années.
$\Rightarrow$ Soit : $(B + 3) = 2 \times (R + 3) \Leftrightarrow B = 2R + 3$
$\Rightarrow$ Et : $(M + 3) = 2 \times (B + 3) = 2 \times (2R + 6) = 4R + 12 \Leftrightarrow M = 4R + 9$
Ainsi, $M + B + R = 40 \Leftrightarrow (4R + 9) + (2R + 3) + R = 40 \Leftrightarrow 7R = 28 \Leftrightarrow R = 4$.
L'âge actuel de Rui, le plus jeune des trois, est donc 4 ans.

- **Question 22. Réponse A**

Soit C la valeur du capital initialement placé par le particulier.
Pour résoudre cet exercice, il suffit de traduire mathématiquement l'énoncé :

$$\frac{1}{3}C \times 5\% + \frac{2}{3}C \times 7\% = 950 \Leftrightarrow \frac{1}{3}C \times (5\% + 14\%) = 950 \Leftrightarrow C = 3 \times \frac{950}{0{,}19} \Leftrightarrow \mathbf{C = 15\,000}$$

La valeur du capital initial est 15 000 €.

- **Question 23. Réponse C**

Définissons par P le prix initial du bien, et P_N le nouveau prix du bien.

De l'énoncé, nous savons que le prix a augmenté de 6,20 €.

$\Rightarrow$ Autrement dit : $P_N = P + 6{,}20$.

Nous apprenons également que l'augmentation de 6,20 € est équivalente à une hausse de 5 %.

$\Rightarrow$ Autrement dit : $P \times 0{,}05 = 6.20$ €.

$\Rightarrow$ Par suite : $P = \dfrac{6{,}20€}{0{,}05} \Leftrightarrow P = \dfrac{6{,}20€}{5/100} \Leftrightarrow P = \dfrac{6{,}20€}{5} \times 100 \Leftrightarrow P = 124$ €.

Le nouveau prix du bien est donc : $P_N = 124 + 6{,}2 = 130{,}2$ €.

- **Question 24. Réponse D**

Soit X le nombre à trouver. Les trois quarts de ce nombre à quoi on ajoute 10 est égal à 70.
Autrement dit :

$$\frac{3}{4}X + 10 = 70 \Leftrightarrow \frac{3}{4}X = 60 \Leftrightarrow X = 80$$

Le nombre recherché est donc... 80.

- **Question 25. Réponse A**

Rappelons que le volume d'un cône s'écrit :

$$V = \frac{\text{aire de la base} \times \text{hauteur}}{3}$$

Avec les valeurs de l'énoncé, on obtient donc :

$$V = \frac{5^2 \times \pi \times 6}{3} = 50\pi \text{ m}^3$$

- **Question 26. Réponse D**

Définissons par L_i le coût du loyer annuel lors de l'année i.
Lors de la première année, le coût du loyer était de 3 000 €, soit $L_1 = 3\,000$ €.
Le prix du loyer augmentant de 150 € chaque année, nous avons alors : $L_i = 3\,000 \text{ €} + 150(i - 1)$ €.
Nous cherchons à savoir au bout de combien d'années i le loyer va dépasser 4 850 €, soit : $L_i \geq 4\,850$.
Calculons : $L_i \geq 4\,850 \Leftrightarrow 3\,000 + 150(i - 1) \geq 4\,850 \text{ €} \Leftrightarrow 150(i - 1) \geq 1\,850 \Leftrightarrow 150i \geq 2\,000$.
Or, $150i \geq 2\,000 \Leftrightarrow 14 > i > 13$. Le loyer va donc dépasser 4 850 € après... 14 années !

- **Question 27. Réponse C**

Soit t, le nombre initial d'adhérents dans l'association, f celui des femmes et h celui des hommes.
L'année suivante, le nombre de femmes est passé à $1{,}2f$ et celui des hommes à $1{,}1h$.
L'évolution E du nombre d'adhérents entre les deux années est donc :

$$E = \frac{1{,}2f + 1{,}1h}{f + h} = \frac{1{,}2 \times 0{,}6t + 1{,}1 \times 0{,}4t}{t} = \frac{0{,}72t + 0{,}44t}{t} = \frac{1{,}16t}{t} = 1{,}16 = 116\%.$$

En conclusion, le nombre d'adhérents a augmenté de 16 % entre les deux années.

■ **Question 28. Réponse B**

Nous savons, d'après les propriétés du triangle équilatéral, que le rayon du cercle inscrit à un triangle équilatéral de côté c a pour valeur : $\frac{\sqrt{3}}{6}\,c$.

Dans notre exercice, le rayon du cercle inscrit au triangle mesure $2/\sqrt{3}$ cm.
Il est alors simple de déterminer la valeur x d'un côté de notre triangle. En effet :

$$\frac{2}{\sqrt{3}} = \frac{\sqrt{3}}{6}x \Leftrightarrow x = \frac{2}{\sqrt{3}} \times \frac{6}{\sqrt{3}} = \mathbf{4\ cm.}$$

■ **Question 29. Réponse A**

Pour répondre à cet exercice de « vitesse de rattrapage », il faut procéder en 3 étapes.
Étape 1 : calculer la distance à rattraper
⇒ À 9h15, la première personne P_1 aura parcouru 125 km (100 km/h pendant 1h15) lorsque la seconde P_2 commencera son trajet. La distance à rattraper pour cette dernière sera donc de **125 km**.
Étape 2 : calculer l'écart des vitesses
⇒ P_1 roule à une vitesse moyenne de 100 km/h, P_2 à 125 km/h. Leur écart de vitesse est donc de **25 km/h** (125 – 100). Autrement dit, P_2 parcourra 25 km de plus que P_1 en une heure.
Étape 3 : résoudre le problème
P_2 doit rattraper 125 km (E1).

Chaque heure, P_2 rattrape 25 km sur P_1 (E2).

⇒ P_2 prendra donc **5 heures** pour rattraper P_1 (125/25 = 5), soit à **14h15**.

■ **Question 30. Réponse C**

Soit A, l'aire du carré. Par définition, nous avons $A = c \times c$.
Soit P, le périmètre du carré. Par définition, nous avons $P = 4c$.
L'énoncé nous informe que $P = \frac{1}{3}A$. Autrement dit :

$$4c = \frac{1}{3}c^2 \Leftrightarrow 12c = c^2 \Leftrightarrow c = 12.$$

En conclusion, les côtés de ce carré mesurent 12 cm.

Soyez conseillé(e) par Dorone Parienti !
Soyez conseillé(e) dans votre préparation aux concours en réservant un RDV individuel gratuit (présentiel ou téléphonique) avec nous sur :
www.lagrandeprepa.com / 07.56.99.09.09

Sous-test 3
Logique verbale

- **Question 31. Réponse C**

Cette question n'est pas extraite d'une annale d'un concours de médecine. Il ne s'agit donc pas d'interroger vos connaissances personnelles mais bien votre logique. Il faut toujours garder en tête que toutes les questions du Concours SESAME cherchent à vous faire raisonner. C'est pourquoi, lorsqu'il vous est demandé de retrouver un mot en fonction de sa définition, il convient souvent de faire attention à la manière dont les mots sont formés. Dans le cas de figure qui nous concerne, il fallait repérer que tous les mots proposés ont une étymologie grecque plus ou moins similaire dans la mesure où ils sont tous construits à partir de la racine *-plégie* signifiant « blessure », « paralysie » et de préfixes certes différents mais assez répandus dans la langue française pour être connus du grand public.

Tout candidat est par exemple capable de comprendre que le préfixe *mono-* signifie « seul » et donc de déduire que la « monoplégie » (D) renvoie à une paralysie affectant un seul membre du corps humain. En appliquant ce même raisonnement aux autres termes, il est aisé de comprendre que la « diplégie » (B) affecte de façon symétrique les deux côtés du corps puisque le préfixe *di-* est employé pour marquer la dualité.

Enfin, *para-* signifiant « de chaque côté » en grec ancien, il convenait de déduire que le « paraplégique » désigne toute personne paralysée de la moitié inférieure du corps, c'est-à-dire de la partie basse du tronc et des membres inférieurs. La bonne réponse est donc la C puisque le terme « tétraplégie », formé à partir du suffixe grec *tétra-* qui veut dire quatre, renvoie à une paralysie qui touche les quatre membres du corps, c'est-à-dire les jambes et les bras. L'une des difficultés résidait surtout dans le fait que le préfixe le plus connu pour faire référence au chiffre quatre est le latin *quadri*.

- **Question 32. Réponse A**

Contrairement à ce que pourrait laisser croire au premier abord cette liste de mots, il n'est pas ici question de genre mais de nombre. En effet, tous les noms proposés sont masculins, y compris le substantif « choral » (D) qui, sans « e » final, renvoie à un cantique chanté dans les églises protestantes de langue allemande. La difficulté porte plutôt sur le pluriel de ces noms qui partagent tous la même terminaison en « -al ». En règle générale, afin de former le pluriel d'un nom en « -al », il suffit simplement de modifier cette terminaison en « -aux ». C'est pourquoi, le nom « arsenal » (A) donne, au pluriel, « arsenaux » de la même manière que l'on dit un « cheval », un « hôpital » mais des « chevaux » et des « hôpitaux ». Plusieurs noms font toutefois exception à cette règle. Au même titre que les noms courants « carnaval », « bal », « cal », « pal », « bal », les substantifs « régal » (B), « chacal » (C) et « choral » (D) prennent simplement un « s » final au pluriel. Il convient donc d'écrire : des « régals, chacals, chorals ». Ne répondant à aucune règle d'orthographe particulière, ces exceptions de la langue française doivent être apprises par cœur par les candidats.

■ **Question 33. Réponse A**

Les opiacés sont des substances dérivées – au sens large – de l'opium et agissant sur les récepteurs opiacés. Ils entraînent une très forte dépendance physique et psychologique et comptent pour cette raison parmi les drogues les plus difficiles à contrer par les politiques de santé publique. L'extrait, tiré du roman de l'auteur britannique David Gemmel, est : « *Il y avait aussi une fragrance que seul discernait Serbitar. Des pucerons qui couraient sur la rose se ratatinèrent et moururent sous son regard. La beauté soyeuse des boutons remplit ses sens comme un opiacé.* »

■ **Question 34. Réponse A**

La langue française a parfois ses raisons que la raison ignore. Si nous sommes souvent aptes à déterminer le genre – masculin ou féminin – des noms que nous utilisons sans la moindre réflexion, il arrive parfois de nous méprendre sur le genre de certains mots. C'est par exemple le cas de tous les termes proposés dans cette question. Parce qu'il n'y a aucune logique véritable qui préside à ces exceptions, mieux vaut les apprendre par cœur afin d'éviter certaines erreurs. En l'occurrence, « ovule », « pétale » et « haltère » sont des noms masculins, au contraire d' « orbite » qui est un nom féminin.

■ **Question 35. Réponse C**

Selon l'Organisation mondiale de la Santé (OMS), on parle de pandémie en cas de propagation d'une nouvelle maladie à l'échelle mondiale.

■ **Question 36. Réponse B**

« *J'accuse... !* » est le titre d'un article rédigé par Émile Zola au cours de l'affaire Dreyfus et publié dans le journal *L'Aurore* du 13 janvier 1898, sous la forme d'une lettre ouverte au président de la République française, Félix Faure.

■ **Question 37. Réponse D**

En quelques mots, l'énoncé parvient à résumer la figure du *self-made man* (« l'homme qui s'est fait tout seul » en anglais). Ce concept, fondement du rêve américain, désigne toute personne dont le succès est la conséquence de ses décisions et de ses actions, plutôt que des conditions extérieures à celle-ci. Autrement dit, le *self-made man* est l'incarnation mythifiée de la méritocratie à l'américaine, c'est-à-dire de l'idée selon laquelle tout individu peut acquérir une fortune et un statut social s'il a le mérite et la « volonté suffisante » de mettre en œuvre tous les moyens pour parvenir à ses fins. À ce propos, il convient de remarquer que les proverbes proposés par les propositions A, B et C illustrent parfaitement cette idée puisque tous partent du principe que chaque homme peut être maître de son destin s'il le souhaite. En effet, le proverbe « le destin vend ce que, croyons-nous, il donne » (A) signifie que le destin ne nous réserve que ce que l'on mérite et donc, que rien n'arrive au hasard. Le proverbe « chacun est artisan de sa bonne fortune » (B) affirme également, de façon imagée, que chacun est capable de bâtir son propre destin en fonction des choix libres qu'il réalise. Le proverbe « les astres peuvent l'homme incliner, le sage les peut dominer » (C) est plus nuancé car il fait de la « sagesse » la condition nécessaire de la maîtrise des « astres », allégorie du destin. Seul le proverbe « faire contre mauvaise fortune, bon cœur » mentionné par la réponse D se trouve aux antipodes de la notion de *self-made man* qui est décrite dans l'énoncé. En effet, cette sentence défend l'idée selon laquelle le succès des hommes ne peut pas dépendre uniquement de leur volonté puisque ces derniers sont en réalité esclaves d'un destin, d'une fortune qu'ils doivent accepter sans se lamenter et dont ils doivent tirer profit.

- **Question 38. Réponse B**

Remontant à la fin du XVIIe siècle, l'expression « à couteaux tirés » signifie originellement : « prêt à tirer les armes ». Depuis, elle a pris le sens de « se trouver dans une position de haine ou de grande hostilité ». Il convient d'abord d'écarter la proposition A car l'expression « être en concurrence » ne coïncide pas avec le contexte de conflit (*duel d'artillerie*) dans lequel s'insère notre phrase. Ensuite, il faut éliminer la proposition C qui tend à adoucir le propos. En effet, les députés et les notables sont davantage décrits comme des « ennemis » que comme de simples « rivaux ». Enfin, la proposition D se rapproche certes du sens initial de l'expression mais, au vu du contexte, les protagonistes se répondent et sont donc déjà passés à l'offensive. Il fallait ainsi choisir la proposition B dans la mesure où l' « hostilité » met en lumière l'aggresivité et l'animosité qui règnent entre les différents acteurs.

- **Question 39. Réponse D**

Les verbes « décamper », « filer » et « déguerpir » sont tous synonymes. L'intrus est le verbe « discourir » qui désigne le fait de parler sur un sujet déterminé, en le développant de manière méthodique – ce qui n'a pas grand-chose à voir avec le sens du verbe « courir ».

- **Question 40. Réponse B**

Vous n'y échapperez pas. L'accord des mots composés est un classique des questions d'orthographe du Concours SESAME. Si le sujet est si épineux, c'est parce que l'accord de ces mots composés dépend de leur nature : adverbe, préposition, verbe, adjectif ou nom. Cette question permet aux candidats de revoir quelques règles élémentaires à ce sujet. Commençons par les phrases erronées, à savoir la 3 et la 4.

La phrase 4 oublie la règle selon laquelle lorsqu'un mot composé est constitué d'un nom et d'un verbe, le verbe est toujours invariable tandis que le nom, selon le sens, peut se mettre au pluriel. Dans le cas du mot « abat-jour », « abat » est invariable puisqu'il s'agit du verbe « abattre », et « jour » est également invariable car nous parlons ici d'un réflecteur qui cherche à rabattre le jour au sens de « lumière ». Le sens interdit donc ici de mettre au pluriel le nom « jour ».

L'erreur dans la phrase 3 était plus difficile à remarquer car « pot-au-feu » est une exception à la règle selon laquelle si le nom composé comprend une préposition, seul le premier nom prend la marque du pluriel. Cette exception s'explique par le fait que si le terme « pot » avait été mis au pluriel, il aurait fallu le lier avec la préposition « au », ce qui aurait donné une drôle de prononciation en « z » : [pozaufeu].

Il apparaît en revanche que les phrase 1 et 2 sont correctement orhtographiées. La 1 puisque le terme « baise-en-ville », désignant un petit sac de voyage contenant ce qu'il faut pour une nuit, reste toujours invariable. La 2 car elle met au pluriel le terme « gardes-malades » : lorsqu'un nom est composé de deux noms, de deux adjectifs ou d'un nom et d'un adjectif, le pluriel s'applique aux deux mots – sauf s'il y a une préposition, ou un nom dérivé d'un verbe.

- **Question 41. Réponse B**

  Les candidats doivent d'emblée remarquer que la proposition A est incohérente car le terme mélioratif qu'elle propose, à savoir « bien », contraste avec le terme péjoratif « discorde » qui apparaît dans l'extrait. Il convient par ailleurs de percevoir que, pour remédier à la discorde, la « tolérance » (B) semble être la solution la plus logique. En effet, si la « fortune » est inefficace face à la discorde, la « guerre » en constitue l'une des principales sources. Les propositions C et D doivent donc être écartées au profit de la B.

- **Question 42. Réponse D**

  Les trois premières propositions sont inexactes. Il fallait écrire :
  - **« Elle a prévu de dîner avec ses amis ce soir »**
  - **« Elle a fait un gâteau au chocolat pour sa fille »**
  - **« Nous avons eu une belle journée hier »**

  Seule la proposition D est correctement conjuguée au passé composé.

- **Question 43. Réponse B**

  Le siècle des Lumières est un mouvement philosophique, littéraire et culturel que connaît l'Europe du XVIIIe siècle (de 1715 à 1789) et qui se propose de dépasser l'obscurantisme et de promouvoir les connaissances.

- **Question 44. Réponse B**

  L'expression « *être sous la coupe de [quelqu'un]* » signifie que l'on est sous l'emprise de cette personne, sous sa dépendance.

  À noter : cette locution fait référence au joueur qui est sous la coupe d'un autre joueur, c'est-à-dire qu'il joue immédiatement après que celui-ci a coupé le paquet de cartes. Au XVIIe siècle, la coupe aux cartes avait une valeur quasiment « mystique » et le joueur qui se trouvait juste après le coupeur se trouvait sous son influence, son pouvoir.

- **Question 45. Réponse B**

  Tous les termes proposés dans cette liste finissent par le suffixe *-cratie*. Ce dernier n'est pas difficile a déchiffrer si l'on décompose le nom le plus courtant de cette liste, à savoir « démocratie ». Chacun a ouvert un manuel d'Histoire au collège et sait que ce régime politique inventé par les Athéniens durant l'Antiquité signifie littéralement « le pouvoir du peuple », *demos* voulant dire « peuple » en grec et *kratos* – qui a donné « -cratie » – le « pouvoir ». Cette question cherche donc à savoir si vous êtes capables de distinguer les différentes formes d'autorité. Si vous tentez d'appréhender ces noms à partir de leur préfixe, vous saisirez que l' « épistémocratie » (C) donne le pouvoir à ceux qui possèdent la connaissance aux plus intelligents (le grec *epistêmê* signifie « science »), tandis que la « technocratie » (D) laisse le pouvoir aux techniciens, aux specialistes et experts (le grec *tekhnê* signifie « art, métier »). L' « aristocratie » (A), qui ne doit pas être confondue avec la « noblesse », propose un pouvoir exercé par les meilleurs, les plus méritants. Décortiquer tous ces mots est fondamental pour saisir que la « démocratie » est l'intrus dans la mesure où il s'agit du seul système qui cherche à donner le pouvoir au plus grand nombre, aux masses tandis que les autres formes d'autorité mises en exergue préfèrent au contraire laisser le pouvoir aux mains d'une élite minoritaire.

Soyez conseillé(e) par Dorone Parienti !
Soyez conseillé(e) dans votre préparation
aux concours en réservant un RDV individuel gratuit
(présentiel ou téléphonique) avec nous sur:
www.lagrandeprepa.com / 07.56.99.09.09

Grille de réponses

Logique Générale		Logique Numérique		Logique Verbale	
1	Réponse C	16	Réponse D	31	Réponse C
2	Réponse D	17	Réponse B	32	Réponse A
3	Réponse A	18	Réponse C	33	Réponse A
4	Réponse B	19	Réponse C	34	Réponse A
5	Réponse A	20	Réponse B	35	Réponse C
6	Réponse C	21	Réponse B	36	Réponse B
7	Réponse D	22	Réponse A	37	Réponse D
8	Réponse B	23	Réponse C	38	Réponse B
9	Réponse B	24	Réponse D	39	Réponse D
10	Réponse C	25	Réponse A	40	Réponse B
11	Réponse D	26	Réponse D	41	Réponse B
12	Réponse C	27	Réponse C	42	Réponse D
13	Réponse A	28	Réponse B	43	Réponse B
14	Réponse C	29	Réponse A	44	Réponse B
15	Réponse D	30	Réponse C	45	Réponse B

Test blanc n° 2

Sous-test 1

Logique générale

❑ **Question 1.** 10 11 14 19 ?

A. 26
B. 19
C. 35
D. 40

❑ **Question 2.** A B D G ?

A. O
B. L
C. S
D. K

❑ **Question 3.** Notable (49) Comptabilité (144) Nid (9) Sesame (?)

A. 75
B. 36
C. 19
D. 81

❑ **Question 4.** 46 73 55 19 ?

A. 14
B. 33
C. 82
D. 59

❑ **Question 5.** Kayak Ressasser Noyon ?

A. Rêver
B. Essayer
C. Prendre
D. Cacher

❑ **Question 6.** 1M3 0F5 1Q7 2Y5 ?

A. 2V2
B. 3W5
C. 4R0
D. 1E9

❑ **Question 7.** 343 125 27 64 ?

A.
74
B. 580
C. 29
D. 216

❑ **Question 8.** Z X V T ?

A. M
B. E
C. R
D. Z

❑ **Question 9.** 45(Q) 10(D) 16(S) 29(?)

A. Y
B. A
C. V
D. C

❑ **Question 10.** FICHTRE OFFSHORE PAMPHLET ISTHME ?

A. SANSKRIT
B. PATOIS
C. ITALIEN
D. PONCTUEL

❑ **Question 11.**

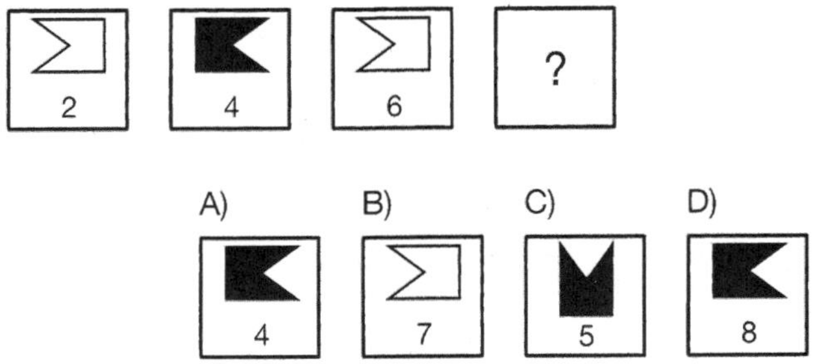

❑ **Question 12.**

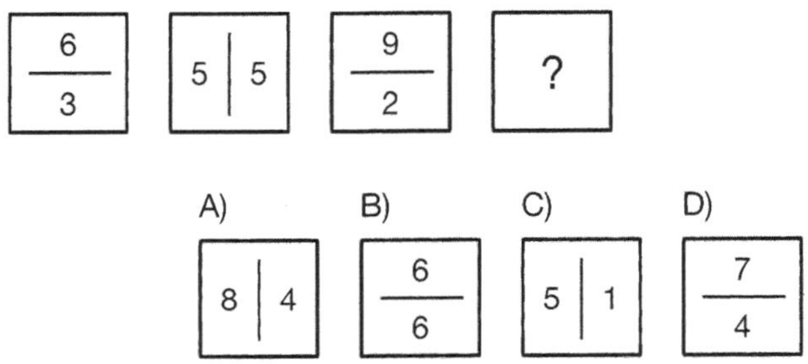

❑ **Question 13.**

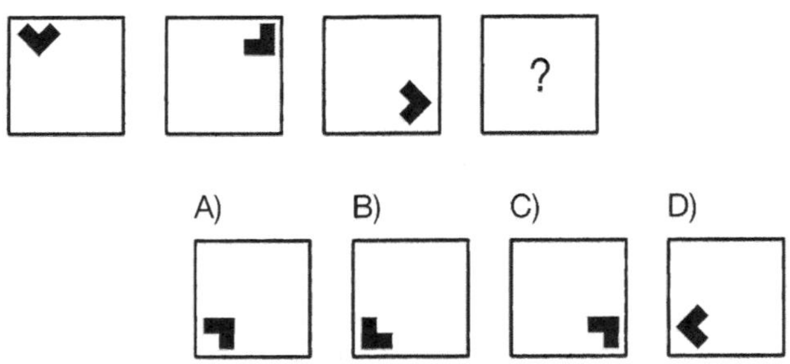

❑ **Question 14.** Lors d'une compétition de natation, Vanessa a fini derrière Jessie, Lara devant Marion, Édith devant Vanessa et Marion devant Jessie. Qui est arrivée dernière ?

A. Vanessa
B. Jessie
C. Lara
D. Marion

❑ **Question 15.** Trevor, François et Lucas occupent les fonctions de comptable, astrologue et jongleur. Trevor, qui n'est pas comptable, est marié à la sœur de l'astrologue. Lucas est fils unique. Que peut-on en déduire ?

A. François est comptable
B. Trevor est comptable
C. Trevor est astrologue
D. François est astrologue

Sous-test 2

Logique numérique

☐ **Question 16.** Un étudiant boursier dépense le quart de sa bourse pour son loyer et les deux cinquièmes pour sa nourriture et son transport. Il lui reste 210 € pour ses autres dépenses. Quel est le montant de sa bourse ?

A. 400 €
B. 500 €
C. 600 €
D. 700 €

☐ **Question 17.** Dans un restaurant, il y a trois entrées différentes, deux plats différents et deux desserts différents. Combien de repas (entrée, plat et dessert) différents peuvent être proposés ?

A. 12
B. 9
C. 3
D. 18

☐ **Question 18.** Compléter la suite suivante : 1 – 2 – 3 – 6 – 9 – 54 – ?

A. 56
B. 60
C. 63
D. 486

❑ **Question 19.** Dans la représentation ci-dessous, quel est le rapport entre la surface de la partie grisée et celle du grand carré ?

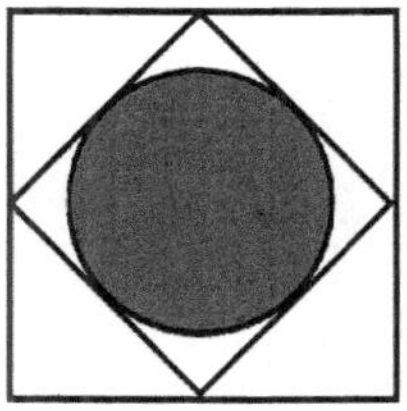

A. π/2
B. π/4
C. 1/4
D. π/8

❑ **Question 20.** Dans un certain magasin, tous les produits sont vendus au poids. Ainsi, une assiette coûte autant que trois bols et un couteau et deux assiettes valent autant que cinq bols et sept couteaux. Quelle est la valeur d'une assiette ?

A. 15 couteaux
B. 16 couteaux
C. 17 couteaux
D. 18 couteaux

❑ **Question 21.** Édouard collectionne des voitures de couleur rouge et bleue. Trois cinquièmes de ses voitures sont rouges et l on compte trois voitures rouges de plus que de voitures bleues. Quel est le produit du nombre de voitures rouges par celui de voitures bleues ?

A. 15
B. 54
C. 10
D. 35

❑ **Question 22.** Un lit équipé d'un matelas vaut 1 500 €. Quel est le prix du matelas seul sachant qu'il coûte 1 000 € de moins que le lit ?

A. 100 €
B. 250 €
C. 500 €
D. 1 000 €

❑ **Question 23.** Un montant a été placé au même taux d'intérêt pendant deux ans. Le bénéfice réalisé est égal à 69 %, soit 138 euros. Quel était la valeur du montant initialement placé ?

A. 100 €
B. 130 €
C. 169 €
D. 200 €

❑ **Question 24.** Compléter la série suivante : 1 – 2 – 5 – 14 – 41 – ?

A. 51
B. 68
C. 122
D. 27

❑ **Question 25.** Un professeur possède 84 livres et 147 stylos. Il souhaite donner le même nombre de livres et le même nombre de stylos à chacun de ses élèves. Quel est le nombre maximal d'élèves à qui il peut distribuer ces objets s'il souhaite tout écouler ?

A. 4
B. 14
C. 21
D. 36

❑ **Question 26.** Un cycliste pédale à 25 km/h pendant deux heures puis accélère. Pendant combien de temps doit-il rouler à 40 km/h pour avoir une vitesse moyenne de 30 km/h sur l'ensemble du parcours ?

A. 60 minutes
B. 40 minutes
C. 35 minutes
D. 45 minutes

❑ **Question 27.** Pour récompenser ses cinq enfants pour leurs bons résultats à l'école, Ernest décide de leur donner 70 euros. Cette somme est répartie selon une suite arithmétique de raison 2, le plus âgé étant celui qui reçoit le plus d'argent. Que recevra l'aîné ?

A. 12
B. 14
C. 16
D. 18

❑ **Question 28.** On dispose d'un dé pipé qui tombe sur le « 5 » une fois sur trois et sur le « 2 » une fois sur cinq. Il tombe de manière équiprobable sur les quatre autres faces. Quelle est la probabilité de tomber sur le « 4 » après un lancer ?

A. 1/6
B. 2/9
C. 7/15
D. 7/60

❑ **Question 29.** Aaron joue au célèbre jeu de dés « Le 421 ». Quelle est la probabilité de tomber, en respectant l'ordre, sur un 4, un 2 puis un 1, en lançant trois dés successivement ?

A. 1/216
B. 7/216
C. 1/36
D. 7/36

❑ **Question 30.** Compléter la série suivante : 35 – 43 – 50 – 55 – 65 – ?

A. 76
B. 75
C. 70
D. 80

Sous-test 3
Logique verbale

❑ **Question 31.** Parmi les propositions suivantes laquelle est incorrecte ?

A. Un aérolithe désigne un avion ancien
B. Un aérolithe est un mot ancien pour désigner une météorite
C. Un aérolite est une météorite essentiellement constituée de silicates
D. Un aérolithe, employé métaphoriquement, désigne un élément étranger et perturbateur

❑ **Question 32.** Où est l'intrus ?

A. Pochette
B. Barrette
C. Raquette
D. Sellette

❑ **Question 33.** Parmi les propositions suivantes, laquelle contient une forme conjuguée au subjonctif ?

A. As-tu pensé à mettre les médicaments dans ta valise ?
B. Les colis que tu as reçus sont trop volumineux pour être conservés ici
C. Mes parents refusent que je vienne avec vous
D. N'avaient-ils pourtant pas donné leur accord ?

❑ **Question 34.** « En droit, on distingue l'acte authentique de l'acte sous (...) privé ». Complétez cette phrase en choisissant l'homonyme adéquat.

A. Saint
B. Sain
C. Sein
D. Seing

❑ **Question 35.** En 1898, Louise Ménard, mère de famille sans ressources, comparaît au tribunal de Château-Thierry pour avoir volé un pain après avoir passé trente heures sans manger. Le juge Magnaud décida pourtant d'acquitter la prévenue au regard de sa situation.
Quel proverbe illustre le moins bien cette situation ?

A. Qui veut la fin veut les moyens.
B. Nécessité fait loi.
C. Force passe droit.
D. Convenances rompent loi.

❑ **Question 36.** Complétez l'extrait suivant : « Ô rage ! ô désespoir ! ... » ?

A. Ô colère ennemie
B. Ô silence ennemi
C. Ô vieillesse ennemie
D. Ô vengeance ennemie

❑ **Question 37.** Choisissez la reformulation dont le sens se rapproche le plus du, ou des passages soulignés : « Juppé fut celui que Jacques Chirac présentait comme *le meilleur d'entre nous*, une formule qu'il a porté depuis comme <u>une dévorante tunique de Nessus</u>.

A. Un objet de fierté.
B. Une honte inavouée.
C. Une méprise sur sa vraie nature.
D. Un cadeau empoisonné.

❑ **Question 38.** Parmi les propositions suivantes, laquelle est correcte ?

A. Il adopta une position coercitive face à ce mastiff, ce chien arrogant
B. Il adopta une position coersitive face à ce mastiff, ce chien arogant
C. Il adopta une position cohercitive face à ce mastiff, ce chien araugant
D. Il adopta une position cohersitive face à ce mastiff, ce chien harogant

❑ **Question 39.** Combien de phrases, parmi les 4 figurants ci-dessous sont orthographiquement et/ou grammaticalement incorrectes ?

1. Puisque toutes les galères devaient naviguer de conserve, le retard de l'une d'entre elle paralysait l'ensemble du convoi.
2. Je voudrais qu'après avoir ranimé mon sentiment, vous me convainquissiez de tout ce qui manque à ma croyance.
3. Comment ressens-tu de l'amitié pour elle, si tu la crois assez infâme pour venir te supplanter jusqu'à chez toi ?
4. La première chose que vous remarquez, c'est la lourdeur de votre corps courbatu.

A. Trois
B. Une
C. Deux
D. Quatre

❑ **Question 40.** Quel est l'infinitif qui se cache derrière l'expression « peu me chaut » ?

A. Chauler
B. Chaloir
C. Chauffer
D. Chaumer

❑ **Question 41.** Parmi les propositions suivantes, laquelle fait figure d'intruse ?

A. Ma jeunesse ne fut qu'un ténébreux orage.
B. L'absence diminue les médiocres passions, et augmente les grandes, comme le vent éteint les bougies et allume le feu.
C. Mon esprit est pareil à la tour qui succombe sous les coups du bélier infatigable.
D. Elle ressemblait aux femmes des livres romantiques. Il n'aurait voulu rien ajouter, rien retrancher à sa personne.

❑ **Question 42.** Quel auteur francais est considéré comme le chef de file du mouvement littéraire « Le Naturalisme », qui dépeint la réalité avec plus de précisions encore que le réalisme dont il dérive ?

A. Emile Zola
B. Victor Hugo
C. Honoré de Balzac
D. Gustave Flaubert

❑ **Question 43.** Parmi les propositions suivantes, laquelle correspond au participe présent du verbe « vaincre » ?

A. Vaincant
B. Vainquant
C. Vaincquant
D. Vaint

❑ **Question 44.** Qu'est-ce qu'une « énucléation » ?

A. Doctrine contraire aux dogmes établis d'une religion
B. Ablation d'une tumeur encapsulée de la place qu'elle occupait.
C. Ensemble de lignes directrices d'un tableau
D. Bouleversement, choc produit par une vive émotion

❑ **Question 45.** Où est l'intrus ?

A. Rondeau
B. Lai
C. Balade
D. Ode

Test blanc n° 2

Sous-test 1
Logique générale

- **Question 1. Réponse A**
Dans cette série, l'opération entre deux termes suit une évolution progressive de rang impair. Nous avons : +1 (entre 10 et 11), +3, +5 et donc +7. On choisit ainsi le nombre 26 car 19 + 7 = 26.

- **Question 2. Réponse D**
Dans un premier temps, on remarque que les deux premières lettres se suivent. Autrement dit, il y a un écart d'une lettre entre A et B. On constate ensuite un écart de deux rangs entre B et D et trois rangs entre D et G. On en déduit qu'il faut un écart de quatre rangs entre la lettre G et la lettre… K.

- **Question 3. Réponse B**
Pour répondre à cette question, remarquons que, lorsque l'on élève au carré le nombre de lettre de chaque mot, on obtient le nombre à l'intérieur de la parenthèse. Par exemple, « Notable » est composé de 7 lettres, on place donc 49 dans la parenthèse car $7^2 = 49$. Ainsi, « Sesame » étant composé de 6 lettres, on place 36 dans la parenthèse car $6^2 = 36$.

- **Question 4. Réponse C**
Dans cette série, la somme des chiffres de chaque occurrence vaut 10. Nous avons bien :
4 + 6 = 10 ; 7 + 3 = 10 ; 5 + 5 = 10 ; 1 + 9 = 10 et donc 8 + 2 = 10.

- **Question 5. Réponse A**
La logique régissant la série est la suivante : tous les mots sont des palindromes (mot qui peut se lire de droite à gauche comme de gauche à droite, de façon identique). Parmi les propositions données, on choisira donc la proposition A (pour « Rêver »).

- **Question 6. Réponse A**
Le raisonnement est le suivant : le rang numérique de la lettre au milieu de chaque occurrence est égal à l'association des deux chiffes qui l'entourent. Par exemple, M étant la treizième lettre de l'alphabet, on aura le bloc « 1M3 ». La seule proposition qui respecte cette condition est « 2V2 ».

- **Question 7. Réponse D**
On remarque que tous les nombres de la série sont des cubes parfaits (343 est le cube de 7, 125 est le cube de 5, etc.) on choisit donc 216 qui est le cube de 6.

- **Question 8. Réponse B**

L'écart entre le rang de chaque lettre est de –2. En effet, Z a une valeur numérique égale à 26, X à 24, V à 22, T à 20 et donc on choisit R qui a une valeur numérique égale à 18.

- **Question 9. Réponse C**

Pour répondre à cette question, il faut remarquer que la lettre dans la parenthèse correspond à la première lettre du nombre associé.

Par exemple, pour la première occurrence, nous avons : 45 = Quarante-cinq, donc on retiendra « Q ». On choisira logiquement la lettre « V » pour compléter la série car 22 = Vingt-deux = « V ».

- **Question 10. Réponse A**

Pour répondre à cette question, il fallait remarquer que les mots présentés sont tous composés de 4 consonnes à la suite. Ce sont des exceptions de la langue française !

On choisira logiquement la proposition A et le mot « Sanskrit » qui désigne une langue indo-européenne de la famille indo-aryenne, autrefois parlée dans le sous-continent indien.

- **Question 11. Réponse D**

La figure effectue une rotation à 180° et change de couleur entre chaque cadre. Elle sera identique à celle du deuxième cadre dans le cadre solution.

Notons également que les chiffres augmentent de deux unités entre chaque cadre, passant de 2 à 4, de 4 à 6, et de 6 à… 8 dans le cadre solution.

- **Question 12. Réponse A**

Tout d'abord notons que les nombres se présentent alternativement à la verticale, à l'horizontale, à la verticale et donc à l'horizontale dans le cadre solution.

Ensuite, remarquons que la somme des chiffres est évolutive et augmente d'un rang entre chaque cadre : d'abord **9** (6 + 3), **10** (5 + 5), **11** (9 + 2) et donc… **12** (8 + 4) dans le cadre solution.

- **Question 13. Réponse A**

Tout d'abord notons que l'emplacement du symbole effectue une rotation d'un quart de tour dans le sens des aiguilles d'une montre entre chaque cadre. Il se trouvera en bas à gauche dans le cadre solution. Remarquons ensuite que le symbole effectue sur lui-même une rotation de 45° dans le sens inverse des aiguilles d'une montre.

- **Question 14. Réponse A**

Pour répondre à cette question, traduisons mathématiquement l'énoncé :

1. « *Vanessa a fini derrière Jessie* » → V < J.
2. « *Lara devant Marion* » → M < L.
3. « *Édith devant Vanessa* » → V < E.
4. « *Marion devant Jessie* » → J < M.

Par transitivité :

1 + 2 + 4 → V < J < M < L.

3 → V < E.

En conclusion, Vanessa est arrivée dernière.

- **Question 15. Réponse D**

Dans cette question, la meilleure méthode consiste à faire un tableau avec d'un côté le nom de chacun des protagonistes, et de l'autre leurs métiers.

On sait que Trevor n'est pas comptable et qu'il est marié à la sœur de l'astrologue.

⇒ Trevor n'est ni comptable ni astrologue ; il est nécessairement jongleur

On sait que l'astrologue a une sœur et que Lucas est fils unique.

⇒ Lucas n'est pas astrologue

	Trevor	François	Lucas
Comptable	X	X	O
Astrologue	X	O	X
Jongleur	O	X	X

Nous pouvons déduire du tableau que François est astrologue.

Soyez conseillé(e) par Dorone Parienti !
Soyez conseillé(e) dans votre préparation aux concours en réservant un RDV individuel gratuit (présentiel ou téléphonique) avec nous sur:
www.lagrandeprepa.com / 07.56.99.09.09

Sous-test 2
Logique numérique

- **Question 16. Réponse C**

Soit B le montant de la bourse accordée à l'étudiant.

On sait qu'il dépense le quart de sa bourse pour son loyer, et les deux cinquièmes pour sa nourriture et son transport. Il a donc dépensé :

$$\left(\frac{1}{4}+\frac{2}{5}\right)\times B=\left(\frac{5}{20}+\frac{8}{20}\right)\times B=\frac{13}{20}\times B.$$

Il lui reste ainsi sept vingtièmes de sa bourse pour ses autres dépenses.

Le montant des autres dépenses étant chiffré à 210 €, nous avons l'égalité suivante :

$$\frac{7}{20}\times B=210 \Leftrightarrow B=\frac{210}{7}\times 20 \Leftrightarrow B=30\times 20 \Leftrightarrow B=600€$$

■ Question 17. Réponse A

Cet exercice fait appel à un principe fondamental des probabilités : le dénombrement.
Pour répondre à la question posée, dessinons un arbre en fixant l'entrée en premier choix, le plat en deuxième choix et logiquement le dessert en troisième.

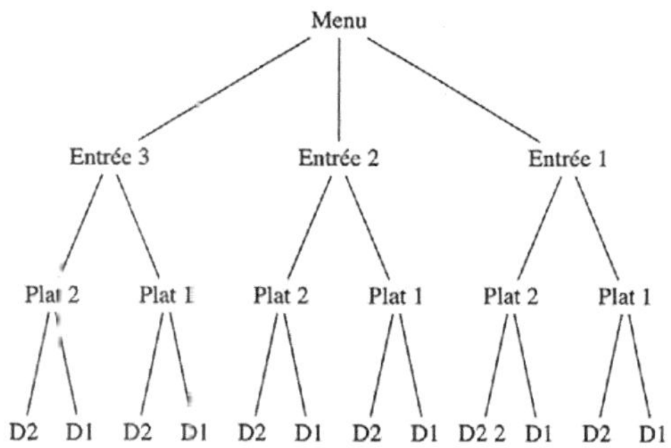

En conclusion, le nombre de repas pouvant être proposés dans ce restaurant est égal à 12 (3 × 2 × 2).

■ Question 18. Réponse C

On utilise alternativement les signes « + » et « × » entre deux nombres pour obtenir le nombre suivant.

1 + 2 = 3

2 × 3 = 6

3 + 6 = 9

6 × 9 = 54

54 + 9 = **63**

■ Question 19. Réponse D

Pour répondre à cette question, il faut savoir que lorsqu'un cercle est inscrit dans un carré, le côté de ce dernier est de même mesure que le diamètre du cercle. Ainsi, le côté c du petit carré est égal au diamètre D du cercle : $\boldsymbol{c = D\ (= 2r)}$.
Ensuite, on constate sur le graphique que le côté C du grand carré est de même mesure que la diagonale d du petit carré, soit : $\boldsymbol{C = d}$.
Or, on sait par définition que la diagonale du petit carré est égale à $d = \sqrt{2}c$.
Ainsi : $C = d \Leftrightarrow C = \sqrt{2}c \Leftrightarrow C^2 = 2c^2 \Leftrightarrow C^2 = 2(2r)^2 \Leftrightarrow C^2 = 8r^2 \Leftrightarrow \pi C^2 = 8\pi r^2$
$\Leftrightarrow \dfrac{\pi r^2}{C^2} = \dfrac{\pi}{8}$.

Puisque πr^2 représente l'aire du petit cercle et C^2 l'aire du grand carré, nous pouvons en conclure que le rapport entre la surface de la partie grisée sur celle du grand carré est égal à :
$\boldsymbol{\dfrac{\pi}{8}}$.

- **Question 20. Réponse D**

Soit A, B et C les poids respectifs d'une assiette, d'un bol et d'un couteau.

On sait, d'après l'énoncé, que :

- $A = 3B \Leftrightarrow 2A = 6B$
- $C + 2A = 5B + 7C \Leftrightarrow 2A = 5B + 6C$

Ainsi, nous pouvons établir que : $6B = 5B + 6C \Leftrightarrow B = 6C \Leftrightarrow 3B = 18C \Leftrightarrow A = 18C$.

L'assiette pèse donc autant que dix-huit couteaux.

- **Question 21. Réponse B**

Soit T le nombre total de voitures, B et R les nombres respectifs de voitures bleues et rouges.

On sait, d'après l'énoncé, que :

- $T = B + R$
- $R = \frac{3}{5} T$ et $B = \frac{2}{5}T$
- $R = B + 3 \Leftrightarrow \frac{3}{5} T = \frac{2}{5}T + 3 \Leftrightarrow \frac{1}{5} T = 3 \Leftrightarrow T = 15 \Leftrightarrow R = 9$ et $B = 6$.

Le produit du nombre de voitures rouges par celui de voitures bleues est égal à 54 (6 × 9).

- **Question 22. Réponse B**

Attention à ne pas tomber dans le piège qui consiste à répondre trop rapidement 500 €.

Imaginez : si le matelas coûte 500 € et le lit 1 500 €, le total est de... 2 000 €.

Tester les solutions est le plus rapide, on obtient aisément 250 € pour le prix du matelas.

Voici tout de même l'équation pour vous entrainer :

$L + M = 1\,500 \Leftrightarrow (1\,000 + M) + M = 1\,500 \Leftrightarrow 2M + 1\,000 = 1\,500 \Leftrightarrow 2M = 500 \Leftrightarrow$ **M = 250 €.**

- **Question 23. Réponse D**

Définissons par A le montant initialement placé et x le taux d'intérêt annuel.

De l'énoncé, nous savons que l'investissement a rapporté 138 € en deux ans, ce qui représente une plus-value de 69 %. Autrement dit :

- $A \times x^2 = \mathbf{138}$ **€**
- • $A \times x^2 = \mathbf{0{,}69A}$.

Nous avons donc : $0{,}69\,A = 138\text{ €} \Leftrightarrow A = \frac{138€}{0{,}69} \Leftrightarrow A = \frac{2 \times 69€}{0{,}69} \Leftrightarrow$ **A = 200 €.**

La valeur du montant initialement placé est 200 €.

- **Question 24. Réponse C**

On multiplie un terme de la série par 3 et on soustrait 1 pour obtenir le terme suivant.

1 × 3 − 1 = **2**

2 × 3 − 1 = **5**

...

41 × 3 − 1 = **122**

- **Question 25. Réponse C**

Le professeur distribue le même nombre de livres à chaque élève, le nombre de livres est donc un multiple du nombre d'élèves (noté *E*). De manière analogue, le nombre de stylos est multiple du nombre d'élèves (noté *E*). Ainsi : 84 et 147 sont des multiples de *E*.
Cherchons alors, parmi les solutions proposées, un diviseur commun à 84 et 147.
⇒ Seul le nombre 21 vérifie cette propriété.

Note : *il était également pertinent de faire une décomposition en produit de facteurs premiers.*

- **Question 26. Réponse A**

Tout d'abord il est important de comprendre que la vitesse moyenne sur le parcours de Jean n'est pas à la moyenne de ses vitesses ! C'est trouble, mais voici plus d'explications.
Qu'est-ce qu'une vitesse moyenne ? C'est la distance totale parcourue divisée par le temps du parcours. Prenons un cas extrême pour bien comprendre la différence. Supposez que vous rouliez 100 km, les 50 premiers à 50 km/h (temps : 1h), et les 50 derniers à 1 km/h (temps : 50h). Vous avez mis 51h pour effectuer 100km. Votre vitesse moyenne sur ce parcours est donc proche de 2km/h, ce qui est bien différent de la moyenne des deux vitesses qui est proche de 25 km/h !!!
Revenons à notre exercice, nous cherchons ici le temps durant lequel le cycliste doit rouler à 40 km/h pour avoir une vitesse moyenne de 30 km/h sur l'ensemble de son parcours.
Définissons par t_2 le temps au cours duquel le cycliste roulera à 40 km/h (en 2e partie de parcours).
D'après la formule de la vitesse moyenne, on sait que $v_M = \frac{d_T}{t_T}$.

Dans notre exercice, nous avons : $30 = \frac{d_1+d_2}{t_1+t_2} = \frac{50+d_2}{2+t_2} = \frac{50+40t_2}{2+t_2}$.

Or : $30 = \frac{50+40t_2}{2+t_2} \Leftrightarrow 60+30t_2 = 50+40t_2 \Leftrightarrow 10t_2 = 10 \Leftrightarrow t_2 = 1$.

En conclusion, notre cycliste devra rouler pendant 1 heure (60 minutes) à 40 km/h pour atteindre une vitesse moyenne de 30 km/h sur l'ensemble du parcours.

- **Question 27. Réponse D**

Soit E_1, E_2, ..., E_5 l'ensemble des entiers de la suite arithmétique dont la somme est égale à 70 €.
Autrement dit : $E_1 + E_2 + E_3 + E_4 + E_5 = 70$.

Étant donné que ces nombres constituent une suite arithmétique de raison 2, nous avons alors :
$E_2 = E_1 + 2$
$E_3 = E_2 + 2 = E_1 + 4$
...
$E_5 = E_4 + 2 = E_3 + 4 = E_2 + 6 = E_1 + 8$.

Par suite, l'égalité de départ s'écrit :
$E_5 + (E_5 - 2) + ... + (E_5 - 8) = 70 \Leftrightarrow 5E_5 - 20 = 70 \Leftrightarrow E_5 = 18$.

En conclusion, la valeur du plus grand de ces nombres est égale 18 €.

■ **Question 28. Réponse D**

Soit $P(x)$ la probabilité telle que le dé pipé tombe sur le chiffre x.

Traduisons alors mathématiquement l'énoncé :
Le « 5 » tombe une fois sur trois $\Rightarrow$ **P(5) = 1/3**
Le « 2 » tombe une fois sur cinq $\Rightarrow$ **P(2) = 1/5.**
Nécessairement, la probabilité que le dé tombe sur l'une des quatre autres faces s'écrit :
$\boldsymbol{P(1 \cup 3 \cup 4 \cup 6)} = 1 - (1/3 + 1/5)$ **= 7/15.**

Or, l'énoncé nous informe que le dé tombe de manière équiprobable sur ces quatre faces. Autrement dit, le dé a autant de chances de tomber sur le « 1 », que sur le « 3 », le « 4 » ou le « 6 ».
Soit : $P(1) = P(3) = P(4) = P(6) = \frac{1}{4} \times \frac{7}{15}$ **= 7/60.**

Ainsi, **P(4) = 7/60.**

■ **Question 29. Réponse A**

Au premier lancer, la probabilité de tomber sur le « 4 » est égale à 1/6.
Au deuxième lancer, la probabilité de tomber sur le « 2 » est égale à 1/6.
Au troisième lancer, la probabilité de tomber sur le « 1 » est égale à 1/6.
Les trois lancers étant **indépendants**, la probabilité de tomber dans l'ordre sur les chiffres 4 – 2 – 1 est alors égale à : $1/6 \times 1/6 \times 1/6 =$ **1/216.**

■ **Question 30. Réponse A**

Pour répondre à cette question, considérons le premier terme de la série, 35. La somme de ses deux chiffres est égale à 8 (3 + 5), ce qui correspond à l'écart entre 35 et le nombre qui le suit, à savoir 43. On applique la même méthode à tous les termes de la série : la somme des deux chiffres de 43 est égale à 7, ce qui correspond à l'écart entre 43 et le nombre qui le suit, à savoir 50.
Ainsi, l'écart entre 65 et le nombre suivant sera égal à 11 (6 + 5), on retiendra donc le nombre 76.

Soyez conseillé(e) par Dorone Parienti !
Soyez conseillé(e) dans votre préparation aux concours en réservant un RDV individuel gratuit (présentiel ou téléphonique) avec nous sur :
www.lagrandeprepa.com / 07.56.99.09.09

Sous-test 3
Logique verbale

- **Question 31. Réponse A**
  Le mot « aérolithe » vient du grec, *aêr* (« air ») et *líthos* (« pierre »). C'est un mot ancien qui désigne une classe particulière de météorites, composées principalement de silicates. L'aérolithe est aujourd'hui synonyme d'élément étranger.

- **Question 32. Réponse C**
  Lorsque vous devez trouver l'intrus parmi une liste de mots proposés, votre premier réflexe doit être de remarquer si ces derniers ont un ou des points communs au niveau de leur forme. En l'occurrence, il ne vous aura pas échappé que tous les mots de cette liste se terminent par « -ette ». Il convient dès lors d'analyser si cette terminaison est employée de la même manière pour tous ces noms.
  Cette démarche vous permettra de comprendre que les substantifs « pochette » (A), « barrette » (B) et « sellette » (D) sont formés avec le suffixe diminutif « -ette ». Ce diminutif, procédé de dérivation lexicale, donne ici à ces noms une nuance de petitesse : une « pochette » est une petite « poche », une « barrette » est une petite barre comme une « sellette » est une petite « selle ». En revanche, concernant le nom « raquette », la terminaison en « -ette » n'est aucunement un suffixe diminutif. Le nom « raquette » doit son orthographe a ses origines latines et arabes : en latin médiéval, *rasceta manus* signifie « le carpe de la main » – l'expression « rachete de la main » était populaire au Moyen Âge – tandis que l'arabe *rahat* désigne la « paume de la main ». « Raquette » n'a pas de diminutif dans la langue française.

- **Question 33. Réponse C**
  Le subjonctif présent exprime une action incertaine, non réalisée au moment où nous nous exprimons. Dans la proposition C, le verbe « venir » est conjugué à la première personne du subjonctif présent : « *que je vienne* ».

- **Question 34. Réponse D**
  Les quatre termes proposés ici sont des homonymes dans le sens où il s'agit de mots de prononciation identique mais de sens différent. Pour retrouver l'homonyme adéquat, il convient de replacer la phrase dans son contexte juridique et de trouver le seul mot qui se rattache de loin ou de près au champ lexical du droit, à savoir « seing » (D). En effet, ne s'employant plus que dans le domaine juridique, le nom « seing » synonyme de « signature » désigne la marque ou le signe qui vise à authentifier le document sur lequel on l'appose.
  En revanche, l'adjectif « saint » (A) qui est synonyme de « sacré » appartient plutôt au lexique de la religion et désigne tout ce qui se rapporte à Dieu ou à son culte. L'adjectif « sain » (B) appartient lui au lexique de la médecine et renvoie à ce qui est en bonne santé physique et mentale, à ce qui ne présente aucune anomalie, aucune maladie. Enfin, le nom « sein » (C) qui

fait référence à la partie du corps féminin se rattache au domaine de l'anatomie et aucunement à celui du droit.

- **Question 35. Réponse D**

Les mots « loi » et « droit » présents dans trois des proverbes proposés renvoient à un champ lexical de la justice qui doit pousser les candidats à replacer l'énoncé dans son contexte juridique. Celui-ci doit pouvoir être résumé le plus simplement possible : une femme qui a dû outrepasser la loi pour des raisons de survie a été acquittée par la justice. Il en ressort que le proverbe « nécessité fait loi » proposé par la B illustre le mieux cette situation dans la mesure où le juge, en ne condamnant pas Louise Ménard, semble avoir compris qu'un besoin extrême, en l'occurrence se nourrir soi-même et ses enfants, peut parfois justifier le fait que l'on passe outre les obligations conventionnelles et juridiques, à savoir dans ce cas voler.

Le proverbe « qui veut la fin veut les moyens » suggéré par la réponse A semble aussi adapté à la situation car l'acquittement du juge donne raison à l'idée selon laquelle la réalisation d'une « fin » d'ordre vital ou du moins nécessaire peut justifier de passer par des « moyens » condamnables d'un point de vue judiciaire et moral.

Enfin, le proverbe « force passe droit » mentionné par la proposition C n'est pas non plus hors de propos puisque même si Louise Ménard n'est pas en position de « force » mais plutôt de faiblesse au vu de sa situation financière, il n'empêche que celle-ci a quand même entravé le droit en commettant un délit.

Seul le proverbe défendu par la proposition D « convenances rompent loi » est inadapté à la situation car il soutient l'idée selon laquelle les individus doivent toujours se conformer à la loi et au droit même si cela va à l'encontre de leur « convenance » et de leur situation. En d'autres termes, ce proverbe condamne le délit de Louise Ménard et ne considère pas la « nécessité » comme un prétexte légitime pour être au-dessus des lois de l'État.

- **Question 36. Réponse C**

L'extrait suivant est tiré de la pièce de théâtre *Le Cid*, de Pierre Corneille : « Ô rage ! ô désespoir ! ô vieillesse ennemie ! ».

- **Question 37. Réponse D**

Attention ici à ne pas s'en tenir au surnom mélioratif « meilleur d'entre nous » pour déduire trop hâtivement que ce dernier est forcément porté comme une « fierté » (A) par Juppé. L'adjectif « dévorante » indique qu'une « tunique de Nessus » peut être difficile à porter. La proposition A doit donc être exclue car elle fait fi de la dimension dangereuse que peut recouvrir l'expression « tunique de Nessus ».

Il faut par ailleurs éliminer les propositions B et C puisque les termes péjoratifs « honte » et « méprisant » s'opposent à l'expression élogieuse « meilleur d'entre nous ». En somme, une « tunique de Nessus » renvoie a quelque chose qui, sous des aspects mélioratifs, cache un danger. Dans cette perspective, l'expression « cadeau empoisonné » reste la meilleure piste possible et la bonne réponse à cette question. Notons ici qu'au sens propre, une tunique de Nessus est un présent funeste. Il renvoie à Nessus, centaure qui donne à Déjanire la femme d'Hercule une tunique dont il prétend qu'elle peut remédier aux infidélités de son mari. Cette tunique est en fait teinte avec un sang empoisonné qui arrache la peau de celui qui s'avise à le toucher.

- **Question 38. Réponse A**

Pour répondre à cette question, il suffisait d'orthographier correctement l'adjectif « coercitive », dont le sens premier est : « qui exerce une ou des contrainte(s), obligation(s), règle(s) que cela soit tacite, physique ou dans une loi ». On pouvait également constater que l'orthographe de l'adjectif « arrogant » est correcte dans la proposition A – et seulement dans celle-ci.

À noter : un « mastiff » désigne un très gros chien de garde, de race anglaise voisine des dogues, puissant, massif, à la gueule courte.

- **Question 39. Réponse B**

La difficulté de cette question réside principalement dans le fait qu'hormis la 3, toutes les phrases sont correctement orthographiées. La phrase 1 n'a rien à se reprocher car, aussi étonnant que cela puisse paraître, la locution adverbiale « de conserve » existe bel et bien ! En effet, si nombre de candidats savent que la locution « de concert » signifie « après s'être concerté », ils seront sûrement ravis d'apprendre que « de conserve » signifie de la même manière « ensemble, d'un commun accord ». Le nom féminin « conserve » est d'ailleurs un ancien terme de marine désignant un navire faisant route avec un autre afin de le secourir si besoin. On dira donc naviguer « de conserve » pour dire « faire route ensemble ».
La phrase 4 est tout aussi juste dans la mesure où elle utilise à merveille le terme « courbatu ». Il ne faut pas oublier que c'est de ce mot peu usité que le nom « courbature » et le verbe « courbaturer » sont dérivés. En effet, si l'on souhaite être précis, lorsqu'on cherche à évoquer un état de lassitude générale causée par la fatigue ou la maladie, on emploie le mot « courbatu ». « Courbaturé » renvoie plutôt à une raideur musculaire provoquée par un trop long effort.
Pour rester dans l'original, la phrase 2 est exacte car la forme verbale « que vous convainquissiez » existe bien : il s'agit de la conjugaison du verbe « conquérir » à la deuxième personne du pluriel de l'imparfait du subjonctif.
Il fallait toutefois remarquer que la phrase 3 commet une erreur grossière en oubliant que, lorsqu'il suit une préposition commençant par une consonne, le terme « jusque » ne s'élide jamais. Il convenait donc d'écrire ici : « te supplanter jusque chez toi ».

- **Question 40. Réponse B**

Tombée en désuétude, l'expression « peu me chaut » s'emploie souvent dans un sens ironique. Formée à partir du verbe « chaloir » (B) qui signifie « importer », la locution vieillie « peut me chaut » est synonyme d'expressions plus utilisées dans le langage courant comme « peu m'importe » ou « cela m'est égal ». On comprend mieux alors pourquoi le terme « nonchaloir » désigne initialement la « nonchalance », c'est-à-dire l'attitude de celui auquel peu de choses importent. Toute la difficulté de cette question réside dans le fait que l'infinitif « chaloir » est assez méconnu du grand public dans la mesure où il s'agit d'un verbe défectif impersonnel qui ne peut se conjuguer qu'à la troisième personne de l'indicatif présent : « chaut ». Pour mémoriser cette terminaison en *-t*, il suffit pour les candidats de comparer le verbe « chaloir » à un autre verbe du troisième groupe comme « falloir » qui, à la troisième personne du singulier au présent de l'indicatif donne « faut ». Pour éliminer les propositions A, C et D, il convenait simplement de conjuguer ces verbes du premier groupe à la troisième personne du singulier de l'indicatif : « chauler » donne « chaule », « chaumer » donne « chaume » et « chauffer » donne

« chauffe ». Remarquons ici que ce dernier verbe visait à piéger les candidats en les poussant à confondre les homonymes « chaud » et « chaut ».

- **Question 41. Réponse A**

Une lecture attentive des différentes propositions de réponse permettra aux candidats de saisir que les propositions B, C et D sont des comparaisons. En effet, à l'aide de différents mots de comparaison – appelés comparatifs – tels que « pareil à », « ressembler à » et « comme », ces propositions cherchent à mettre en relation deux réalités, un comparant (l'objet de la comparaison) et un comparé. La proposition A est en revanche une comparaison implicite puisqu'elle n'utilise aucun comparatif. Il s'agit en fait d'une métaphore assimilant jeunesse mouvementée et orage violent.

- **Question 42. Réponse A**

Émile Zola, grand écrivain français, est considéré comme le chef de file du courant naturaliste. Il a joué, également, un grand rôle dans la révision du procès relatif à l'affaire de l'officier Alfred Dreyfus.

- **Question 43. Réponse B**

Le participe présent est un mode impersonnel de la conjugaison des verbes français et donne au verbe une valeur d'adjectif. Il est le plus souvent actif mais sert également à construire le gérondif. Concernant sa structure, le participe présent est formé du radical atone du présent (celui de la 1e personne du pluriel, obtenu en supprimant la terminaison *-ons*) et de la terminaison *-ant*.
Ainsi, pour le verbe « vaincre » : nous vainqu-*ons* → vainqu**ant**.

- **Question 44. Réponse B**

L'énucléation est une intervention chirurgicale consistant à extirper un organe, concernant en majeure partie les yeux.

- **Question 45. Réponse C**

Si l'on se contente simplement de les prononcer, tous les termes proposés dans cette liste renvoient au lexique de la poésie et plus précisément à des poèmes à forme fixe, c'est-à-dire qui respectent une structure imposée. Ainsi, le rondeau (A) est un poème composé de trois strophes construites sur deux rimes, avec des répétitions obligées et se fermant sur lui-même. Le « lai » (B) est un poème narratif en vers octosyllabes à rimes plates. L'« ode » (D) est un poème au registre lyrique qui se compose d'une strophe, d'une antistrophe et d'une épode.
Le piège portait en fait sur le mot « balade » à ne pas confondre avec son homophone « ballade ». Si la « ballade » avec deux « l » est un poème composé de trois huitains ou dizains, d'un refrain et d'une une demi-strophe, la « balade » (C) avec un seul « l » a plutôt le sens de promenade. La réponse C n'est donc aucunement liée à la poésie.

Soyez conseillé(e) par Dorone Parienti !
Soyez conseillé(e) dans votre préparation
aux concours en réservant un RDV individuel gratuit
(présentiel ou téléphonique) avec nous sur :
www.lagrandeprepa.com / 07.56.99.09.09

Grille de réponses

Logique Générale		Logique Numérique		Logique Verbale	
1	Réponse A	**16**	Réponse C	**31**	Réponse A
2	Réponse D	**17**	Réponse A	**32**	Réponse C
3	Réponse B	**18**	Réponse C	**33**	Réponse C
4	Réponse C	**19**	Réponse D	**34**	Réponse D
5	Réponse A	**20**	Réponse D	**35**	Réponse D
6	Réponse A	**21**	Réponse B	**36**	Réponse C
7	Réponse D	**22**	Réponse B	**37**	Réponse D
8	Réponse B	**23**	Réponse D	**38**	Réponse A
9	Réponse C	**24**	Réponse C	**39**	Réponse B
10	Réponse A	**25**	Réponse C	**40**	Réponse B
11	Réponse D	**26**	Réponse A	**41**	Réponse A
12	Réponse A	**27**	Réponse D	**42**	Réponse A
13	Réponse A	**28**	Réponse D	**43**	Réponse B
14	Réponse A	**29**	Réponse A	**44**	Réponse B
15	Réponse D	**30**	Réponse A	**45**	Réponse C

Test blanc n° 3

Sous-test 1

Logique générale

❑ **Question 1.** 16 400 81 25 ?

A. 380
B. 121
C. 297
D. 654

❑ **Question 2.** MP(2) XZ(1) HL(3) AF(?)

A. 7
B. 6
C. 5
D. 4

❑ **Question 3.** I T F ?

A. W
B. J
C. Q
D. H

❑ **Question 4.** CAFE 3165 HAIE 8195 BDGI ?

A. 9028
B. 2765
C. 2479
D. 3411

❑ **Question 5.** AY LN CW HR ?

A. BU
B. SZ
C. KO
D. ME

❑ **Question 6.** 25(VC) 56(CS) 19(DN) 43(?)

A. OB
B. QT
C. AH
D. WF

❑ **Question 7.** 4 9 19 39 ?

A. 79
B. 99
C. 29
D. 59

❑ **Question 8.** B E H K ?

A. Y
B. X
C. I
D. N

❑ **Question 9.**

MINA	ABO
MENT	BLE

?	DA
GRAPHE	LO

A. TUV
B. DOS
C. CTY
D. SHE

❑ **Question 10.** 120 60 20 5 ?

A. 1
B. 3
C. 5
D. 7

❑ **Question 11.** GS IQ KO MM ?

A. OK
B. NT
C. RP
D. AX

☐ **Question 12.** DEVIS AFNOR OGRE CHIOT ?

A. TIGRE
B. FURET
C. LAPIN
D. CRABE

☐ **Question 13.** 24 80 55 93 ?

A. 16
B. 30
C. 69
D. 77

☐ **Question 14.** 76A 92G 83E 51D ?

A. 42C
B. 60F
C. 87B
D. 55V

☐ **Question 15.** BE = J CG = U AF = F DD = ?

A. H
B. W
C. P
D. O

Sous-test 2

Logique numérique

❑ **Question 16.** Soit deux nombres x et y strictement compris entre 0 et 1, et tel que $x > y$. Parmi les propositions suivantes, laquelle est la plus petite ?

A. y / x
B. $x y$
C. $x + y$
D. $y - x$

❑ **Question 17.** 11 livres sont rangés sur une bibliothèque de gauche à droite, par ordre croissant de prix. Ainsi, chaque livre coûte 0,50 € de plus que le suivant. Sachant que le prix du livre le plus cher est égal à la somme des prix des livres du milieu et de celui juste à la gauche de celui-ci, quel est son prix ?

A. 4 €
B. 5 €
C. 5,5 €
D. 6 €

❑ **Question 18.** Deux paires de chaussures coûtent le même prix. En appliquant une réduction de 15 % sur la première et une augmentation de 10 % sur la deuxième, la différence de prix est égale à 15 €. Quel était le prix d'une paire avant ces variations de prix ?

A. 50 €
B. 60 €
C. 70 €
D. 75 €

❑ **Question 19.** Ensemble, Judith et Amel possèdent 48 €. Judith a sept fois plus d'argent qu'Amel.
Quelle somme possède Amel ?

A. 6 €
B. 7 €
C. 8 €
D. 12 €

❑ **Question 20.** Les trois côtés d'un triangle mesurent respectivement 18 cm, 30 cm et 33 cm. Combien mesure le côté d'un triangle équilatéral de même périmètre ?

A. 18 cm
B. 24 cm
C. 27 cm
D. 30 cm

❑ **Question 21.** Dans la représentation ci-dessus, ABC est un triangle équilatéral. E est le milieu de CB et D est le milieu de AC. Que vaut l'aire du triangle grisé (BEO) par rapport à l'aire du triangle ABC ?

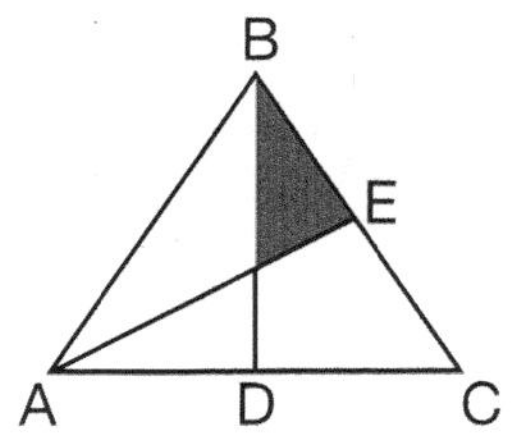

A. 1/12
B. 1/6
C. 1/9
D. 1/5

❑ **Question 22.** Dans un certain magasin, le prix de cinq stylos dépasse de 12 € le prix d'un unique stylo. Quel est le prix d'un stylo ?

A. 2
B. 3
C. 4
D. 5

❑ **Question 23.** Tom a 24 ans. Une de ses sœurs a trois ans de moins que lui, l'autre a trois ans de plus que lui. Quelle est la somme des âges des trois enfants ?

A. 71 ans
B. 72 ans
C. 73 ans
D. 74 ans

❑ **Question 24.** Un championnat national de rugby comporte 12 équipes. Lors de la phase aller, chaque équipe s'affronte sur un match. Combien de matchs sont disputés lors de cette phase ?

A. 66
B. 81
C. 72
D. 132

❑ **Question 25.** La moyenne d'âges de cinq chiens est égale à 5 ans. L'âge moyen des trois chiens les plus jeunes est 4 ans alors que celui des trois chiens les plus vieux est 6 ans. Quel est l'âge du troisième chien le plus âgé ?

A. 3 ans
B. 4 ans
C. 5 ans
D. 7 ans

❑ **Question 26.** Quelle est la valeur de : $(2^4 - 2^3) / (2^3 - 2^2)$?

A. 1
B. 2
C. 4
D. 8

❑ **Question 27.** Les prix de l'immobilier ont explosé en 2011 : les prix ont doublé en mars avant de quadrupler en septembre. Pour retrouver les prix affichés au 1er janvier 2011, par combien doit-on multiplier le prix d'un appartement affiché au mois de septembre ?

A. 1/2
B. 1/3
C. 1/5
D. 1/8

❑ **Question 28.** Chloé dispose de 453 CD et 755 DVD. Elle a confectionné des coffrets de *x* DVD et *y* CD afin de vendre la totalité de son stock. Quelle est la valeur de *y* ?

A. 3
B. 4
C. 5
D. 6

❑ **Question 29.** Deux enfants possèdent 73 billes à eux deux. Combien de billes peut, au plus, avoir celui d'entre eux qui en a le moins ?

A. 1
B. 34
C. 36
D. 37

❑ **Question 30.** Deux produits valent ensemble 228 €. L'un se vend 10 % moins cher que l'autre. Quel est le prix du produit le moins cher ?

A. 108 €
B. 112 €
C. 120 €
D. 126 €

Sous-test 3
Logique verbale

❑ **Question 31.** Au même titre que le « cochonnet » désigne à la fois un animal et une petite boule de bois utilisée par les joueurs de pétanque, tous les animaux proposés ci-dessous prêtent leur nom à autre chose... excepté un seul. Lequel ?

A. Sanglier
B. Girafe
C. Chaton
D. Dauphin

❑ **Question 32.** Où est l'intrus ?

A. Choc
B. Coup
C. Collusion
D. Percussion

❑ **Question 33.** Parmi les propositions suivantes, laquelle est correctement conjuguée au passé simple de l'indicatif ?

A. Nous lûmes toute la journée, bûmes beaucoup de thé et ne parvèrent pas à nous endormir le soir venu
B. Vous tîntes conseil deux jours dans cet endroit retiré avant de nous faire part de votre décision
C. Il apparaissa à la fenêtre pour saluer la foule qui l'acclamait
D. Son action courageuse lui valus la nationalité française

❑ **Question 34.** De quel roman la marquise de Merteuil et le vicomte de Valmont sont-ils les personnages principaux ?

A. *Les Liaisons dangereuses* de Pierre Choderlos de Laclos
B. *Le Chevalier des Touches* de Jules Barbey d'Aurevilly
C. *Le Capitaine Fracasse* de Théophile Gautier
D. *La Dame de chez Maxim* de Georges Feydeau

❑ **Question 35.** Lorsqu'un jeune homme est remarquable par sa beauté, on dit qu'il est :

A. un adonis
B. un pandore
C. un chiron
D. un polyphème

❑ **Question 36.** Choisissez la reformulation dont le sens se rapproche le plus du, ou des passages soulignés : « Je me remémore cette grisante époque où l'on s'égarait dans ces fêtes <u>vespérales</u>, on y croisait tout le gratin et on se laissait aller en buvant un vin <u>capiteux</u> ».

A. où l'on se rendait avant la nuit / agréable
B. où l'on ne voyait pas le temps passer / étourdissant
C. qui avaient lieu le soir / enivrant
D. qui duraient très tard / excitant

❑ **Question 37.** Combien de phrases, parmi les 4 figurants ci-dessous sont orthographiquement et/ou grammaticalement incorrectes ?

1. Sophia est devenue le premier robot à se voir accorder une citoyenneté, saoudienne en l'occurrence.
2. Pour la première fois de sa vie, elle est arrivée première au concours de cuisine.
3. Il est possible que la grossesse soit moins longue que prévue, et l'accouchement par césarienne est incontournable.
4. Les concerts gratuits et les masques faits maisons sont de magnifiques initiatives pour faire face au confinement.

A. Trois
B. Quatre
C. Une
D. Deux

❑ **Question 38.** Quelle est la proposition dont le sens se rapproche le plus du proverbe suivant : « le malheur des uns fait le bonheur des autres » ?

A. La pluie ne tombe pas seulement sur un toit
B. Le bonheur est quelque chose qui se multiplie quand il se divise
C. La nourriture d'un homme est un poison pour un autre homme
D. Deux bêtes se nourrissent bien dans un pré

❑ **Question 39.** Où est l'intrus ?

A. Il a pris la clé des champs.
B. Il a pris le taureau par les cornes.
C. Il a pris le large.
D. Il a pris ses jambes à son cou.

❑ **Question 40.** Dans la phrase « je préfère boire de l'eau », quelle est la fonction grammaticale du mot « de » ?

A. Une conjonction de coordination
B. Une conjonction de subordination
C. Un article partitif
D. Un article défini

❑ **Question 41.** Sans tenir compte de la signification lexicale, quelle phrase est, orthographiquement parlant, correctement écrite ?

A. En vaint, il vint boire vingt litres de vin
B. En vainc, il vint boire vingts litres de vin
C. En vain, il vint boire vingt litres de vin
D. En vain, il vins boire vingt litres de vin

❑ **Question 42.** Quelle est la définition d'une « martingale » ?

A. Une tactique militaire consistant à encercler le camp de l'ennemi.
B. Une technique destinée à augmenter ses chances de gagner à un jeu.
C. Une plante qui possède des caractéristiques magiques.
D. Une maladie infectieuse de la peau liée à une forte exposition au soleil.

❑ **Question 43.** Qui est l'auteur du roman « *Pantagruel* » ?

A. Léonard de Vinci
B. Michel de Montaigne
C. Pétrarque
D. François Rabelais

❑ **Question 44.** Où est l'intrus ?

A. Ésope reste élu par cette crapule et se repose.
B. À l'autel elle alla, elle le tua là.
C. Léon a rasé César à Noël.
D. Et rose elle a vécu ce que vivent les roses.

❑ **Question 45.** Parmi les propositions suivantes, laquelle est correctement orthographiée ?

A. Père et fils se brouillèrent souvent, il y eut des réconciliassions mémorables
B. Il passera devant une commition pour cette insolence
C. L'abus de sel peut provoquer de la rétention d'eau
D. L'extencion des zones industrielles se remarque partout

Test blanc n° 3

Sous-test 1
Logique générale

- **Question 1. Réponse B**
  La logique à trouver est assez simple : tous les nombres qui composent la série sont des carrés parfaits (16 est le carré de 4, 400 le carré de 20, 81 le carré de 9 et 25 le carré de 5). Parmi les propositions données, seule 121 répond à cette condition.

- **Question 2. Réponse D**
  La logique à trouver est la suivante : entre la lettre M et la lettre P, on dénombre 2 lettres qui s'intercalent (N et O). Le chiffre entre parenthèses représente donc le nombre de lettres séparant les deux lettres de chaque occurrence. Entre la lettre A et la lettre F, il n'y a qu'une lettre (B, C, D et E). On choisit donc le chiffre 4 comme bonne réponse.

- **Question 3. Réponse A**
  La logique à trouver ici n'est pas évidente : le nombre de barres de chaque lettre augmente d'un rang à chaque fois. Ainsi : I = 1 barre, T = 2 barres, etc. Il faut donc choisir une lettre à quatre barres. On choisit alors la proposition A.

- **Question 4. Réponse C**
  La logique externe à trouver est la suivante : chaque chiffre correspond au rang de la lettre placé dans sa position. Par exemple, C = 3, A = 1, F = 6 et E = 5 pour CAFE / 3165. Donc BDGI aura pour valeur 2479 (B = 2, D = 4, G = 7 et I = 9).

- **Question 5. Réponse C**
  Le « symétrique » de la lettre A par rapport à la lettre M est le Y, celui de L est le N, celui de C est W et celui de H est R. Le « symétrique » de la lettre K par rapport à la lettre M est le O, on choisit donc la proposition C.

- **Question 6. Réponse B**
  Les lettres entre parenthèses correspondent aux initiales des nombres.
  On a donc 25 = Vingt-Cinq (VC), 56 = Cinquante-Six (CS), ..., 43 = Quarante-Trois (QT).

- **Question 7. Réponse A**
  La logique externe à trouver ici est la suivante : chaque terme est obtenu en multipliant le précédent par 2 et en ajoutant 1 au résultat.
  Par exemple, pour la première occurrence, nous avons : $4 \times 2 + 1 = 9$.
  La bonne réponse est donc 79 car $39 \times 2 + 1 = 79$.

- **Question 8. Réponse D**

L'écart entre les rangs de chaque lettre est de +3. En effet, B a une valeur numérique égale à 2, E à 5, H à 8, K à 11 et donc on choisit N qui a une valeur numérique égale à 14.

- **Question 9. Réponse C**

Divisons les deux tableaux de l'énoncé en quatre cases : une case en haut à droite (HD), une en haut à gauche (HG), une en bas à droite (BD) et une en bas à gauche (BG).
Pour le premier tableau, si l'on assemble les lettres dans l'ordre HD - HG - BD - BG, elles forment un nouveau mot : « abom nablement ».
En suivant cette logique, il faut que l'association des lettres du deuxième tableau dans le même ordre forme un nouveau mot.
Seule la proposition « CTY » répond à cette condition : le mot formé est « dactylographe ».

- **Question 10. Réponse A**

Cette série est une « suite géométrique évolutive ». On passe d'un terme au suivant en multipliant par 1/2, puis par 1/3, puis par 1/4 et donc par 1/5 (**1** = 5/5).

- **Question 11. Réponse A**

Dans cette série, la logique à trouver est la suivante : il faut augmenter la première lettre de deux rangs et diminuer la seconde lettre de deux rangs. Ainsi, M + 2 = O et M – 2 = K, donc on choisit le duo OK.

- **Question 12. Réponse A**

Dans cette série, il faut nous focaliser sur la deuxième lettre de chaque terme. Nous avons un E puis un F, un G, un H et donc le terme à trouver aura un I pour deuxième lettre (TIGRE).

- **Question 13. Réponse D**

Dans cette série, la somme des chiffres de chaque occurrence est évolutive car nous avons : 2 + 4 = 6 ; 8 + 0 = 8 ; 5 + 5 = 10 ; 9 + 3 = 12. L'évolution entre la somme des termes de la série est constante et égale à 2. La seule proposition cohérente avec la logique présentée est alors 77 car 7 + 7 = 14.

- **Question 14. Réponse B**

Une logique interne détermine cette série : la différence entre les chiffres de chaque occurrence est égale au rang alphabétique de la lettre associée. Par exemple, pour la première occurrence, 8 – 3 = 5 et E est la cinquième lettre de l'alphabet. Seul « 60F » correspond à cette logique car 6 – 0 = 6 et F est la sixième lettre de l'alphabet.

- **Question 15. Réponse C**

Le raisonnement est le suivant : on calcule le produit des rangs des deux premières lettres et on obtient le rang de la troisième lettre Par exemple, on sait que B est la 2e lettre de l'alphabet et E la 5e lettre, on obtient alors B × E = J, car « J » est la 10e lettre de l'alphabet et 2 × 5 = 10. On obtiendra donc DD = P car 4 × 4 = 16.

Soyez conseillé(e) par Dorone Parienti !
Soyez conseillé(e) dans votre préparation aux concours en réservant un RDV individuel gratuit (présentiel ou téléphonique) avec nous sur :
www.lagrandeprepa.com / 07.56.99.09.09

Sous-test 2
Logique numérique

- **Question 16. Réponse D**

  Pour répondre astucieusement à cette question, notons que $y - x < 0$.
  À présent, comparons ce résultat avec les autres propositions : le nombre issu de la proposition C est nécessairement positif et celui de B également (le produit de deux nombres positifs est positif).
  Enfin, le nombre issu de la proposition A est également positif, car le quotient d'un nombre positif sur un second est positif. Conclusion : Le nombre le plus petit est $y - x$.

- **Question 17. Réponse C**

  Soit L_1, L_2, ..., L_{11} l'ensemble des prix des bouquins, avec L_{11} le prix du livre le plus cher.
  Les prix composant une suite arithmétique de raison 0.5, nous avons alors :

  $L_2 = L_1 + 0.5$

  $L_3 = L_2 + 0.5 = L_1 + 1$

  ...

  $L_6 = L_5 + 0.5$

  ...

  $L_{11} = L_5 + 3$

  L'énoncé nous informe que le prix du livre le plus cher (L_{11}) est égal à la somme des prix des livres du milieu (L_6) et de celui juste à la gauche de celui-ci (L_5). Soit :

  $$L_{11} = L_6 + L_5 \blacklozenge (L_5 + 3) = (L_5 + 0.5) + L_5 \blacklozenge L_5 = 2.5 \blacklozenge L_{11} = 5.5$$

  Le prix du livre le plus cher est donc de 5,5 €.

■ **Question 18. Réponse B**

Définissons par A le prix initial des paires de chaussures, et par A_p et A_d les prix après variation de la première paire (A_p) et de la deuxième (A_d).

En traduisant mathématiquement l'énoncé, nous obtenons : $A_p = 0{,}85\ A$ et $A_d = 1{,}1\ A$.

Nous savons enfin de l'énoncé que : $A_d - A_p = 15$ €.

Soit : $A_d - A_p = 15$ € $\Leftrightarrow 1{,}1\ A - 0{,}85\ A = 15$ € $\Leftrightarrow 0{,}25\ A = 15$ € $\Leftrightarrow A = 60$ €.

Le prix d'une paire avant la variation des prix était de 60 €.

■ **Question 19. Réponse A**

Soit J et A les montants que possèdent respectivement Judith et Amel.

De l'énoncé, nous pouvons établir les égalités suivantes :

- $J + A = 48$
- $J = 7A$

Par suite : $J + A = 48 \Leftrightarrow 7A + A = 48 \Leftrightarrow 8A = 48 \Leftrightarrow A = 6$.

En conclusion, Amel possède 6 €.

■ **Question 20. Réponse C**

Soit ABC le triangle quelconque dont les côtés mesurent 18, 30 et 33 cm. Le périmètre P_{ABC} de ce triangle est alors égal à : 18 + 30 + 33 = 81 cm.

Soit XYZ le triangle équilatéral ayant le même périmètre, soit $P_{XYZ} = 81$ cm. On sait, par définition, que les trois côtés (a) d'un triangle équilatéral ont la même mesure, donc :

$3a = P_{XYZ} \Leftrightarrow 3a = 81$ cm $\Leftrightarrow a = 27$ cm.

■ **Question 21. Réponse B**

Les segments [AE] et [DB] sont des médianes du triangle équilatéral ABC. Leur point d'intersection est donc le centre de gravité (O) du triangle. Or, qu'il soit équilatéral, isocèle, rectangle ou quelconque, nous savons que les trois médianes d'un triangle partagent ce triangle en six petits triangles de même aire. Ainsi, l'aire du triangle BOE est égale à un sixième de l'aire du triangle ABC.

NB : voici à quoi ressemble un triangle ABC (ici, équilatéral) dont on a tracé toutes les médianes.

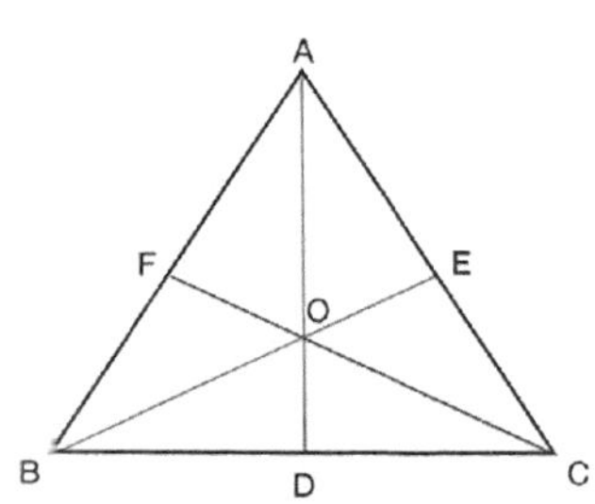

- **Question 22. Réponse B**

  Soit P, le prix d'un stylo.

  De l'énoncé, nous pouvons établir l'égalité : $5P = P + 12 \Leftrightarrow P = 3$.

  Le prix d'un stylo est de 3 €.

- **Question 23. Réponse B**

  Tom a 24 ans. Sa petite sœur a donc 21 ans (24 – 3 = 21) et sa grande sœur 27 ans (24 + 3 = 27).

  La somme de leurs âges est donc : 21 + 24 + 27 = **72 ans**. L'exercice est simple.

- **Question 24. Réponse A**

  Rappelons que si un championnat comporte *n* équipes et que toutes s'affrontent une fois, le nombre de matchs disputés est $\frac{n(n-1)}{2}$

  Dans notre cas, il y a 12 équipes et toutes s'affrontent une fois lors de la phase aller.

  Le nombre de matchs disputés est donc égal à **66**, car 12 × (12 – 1) = 132, et 132/2 = 66.

- **Question 25. Réponse C**

  Soit C_1, C_2, C_3, C_4 et C_5 les âges respectifs des cinq chiens classés par ordre croissant.

  L'énoncé nous informe que la moyenne d'âges de ces cinq chiens est 5 ans. Soit :

  $$(1)\ \frac{C_1 + C_2 + C_3 + C_4 + C_5}{5} = 5 \Leftrightarrow C_1 + C_2 + C_3 + C_4 + C_5 = 25$$

  On apprend ensuite que l'âge moyen des trois chiens les plus jeunes est 4 ans. Soit :

  $$(2)\ \frac{C_1 + C_2 + C_3}{3} = 4 \Leftrightarrow C_1 + C_2 + C_3 = 12$$

  On découvre enfin que l'âge moyen des trois chiens les plus vieux est 6 ans. Soit :

  $$(3)\ \frac{C_3 + C_4 + C_5}{3} = 6 \Leftrightarrow C_3 + C_4 + C_5 = 18$$

  L'astuce consiste alors à additionner les égalités (2) et (3) : $C_1 + C_2 + 2C_3 + C_4 + C_5 = 30$.

  Or, on sait de l'égalité (1) que : $C_1 + C_2 + C_3 + C_4 + C_5 = 25$.

  Nécessairement, $C_3 = 5$.

  En conclusion, l'âge du troisième chien le plus âgé est donc de 5 ans.

- **Question 26. Réponse B**

  Pour répondre à cette question, il suffit de remarquer que : $(2^4 - 2^3) = 2 \times (2^3 - 2^2)$.

  Ainsi : $(2^4 - 2^3) / (2^3 - 2^2) = 2 \times (2^3 - 2^2) / (2^3 - 2^2) = 2$.

- **Question 27. Réponse D**

  Définissons par *P* le prix moyen d'un appartement en janvier 2011, et P_N son prix en septembre 2011.

  De l'énoncé, nous savons que le prix a doublé en mars 2011 puis quadruplé en septembre de la même année. Autrement dit : $P_N = P \times 2 \times 4 \Leftrightarrow P_N = P \times 8$.

Le prix ayant été multiplié par 8 entre ces deux périodes, il faudra logiquement le diviser par... 8 pour revenir au prix initial. On choisira donc la proposition D.

- **Question 28. Réponse A**

Chloé a reparti le même nombre de CD dans chaque coffret, le nombre de CD est donc un multiple du nombre de coffrets (noté *C*). De manière analogue, le nombre de DVD est multiple du nombre de coffrets (noté *C*). Ainsi : 453 et 755 sont des multiples de *C*.
Décomposons alors en produit de facteurs premiers les nombres 453 et 755.

– $755 = 5 \times 151$
– $453 = 3 \times 151$

On comprend donc qu'il y a 151 coffrets et qu'on y trouve dans chacun 3 CD, soit $y = 3$.

- **Question 29. Réponse C**

Essayons de repartir le plus équitablement possible ces 73 billes. Pour cela, prenons les 72 premières billes, séparons-les en deux parties et donnons-en la moitié à chacun, soit 36 billes ($72/2 = 36$). Les enfants ont, à ce stade, le même nombre de billes. L'égalité est parfaite.
Mais, le don de la 73e et dernière bille va occasionner une différence entre les deux enfants : l'un va alors avoir 37 billes, et l'autre 36. Donc, le nombre de billes que peut, au plus, avoir celui d'entre eux qui en a le moins est **36** billes.

- **Question 30. Réponse A**

Définissons par A le prix du produit le moins cher, et B le prix du produit le plus cher.
De l'énoncé, nous savons que la somme des prix équivaut à 228 €, et que le plus petit l'est de 10 %.
Autrement dit : $A + B = 228$ €, et $A = 0{,}9\,B$.
On résout alors : $0{,}9B + B = 228\text{ €} \Leftrightarrow 1{,}9B = 228\text{ €} \Leftrightarrow B = \dfrac{228\text{€}}{19/10} \Leftrightarrow B = \dfrac{228\text{€}}{19} \times 10 \Leftrightarrow B = 120\text{ €}$.

Le produit B coûte 120 €, le produit le moins cher *A* coûte 10 % de moins, soit **108 €** (= 120 – 12 €).

Soyez conseillé(e) par Dorone Parienti !
Soyez conseillé(e) dans votre préparation aux concours en réservant un RDV individuel gratuit (présentiel ou téléphonique) avec nous sur :
www.lagrandeprepa.com / 07.56.99.09.09

Sous-test 3
Logique verbale

- **Question 31. Réponse A**
La sémantique n'est pas étrangère aux animaux. Il existe en effet de nombreux noms d'animaux qui ont un sens figuré, c'est-à-dire qu'ils ont la particularité d'être utilisés pour qualifier des choses et des personnes qui leur sont a priori étrangères. Ainsi, mis à part le sanglier (A) qui semble être un mammifère se suffisant à lui-même, tous les autres animaux proposés ci-dessus un sens caché. Quand la « girafe » (B) ne désigne pas un mammifère au long cou, il s'agit dans le jargon du cinéma d'une grande perche supportant un micro destiné à suivre les acteurs lors du tournage d'un film. En plus d'être un adorable petit félidé, le « chaton » (C) renvoie également à la partie d'une bague dans laquelle est enchâssée une perle ou une pierre fine. Il faut enfin savoir que dans le lexique de la royauté française, le terme « dauphin » (D) fait moins écho à un mammifère marin qu'au titre qui était attribué, dès sa naissance, au fils aîné des rois de France au pouvoir.

- **Question 32. Réponse C**
Dans la mesure où les noms qui sont proposés dans cette liste ne semblent avoir aucun point commun au niveau de leur forme, il convient de déduire que cette question vous invite à travailler le sens des mots. Adopter une démarche sémantique vous permettra de comprendre que les substantifs « choc » (A), « coup » (B) » et « percussion » (D) sont synonymes dans la mesure où dans leur sens premier, ils font tous référence à la rencontre d'un corps avec un autre. La principale difficulté consistait à ne pas confondre les célèbres paronymes « collision » et « collusion » (C). En effet, si le premier appartient lui aussi au champ lexical du choc, le second n'a quant à lui rien à voir puisqu'il renvoie à une « entente secrète et frauduleuse entre deux ou plusieurs parties au préjudice d'un tiers ». Pour distinguer clairement ces deux noms, rappelons leur étymologie différente : collision est dérivé du latin *collisio* qui veut dire « heurt » tandis que collusion est issu de *collusio* qui signifie « entente secrète ».

- **Question 33. Réponse B**
Seule la proposition B est correctement conjuguée au passé simple de l'indicatif.
  - La proposition A est incorrecte, il fallait écrire « *Nous lûmes [...] et ne parvînmes pas* ».
  - La proposition C est incorrecte, il fallait écrire « *Il apparut [...]* ».
  - La proposition D est incorrecte, il fallait écrire « *Son action courageuse lui valut [...]* ».

- **Question 34. Réponse A**
Le vicomte de Valmont est, avec la marquise de Merteuil, le personnage principal du roman épistolaire *Les Liaisons dangereuses* de Choderlos de Laclos. Il est l'ancien amant et le complice de celle-ci ; tous deux ont en commun d'être particulièrement beaux et de mener une vie de libertinage amoureux.

■ **Question 35. Réponse A**

Dans la mythologie grecque, Adonis était un très beau jeune homme, Dieu de la beauté, aimé d'Aphrodite et tué par un sanglier. De nos jours, par extension, on dit d'un jeune homme remarquable par sa beauté qu'il est un adonis.

■ **Question 36. Réponse C**

Toutes les propositions jouent sur la notion de temps. Certaines sur un instant précis comme « avant la nuit » (A) ou « le soir » (C), d'autres sur la durée (B, et D). Mais « vespéral », signifiant « *qui a lieu le soir* » est un terme peu commun. Par conséquent, dans une situation comme celle-ci où le premier mot est trop savant, l'astuce est de miser sur le deuxième mot pour trouver la réponse. D'autant plus qu'ici, on pouvait s'aider du contexte pour parvenir à nos fins. En effet, l'énoncé utilise le verbe transitif « grisante » qui signifie « porter à la tête, enivrer ». Si l'on prend également en compte les expressions « se laisser aller » et « s'égarer », le contexte ne peut que nous inviter à choisir la proposition C, à savoir « enivrant », pour caractériser le vin. En effet, un vin « capiteux » est un vin qui enivre, qui monte à la tête. Les propositions A et D étaient donc fausses. Les candidats auraient pu être tentés de choisir le terme « étourdissant », mais pour éviter cet écueil, il fallait avoir la présence d'esprit de comprendre qu'un vin qui enivre n'étourdit pas forcément.

■ **Question 37. Réponse A**

Cette question est particulièrement vicieuse car toutes les phrases sont erronées hormis la première. Cette dernière s'en sort bien puisqu'elle réussit la prouesse de bien écrire le terme « occurrence » dont l'orthographe est pourtant traîtresse : deux -*c* et deux -*r*. Cela s'explique par l'étymologie latine de ce terme emprunté du verbe *occurrere* signifiant (« aller au-devant de, rencontrer »).

Concernant les autres phrases, les fautes d'orthographe ne sont pas aisées à repérer. Pour la 2, il fallait savoir que dans la locution « en premier », l'adjectif numéral ordinal « premier » est invariable. On écrit donc : elle est arrivée « en premier » et non « en première ». De la même manière, il faut écrire : elle est arrivée « premier » et non « première ».

La 3 est tout aussi tordue car, contrairement à la logique qui voudrait accorder avec l'auxiliaire « être » le participe passé « prévu », ce dernier est dans la phrase invariable. En effet, les expressions « plus que prévu », « comme prévu », qui appartiennent au registre familier, doivent se comprendre comme : « plus qu'il n'était prévu », etc. En tant que tours elliptiques, ces différentes expressions restent invariables.

Les locutions adjectivales « fait main » et « fait maison » sont aussi des tournures elliptiques de « fait [à la] main » et « fait [comme à la] maison ». Là encore, il faut accorder ces locutions mais en faisant varier uniquement le participe passé, le terme « maison » étant invariable dans cette expression.

■ **Question 38. Réponse C**

Voltaire est souvent considéré comme l'auteur de ce proverbe. Dans *Candide ou l'optimisme*, roman philosophique qui dresse un tableau du monde où le malheur est en tout lieu, l'idée générale du proverbe est largement diffusée. Une formulation du proverbe qui y apparaît est : « *Tout cela était indispensable, [...] et les malheurs particuliers font le bien général, de sorte que plus il y a de malheurs particuliers, et plus tout est bien* ». Le sens du proverbe est, vous l'avez compris, qu'un événement néfaste à une personne est bénéfique à une autre et que, d'une situation malheureuse pour les uns, les autres en tirent parti et profit. On retrouve cette même idée dans le proverbe : « la nourriture d'un homme est un poison pour un autre homme ». Notons que l'équivalent anglais de ce proverbe se dit : « *one man's meat is another man's poison* », soit : « *la nourriture d'un homme est un poison pour un autre homme* ».

- **Question 39. Réponse B**

Lorsque vous êtes face à une liste d'expressions, l'intruse est souvent celle dont le sens est le plus éloigné des trois autres. Dans ce cas de figure, le premier réflexe à adopter consiste à trouver un lien sémantique entre au moins deux expressions proposées dans l'objectif de saisir le thème commun aux bonnes réponses. S'intéresser aux deux expressions courantes « prendre les jambes à son cou » (D) et « prendre le large » (C) semble ici être un choix stratégique car leur sens est assez transparent : la mention des « jambes » et du « large » qui se rattachent au lexique de la fuite suggèrent de manière plutôt explicite que ces deux expressions veulent dire « s'éloigner, s'éclipser ». Prendre le « large » – terme de marine qui renvoie à la haute mer par opposition à la cote – indique le souhait de s'éloigner le plus possible de la terre ferme. Prendre ses jambes à son « cou » signifie les amener avec soi avant de s'en aller puisque à l'époque, les sacs de voyage étaient souvent portés en bandoulière ou à l'aide d'une sangle passant derrière le cou. À ce stade, les candidats ont compris que le thème de la fuite fédère les bonnes réponses, il faut donc éliminer celle qui ne rejoint pas cette idée. Dans cette perspective, il semble évident d'écarter l'expression « prendre le taureau par les cornes » (B), souvent utilisée dans le langage usuel pour indiquer l'idée de s'attaquer à une difficulté avec détermination – le taureau étant l'un des symboles de l'animal de massif qu'il est difficile d'affronter sans être blessé ou tué. Par élimination, les candidats déduisent logiquement que « prendre la clé des champs » (A) signifie également s'enfuir. Pour s'en assurer, rappelons d'abord que les « champs » renvoient initialement à des « espaces libres » dont la clé permet d'ouvrir la voie à l'échappée.

- **Question 40. Réponse C**

On utilise les articles partitifs devant des noms exprimant une quantité massive, ne pouvant être comptée, ou pour désigner une partie d'un aliment. Ainsi, dans la phrase « je préfère boire de l'eau **», le mot « de » est un article partitif employé devant le nom indénombrable « eau ».**

- **Question 41. Réponse C**

Pour répondre à cette question, nous allons procéder par élimination. La locution adverbiale « en vain », de latin *vanus* (« vide ») est correctement orthographiée dans les propositions C et D. Ensuite, on remarquera que la forme conjuguée du verbe « venir » au passé simple, à la troisième personne du singulier, est « il vint ». On retiendra donc la proposition C.

- **Question 42. Réponse B**

Une martingale est une technique dont le but (bien souvent illusoire) est de s'assurer des gains aux jeux de hasard tout en respectant les règles de jeu. Le principe dépend du type de jeu et, dans de nombreux cas, les règles visent à empêcher la possibilité d'une martingale.

Néanmoins, le terme est accompagné d'une aura de mystère qui voudrait que certains joueurs connaissent des techniques secrètes pour tricher avec le hasard et, par exemple, battre la banque dans les casinos.

■ **Question 43. Réponse D**

Pantagruel, ou en entier *Les horribles et épouvantables faits et prouesses du très renommé Pantagruel Roi des Dipsodes*, est le premier roman de François Rabelais. Publié en 1532, il met en scène les aventures du géant Pantagruel, qui apparaît également dans *Le Tiers Livre*, *Le Quart Livre* et *Le Cinquième Livre*.

■ **Question 44. Réponse D**

Les questions vous invitant à trouver l'intruse parmi une liste de phrases peuvent vous conduire à vous arracher les cheveux... surtout quand vous ne voyez aucun lien entre elles. En règle générale, il convient de faire attention aux structures grammaticales, aux significations, aux raisonnements s'il y en a, ou encore, comme ici, au style.

Un esprit attentif que parmi les différentes phrases proposées, trois sont des prouesses stylistiques puisque l'ordre des lettres reste étonnamment le même qu'on les lise de gauche à droite ou de droite à gauche. Les propositions A, B e C renvoient toutes à ce qu'on appelle des « palindromes ».

Seule la proposition D ne se lit pas indifféremment dans les deux sens. Celle-ci met plutôt en avant un chiasme, à savoir une figure de construction consistant à disposer les termes d'une phrase de manière croisée suivant la structure AB / BA : « Et rose (A) / elle a vécu (B) // ce que vivent (B)/ les roses (A) ». Les candidats devaient donc choisir sans hésitation la proposition de réponse D.

■ **Question 45. Réponse C**

Pour répondre à cette question, il faut procéder par élimination. On écarte d'emblée la proposition A où le terme « réconciliation » y est mal orthographié. On éliminera ensuite la proposition B, le terme « commission » vient du latin *commissus* et doit s'écrire comme tel. Enfin, le mot « extension » est mal orthographié dans la proposition D.

On retiendra pour ces raisons la proposition C.

Soyez conseillé(e) par Dorone Parienti !
Soyez conseillé(e) dans votre préparation aux concours en réservant un RDV individuel gratuit (présentiel ou téléphonique) avec nous sur :
www.lagrandeprepa.com / 07.56.99.09.09

Grille de réponses

Logique Générale		Logique Numérique		Logique Verbale	
1	Réponse B	**16**	Réponse D	**31**	Réponse A
2	Réponse D	**17**	Réponse C	**32**	Réponse C
3	Réponse A	**18**	Réponse B	**33**	Réponse B
4	Réponse C	**19**	Réponse A	**34**	Réponse A
5	Réponse C	**20**	Réponse C	**35**	Réponse A
6	Réponse B	**21**	Réponse B	**36**	Réponse C
7	Réponse A	**22**	Réponse B	**37**	Réponse A
8	Réponse D	**23**	Réponse B	**38**	Réponse C
9	Réponse C	**24**	Réponse A	**39**	Réponse B
10	Réponse A	**25**	Réponse C	**40**	Réponse C
11	Réponse A	**26**	Réponse B	**41**	Réponse C
12	Réponse A	**27**	Réponse D	**42**	Réponse B
13	Réponse D	**28**	Réponse A	**43**	Réponse D
14	Réponse B	**29**	Réponse C	**44**	Réponse D
15	Réponse C	**30**	Réponse A	**45**	Réponse C

Test blanc n° 4

Sous-test 1
Logique générale

❑ **Question 1.** Z(16) U(11) A(–9) N(?)

A. 16
B. 12
C. 8
D. 4

❑ **Question 2.** 13 39 117 351 ?

A. 1 051
B. 1 052
C. 1 053
D. 1 054

❑ **Question 3.** Alban (14) Félix (24) Luc (3) Paul (?)

A. 12
B. 6
C. 18
D. 7

❑ **Question 4.** BD GI LN ?

A. TR
B. QS
C. AC
D. ZP

❑ **Question 5.** 51 43 90 66 ?

A. 85
B. 82
C. 79
D. 76

❑ **Question 6.** X 2 W 4 Z 3 K ?

A. 3
B. 2
C. 1
D. 0

❑ **Question 7.** OISEAU FORÊT BLOCUS BEDOUIN ?

A. DISTANCE
B. ISOLEMENT
C. PROJET
D. DISCORDE

❑ **Question 8.** 981 636 204 864 ?

A. 649
B. 525
C. 392
D. 871

❑ **Question 9.** NE MJ LO KT ?

A. JY
B. XE
C. JU
D. SY

❑ **Question 10.** 12D 30T 14Q 1U ?

A. 60R
B. 50C
C. 40M
D. 20G

❑ **Question 11.**

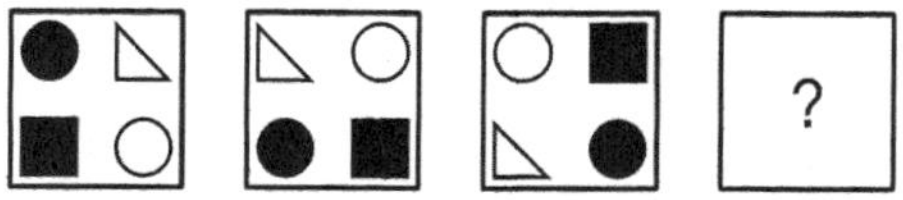

A) B) C) D)

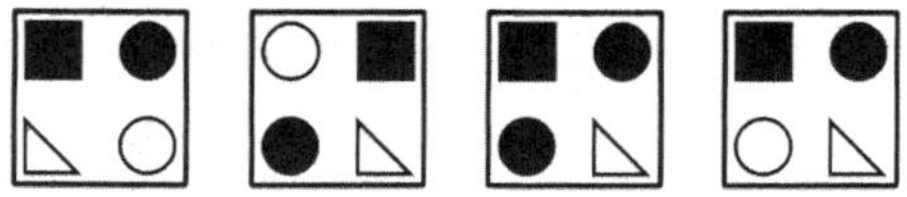

❑ **Question 12.**

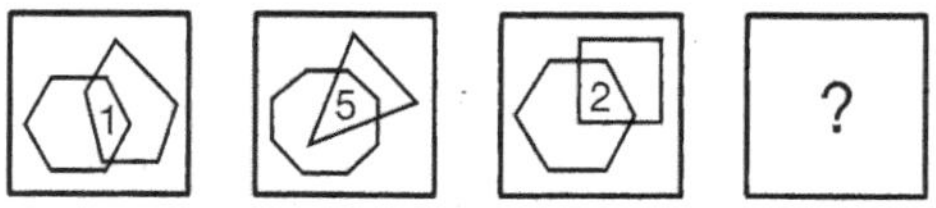

A) B) C) D)

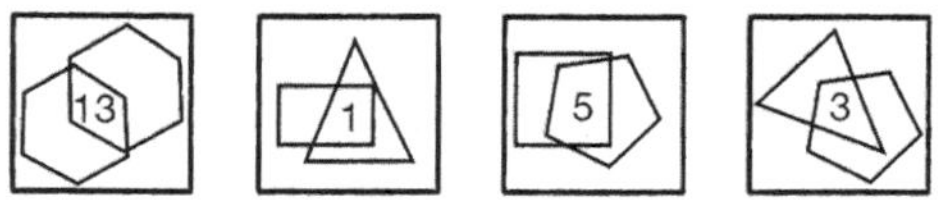

❑ **Question 13.** « Pour être fort en Calcul, il faut être fort en Logique ». Quelle proposition est équivalente à cette assertion ?

A. Pour être fort en Logique, il faut être fort en Calcul
B. Si je ne suis pas fort en Calcul, je ne suis pas fort en Logique
C. Certains sont forts en Calcul mais ne sont pas forts en Logique
D. Si je suis fort en Calcul, c'est que je suis fort en Logique

❑ **Question 14.** Dans une urne, toutes les boules sont jaunes sauf 3, toutes les boules sont grises sauf 3, toutes les boules sont bleues sauf 3 et toutes les boules sont rouges sauf 3. Combien y a-t-il de boules dans l'urne ?

A. 3
B. 4
C. 7
D. 9

❑ **Question 15.** Où est l'intrus ?

A. crane
B. ancre
C. cerne
D. carne

Sous-test 2

Logique numérique

❑ **Question 16.** Combien de nombres peut-on former avec les chiffres 5, 5 et 4 ?

A. 3
B. 5
C. 6
D. 8

❑ **Question 17.** Dans une salle, 80 spectateurs sont repartis équitablement sur des bancs. Si l'on retirait deux de ces bancs, on devrait ajouter deux personnes par banc. Combien la salle compte-t-elle de bancs ?

A. 10
B. 8
C. 6
D. 16

❑ **Question 18.** Dans une fratrie composée de quatre enfants, quelle est la probabilité que l'aîné et le benjamin soient des filles ?

A. 1/2
B. 1/3
C. 1/4
D. 1/5

❑ **Question 19.** Dans un troupeau de chameaux et de dromadaires, un jeune berger compte 45 têtes et 75 bosses. Combien y a-t-il de dromadaires dans ce troupeau ?

A. 15
B. 20
C. 25
D. 30

☐ **Question 20.** Une balle est lâchée d'une hauteur de 100 cm. A chaque rebond la hauteur atteinte par la balle diminue de 10 %. Quelle est la hauteur atteinte par la balle après le 3e rebond ?

A. 72,9 cm
B. 65,7 cm
C. 90 cm
D. 81 cm

☐ **Question 21.** Un nombre multiplié par 49 devient son cube. Quelle est la valeur de ce nombre ?

A. 5
B. 7
C. 9
D. 3

☐ **Question 22.** Après quatre devoirs sur table, la moyenne d'Ingrid est égale à 11. Si on lui retire sa plus mauvaise note, sa moyenne passe à 13. Quelle a été la plus mauvaise note obtenue par Ingrid ?

A. 4
B. 5
C. 6
D. 7

☐ **Question 23.** Soit un triangle rectangle dont l'un des côtés est de mesure 4 cm. On sait que les mesures des côtés sont consécutives. Combien vaut l'hypoténuse ?

A. 5 cm
B. 6 cm
C. 7 cm
D. 3 cm

☐ **Question 24.** L'association HappyDog organise une course de chiens pour collecter des fonds. Les adhérents peuvent inscrire leur chien en déboursant 10 €. Les non-adhérents doivent s'acquitter d'une contribution de 20 €. En tout, trente personnes ont pris part à l'événement et 480 € ont été collectés. Combien de non-adhérents ont inscrit leurs chiens à cette course ?

A. 10
B. 12
C. 15
D. 18

❑ **Question 25.** Quel est le rapport entre la surface de la partie noircie sur celle des deux cercles ?

A. $1/\pi$
B. $2/\pi$
C. $\pi/2$
D. $1/4$

❑ **Question 26.** Il est établi que pour un concours, 40 % des candidats s'entraînent – parmi eux, 80 % réussissent. On sait également que 50 % des candidats qui ne s'entraînent pas réussissent. Quelle est le pourcentage d'échec à ce concours ?

A. 0,8
B. 0,3
C. 0,38
D. 0,08

❑ **Question 27.** Dans la jungle, 5 lionnes attrapent 5 gazelles en 5 minutes. Combien de lionnes faut-il pour attraper 50 gazelles en 50 minutes ?

A. 1
B. 5
C. 10
D. 50

❑ **Question 28.** On sait que $111 \times 222 = 24\,642$. Combien vaut 222×222 ?

A. 49 284
B. 74 590
C. 120 182
D. 176 363

❑ **Question 29.** Jean se rend à son domicile. Sachant que sa vitesse est de 10 km/h à l'aller et de 40 km/h au retour, quelle est sa vitesse moyenne sur l'ensemble du parcours ?

A. 16
B. 20
C. 25
D. 30

❑ **Question 30.** Quatorze amis participent à la soirée d'ouverture d'un bar parisien. Les garçons dépensent 150 € au total, les filles 160 €. On sait que chaque garçon a dépensé 5 euros de plus que chaque fille. Combien de garçons compte-t-on dans ce groupe d'amis ?

A. 4
B. 6
C. 8
D. 9

Sous-test 3
Logique verbale

❑ **Question 31.** Quel est l'infinitif qui se cache derrière la forme conjuguée « il appert » ?

A. Apeurer
B. Apparaître
C. Appertiser
D. Apparoir

❑ **Question 32.** Où est l'intrus ?

A. Morbide
B. Mortifère
C. Mort
D. Morbleu

❑ **Question 33.** Qui est l'auteur de la pièce de théâtre « *Cyrano de Bergerac* » ?

A. Marcel Aymé
B. Edmond Rostand
C. Guy de Maupassant
D. Henry de Montherlant

❑ **Question 34.** Parmi les propositions suivantes, laquelle est correctement orthographiée ?

A. Les procès des deux familles impliquées dans le drame ont eu lieu concomitamment
B. Les procès des deux familles impliquées dans le drame ont eu lieu conccomitamment
C. Les procès des deux familles impliquées dans le drame ont eu lieu concommitamment
D. Les procès des deux familles impliquées dans le drame ont eu lieu concommitament

❑ **Question 35.** Choisissez la reformulation dont le sens se rapproche le plus du, ou des passages soulignés : « Les habitudes des villes ont envahi les campagnes au grand mécontentement des anciens, qui ont la nostalgie des repas <u>plantureux</u> des noces d'autrefois ».

A. variés
B. abondants
C. délicieux
D. festifs

❑ **Question 36.** Parmi les quatre propositions, quelle est celle qui correspond logiquement à la phrase suivante : « *Quand le jeu est fini, le roi et le pion retournent dans la même boîte* » ?

A. Il faut savoir finir une partie.
B. Il faut savoir se réconcilier après un conflit.
C. Nous partageons la même terre.
D. Finalement, rangs et grades ne comptent guère.

❑ **Question 37.** Deux parmi les quatre phrases figurant ci-dessous sont orthographiquement et/ou grammaticalement incorrectes. Lesquelles ?

1. Après s'être excusé auprès du propriétaire des quinze vaches de ne pouvoir arriver à l'heure à son rendez-vous, il rouvre la porte de son cabinet.
2. Dans les seize communes de l'ancien canton d'Ourville-en-Caux, le premier tour des élections municipales, dimanche dernier, ne présentait guère de suspense.
3. Quant aux indépendants, ils peuvent reporter leurs accomptes de trois mois.
4. Plus de mixité, donc davantage de financements pour l'entreprenariat féminin ?

A. 1 + 2
B. 3 + 4
C. 1 + 3
D. 2 + 4

❑ **Question 38.** « Tomber est à (...) ce que s'effondrer est à (...). » En raisonnant par analogie, tentez de compléter cette phrase de la manière la plus logique possible.

A. se relever / se redresser
B. chute / élévation
C. amour / espoir
D. gravité / pression

❑ **Question 39.** Qu'est-ce que le « chant du cygne » ?

A. La dernière œuvre remarquable d'un artiste avant sa mort.
B. Le vacarme qui finit par être harmonieux.
C. Une période longue entre deux rencontres.
D. Une critique virulente adressée à un artiste.

❑ **Question 40.** Parmi les propositions suivantes, laquelle est correcte ?

A. Pour réussir l'épreuve, il faut que cet étudiant revois ses notes
B. Pour réussir l'épreuve, il faut que cet étudiant revoit ses notes
C. Pour réussir l'épreuve, il faut que cet étudiant revoie ses notes
D. Pour réussir l'épreuve, il faut que cet étudiant revoye ses notes

❑ **Question 41.** Où est l'intrus ?

A. Divan
B. Sofa
C. Liseuse
D. Boudeuse

❑ **Question 42.** De quel roman Fabrice del Dongo est-il le personnage principal ?

A. La Chartreuse de Parme
B. L'Étranger
C. L'éducation sentimentale
D. Voyage au bout de la nuit

❑ **Question 43.** Parmi les expressions suivantes, laquelle fait figure d'intruse ?

A. Se regarder le nombril
B. Être collet monté
C. Se pousser du col
D. Fier comme Artaban

❑ **Question 44.** Complétez l'extrait de la manière la plus cohérente possible.
« Exige beaucoup de (...) et attends peu des autres. Ainsi beaucoup (...) te seront épargnés ».

A. ton entourage / plaisirs
B. la vie / d'amusements
C. toi-même / d'ennuis
D. tes amis / de travaux

❑ **Question 45.** Quelle est la définition de l'adjectif « repu » ?

A. Qui est émoussé par l'excès des plaisirs ou de ce qui les procure
B. Qui nie la possibilité de la connaissance de l'absolu
C. Qui a satisfait pleinement un besoin, une passion
D. Qui est partisan de l'universalisme

Test blanc n° 4

Sous-test 1
Logique générale

- **Question 1. Réponse D**

La logique à déterminer est la suivante : on soustrait 10 à la valeur numérique de la lettre en question. Par exemple, dans la première occurrence, Z est la 26e lettre donc 26 – 10 = 16, d'où Z(16). De même, U étant la 21e lettre de l'alphabet, on obtient U(11) car 21 – 10 = 11. Enfin, A étant la 1e lettre de l'alphabet, on obtient A(–9) car 1 – 10 = –9.
Ainsi, N étant la 14e lettre de l'alphabet, on obtient N(4) car 14 – 10 = 4.

- **Question 2. Réponse C**

Cette série est une suite géométrique de raison 3. En d'autres termes, chaque nombre permet de déduire le suivant par une multiplication constante et égale à 3. On a bien : 39 = 13 × 3, 117 = 39 × 3, 351 = 117 × 3 et donc 1 053 = 351 × 3.

- **Question 3. Réponse A**

La logique à déterminer est la suivante : on met dans la parenthèse le rang de la dernière lettre de chaque prénom. Ainsi, Alban terminant par un « N », la quatorzième lettre de l'alphabet, on met un 14 dans la parenthèse. Par suite, « L » étant la douzième lettre de l'alphabet, on mettra un 12 à l'intérieur de la parenthèse après Paul.

- **Question 4. Réponse B**

La série est composée d'une suite de lettres respectant la logique suivante.
Après un 1er bloc de deux lettres avec un rang d'écart (BD) on ôte les 2 lettres qui suivent : *E, F.*
Après un 1er bloc de deux lettres avec un rang d'écart (GI) on ôte les 2 lettres qui suivent : *J*, K.
Après le troisième bloc de même propriété (LN), on ôte les deux lettres suivantes : *O*, P.
La nouvelle suite commencera alors par la lettre Q et sera QS.

- **Question 5. Réponse C**

Dans cette série, la somme des chiffres de chaque occurrence est évolutive. Nous avons alors : 5 + 1 = 6 ; 4 + 3 = 7 ; 9 + 0 = 9 ; 6 + 6 = 12. L'évolution entre la somme des termes de la série est évolutive car on passe de 6 à 7 (un rang), de 7 à 9 (deux rangs) et ainsi de suite. La seule proposition cohérente avec la logique présentée est 79 car 7 + 9 = 16, soit quatre rangs d'écarts.

- **Question 6. Réponse A**

Une logique externe détermine cette série : chaque chiffre révèle le nombre de barres contenu dans la lettre qui le précède. Par exemple, la lettre X est associée à 2 car elle est composée de 2 barres. La lettre W est composée de 4 barres, Z de 3 barres et K de 3 barres.

■ **Question 7. Réponse D**

Dans cette série, il faut s'intéresser à la position de la lettre O dans chaque occurrence. Elle se situe au premier rang dans OISEAU, au deuxième dans FORÊT et ainsi de suite. Parmi les propositions données, seule DISCORDE est cohérente avec le raisonnement fourni.

■ **Question 8. Réponse B**

Pour comprendre la logique qui détermine cette série, il nous faut séparer le premier chiffre des autres chiffres. On remarque alors que le premier chiffre, mis au carré, donne le nombre qui suit. Par exemple $9^2 = 81$ pour le premier élément de la série. Ainsi, parmi les propositions données, seule 525 répond à ce critère. En effet, $5^2 = 25$.

■ **Question 9. Réponse A**

Dans cette série, la logique à trouver est la suivante : il faut diminuer la première lettre d'un rang et augmenter la deuxième lettre de cinq rangs.

Par exemple, pour la première occurrence, N – 1 = 1 et E + 5 = J. La proposition qui complète cette série est donc JY car K – 1 = J et T + 5 = Y.

■ **Question 10. Réponse B**

La lettre à la fin de chaque occurrence correspond à la première lettre du nombre. Pour 12 (Douze), on place donc un D dans la parenthèse, pour 30 (Trente) on place un T, et ainsi de suite. La seule proposition qui correspond est donc 50C.

■ **Question 11. Réponse D**

Pour répondre à ce type de questions, la meilleure méthode consiste à se focaliser sur chaque figure, une à une. Commençons par le rond noir : il effectue une rotation d'un quart de tour dans le sens inverse des aiguilles d'une montre et se trouvera en haut à droite dans le cadre solution. La même rotation est appliquée sur le rond blanc, sur le triangle et sur le carré.

■ **Question 12. Réponse B**

L'écart entre le nombre de côtés des figures de chaque cadre correspond au nombre apparaissant sur ces mêmes cadres. Par exemple, dans le premier cadre, nous avons une figure à **5** côtés et une autre à **4** côtés : le nombre apparaissant dans ce cadre est donc « 1 » car 5 – 4 = 1. Dans la proposition B, nous avons une figure à **4** côtés, une autre à **3** côtés et le nombre apparaissant dans ce cadre est le « 1 », c'est donc notre cadre solution.

■ **Question 13. Réponse D**

L'énoncé se traduit comme suit : fort en Calcul fort en Logique.

On procède alors par élimination.

- La proposition A est éliminée d'emblée car il est faux de dire que : $A \rightarrow B \Leftrightarrow B \rightarrow A$.
- La proposition B doit être écartée car il est faux de dire que : $A \rightarrow B \Leftrightarrow$ non $A \rightarrow$ non B.
- Enfin, la proposition C doit être évacuée car, d'après l'énoncé, toutes les personnes fortes en Calcul le sont en Logique – c'est une nécessité.

En retiendra en conséquence la proposition D.

- **Question 14. Réponse B**

Définissons par , , et , les nombres respectifs de boules jaunes, grises, bleues et rouges. Nous avons alors, d'après les données de l'énoncé :

(1) $j = j + g + b + r - 3$

(2) $g = j + g + b + r - 3$

(3) $b = j + g + b + r - 3$

(4) $r = j + g + b + r - 3$

En additionnant les quatre égalités, soit (1) + (2) + (3) + (4), on obtient :

$j + g + b + r = 4(j + g + b + r) - 12 \Leftrightarrow 3(j + g + b + r) = 12 \Leftrightarrow \boldsymbol{j+g+b+r = 4}$.

On dénombre au total 4 boules dans l'urne.

Remarque : *le candidat rompu aux exercices de Logique générale aura certainement répondu à la question grâce à son intuition, sans utiliser de formules mathématiques.*

- **Question 15. Réponse C**

Il est aisé de remarquer que toutes les propositions sont composées des mêmes lettres – ce sont des anagrammes – à l'exception du terme « cerne ».

Soyez conseillé(e) par Dorone Parienti !
Soyez conseillé(e) dans votre préparation
aux concours en réservant un RDV individuel gratuit
(présentiel ou téléphonique) avec nous sur:
www.lagrandeprepa.com / 07.56.99.09.09

Sous-test 2
Logique numérique

- **Question 16. Réponse D**

La meilleure méthode consiste ici à énumérer l'ensemble des possibles :

– 4 ; 5 ; 45 ; 54 ; 55 ; 554 ; 455 et 545.

On choisira alors la proposition D.

■ **Question 17. Réponse A**

Soit B le nombre de bancs et P le nombre initial de personnes par banc.

On sait de l'énoncé que $B \times P = 80$ et que $B > 2$.

Ainsi, les combinaisons (E ; P) possibles sont (4 ; 20), (5 ; 16), (8 ; 10), (10 ; 8), (16 ; 5) et (20 ; 4).

Remarquons alors que si on avait 20 bancs à l'origine, lorsqu'on en retirera 2, il nous en restera 18 et il est impossible de répartir 80 personnes sur 18 bancs si ces derniers doivent être pleins. En effet, 80 n'est pas divisible par 18 !

Le seul cas possible est que le nombre de bancs à l'origine était égal à 10.

■ **Question 18. Réponse C**

Il faut ici saisir que déterminer le genre du 2e et du 3e enfant n'aura aucune importance (et incidence) sur le résultat à trouver. Intéressons-nous donc au seul genre de l'aîné et du benjamin de la fratrie.

Quatre combinaisons sont alors possibles :

- **F** ; X ; X ; **F**
- **F** ; X ; X ; **G**
- **G** ; X ; X ; **F**
- **G** ; X ; X ; **G**

Et, parmi ces **quatre** combinaisons, **une** seule nous est favorable : (**F** ; X ; X ; **F**).

Ainsi, la probabilité que l'aîné et le benjamin de la fratrie soient des filles est égale à **1/4**.

■ **Question 19. Réponse A**

Définissons par C le nombre de chameaux et D le nombre de dromadaires dans le troupeau.

Notons également que le chameau est un animal à deux bosses et que le dromadaire en a une.

Traduisons alors mathématiquement les données de l'énoncé :

« Un jeune berger compte 45 têtes » $\Rightarrow$ **C + D = 45**.

« Un jeune berger compte 75 bosses » $\Rightarrow$ **2C + D = 75**.

Il suffit ensuite de résoudre un système de deux équations à deux inconnues :

$$\begin{cases} C + D = 45 \\ 2C + D = 75 \end{cases} \Leftrightarrow \begin{matrix} C + D = 45 \\ C + 45 = 75 \end{matrix} \Leftrightarrow C = 30 \Leftrightarrow D = 15$$

En conclusion, il y a **15** dromadaires dans le troupeau.

■ **Question 20. Réponse A**

- Au 1er rebond, la balle a atteint une hauteur de 90 cm (100 – 10).
- Au 2e rebond, la balle a atteint une hauteur de 81 cm (90 – 9).
- Au 3e rebond, la balle a atteint une hauteur de 72,9 cm (81 – 8,1).

Si vous raisonnez avec les coefficients multiplicateurs, après chaque rebond, la hauteur diminue de 10 %. Au bout de 3 rebonds, il faudra donc multiplier la hauteur initiale par 0,729 car 0,9 traduit une baisse de 10 % et que : $9^3 = 729$.

On a donc : $100 \times 0{,}729 = 72{,}9$ cm.

- **Question 21. Réponse B**

Soit N le nombre recherché. Traduisons alors mathématiquement l'énoncé :

$N \times 49 = N^3 \Leftrightarrow N^2 = 49 \Leftrightarrow N = 7$ ou -7.

On choisira, au vu des solutions proposées, $N = 7$.

- **Question 22. Réponse B**

Soit M la plus mauvaise note d'Ingrid et X_1, X_2, X_3 ses trois autres notes.

De l'énoncé, nous pouvons déduire que :

– $M + X_1 + X_2 + X_3 = 44\ (4 \times 11)$

– $X_1 + X_2 + X_3 = 39\ (3 \times 13)$

$\Rightarrow$ Nécessairement, $M = 5\ (44 - 39)$.

En conclusion, la plus mauvaise note obtenue par Ingrid est un **5**.

- **Question 23. Réponse A**

Parce qu'ils ont lu leurs fiches de révision, les étudiants les plus sérieux savent que certains triangles rectangles sont à connaître par cœur. Notamment celui dont les mesures des côtés sont : 3 – 4 – 5.

Dans notre exercice, les mesures des côtés du triangle doivent être **consécutives** et la mesure de l'un d'entre eux est égale à **4 cm**. Nous avons nécessairement affaire au célèbre triangle (3 – 4 – 5), dont l'hypothèse mesure par ailleurs 5 cm.

- **Question 24. Réponse D**

Définissons par A et N le nombre d'adhérents et de non-adhérents à l'association HappyDog.

L'énoncé nous informe que trente personnes ont pris part à l'évènement.

$\Rightarrow A + N = 30$.

Nous apprenons également qu'un total de 480 € a été récolté.

$\Rightarrow 10A + 20N = 480$ €.

Ce problème se traduit par une double équation à deux inconnues.

Ce qui nous donne :

$$\begin{cases} A + N = 30 \\ 10A + 20N = 480 \end{cases} \Leftrightarrow \begin{matrix} A = 30 - N \\ 10 \times (30 - N) + 20N = 480 \end{matrix} \Leftrightarrow \begin{matrix} A = 30 - N \\ 300 + 10N = 480 \end{matrix} \Leftrightarrow N = 18.$$

On compte donc 18 non-adhérents ayant inscrit leurs chiens à cette course.

- **Question 25. Réponse A**

Rappelons qu'un triangle inscrit dans un cercle et dont l'un des côtés coïncide avec un diamètre du cercle est un triangle rectangle. Dans notre exercice, les deux triangles sont rectangles.

Appuyons ensuite sur le graphique. On alors constate que :

– La base b de chaque triangle est égale à deux fois le rayon r du cercle correspondant : $b = 2r$.

– La hauteur h de chaque triangle est égale au rayon r du cercle correspondant : $h = r$.

– Les deux triangles sont identiques et les deux cercles le sont également.

L'aire N de la partie noircie est égale au double de l'aire d'un triangle, soit $2 \times \frac{b \times h}{2} = b \times h = \mathbf{2r^2}$.
L'aire A des deux cercles est égale à $\mathbf{2 \times \pi r^2}$.
Le rapport entre la surface de la partie noircie sur celle des deux cercles s'écrit donc :

$$\frac{N}{A} = \frac{2r^2}{2 \times \pi r^2} = \frac{\mathbf{1}}{\pi}$$

On choisira donc la proposition A.

■ Question 26. Réponse C

Soit E, l'évènement : « le candidat s'est entraîné ».
Soit R, l'évènement : « le candidat a réussi son concours ».
Pour cet exercice, on cherche à déterminer le pourcentage d'échec à ce concours, noté $\boldsymbol{P(\overline{R})}$.
Notons que pour obtenir le pourcentage d'échec général, il faut additionner le pourcentage d'échec chez les étudiants entraînés à celui chez les étudiants non-entraînés.
Autrement dit, $\boldsymbol{P(\overline{R}) = P(\overline{R} \cap E) + P(\overline{R} \cap \overline{E})}$.

On sait, d'après l'énoncé, que :
- $P(E) = 0{,}4$
- $P_E(R) = 0{,}8$
- $P_{\overline{E}}(R) = 0{,}5$

Or, d'après la formule des probabilités totales :
- $P(\overline{E}) = 1 - P(E) \Leftrightarrow P(\overline{E}) = 0{,}6$
- $P_E(\overline{R}) = 1 - P_E(R) \Leftrightarrow P_E(\overline{R}) = 0{,}2$
- $P_{\overline{E}}(\overline{R}) = 1 - P_{\overline{E}}(R) \Leftrightarrow P_{\overline{E}}(\overline{R}) = 0{,}5$

Et, d'après la formule des probabilités conditionnelles :
- $P_E(\overline{R}) = \frac{P(E \cap \overline{R})}{P(E)} = \frac{P(E \cap \overline{R})}{0{,}4} \Leftrightarrow P(E \cap \overline{R}) = P_E(\overline{R}) \times 0{,}4 = 0{,}2 \times 0{,}4 = 0{,}08.$
- $P_{\overline{E}}(\overline{R}) = \frac{P(\overline{E} \cap \overline{R})}{P(\overline{E})} = \frac{P(\overline{E} \cap \overline{R})}{0{,}6} \Leftrightarrow P(\overline{E} \cap \overline{R}) = P_{\overline{E}}(\overline{R}) \times 0{,}6 = 0{,}5 \times 0{,}6 = 0{,}30.$

Ainsi, $P(\overline{R}) = P(\overline{R} \cap E) + P(\overline{R} \cap \overline{E}) = 0{,}08 + 0{,}30 = 0{,}38.$

Rappel de notation : pour un évènement A donné, P(A) désigne la probabilité de l'évènement A, et $\overline{A}$ l'évènement contraire de l'évènement A.

■ Question 27. Réponse B

Le rendement est la vitesse à laquelle on effectue une tâche donnée en un temps limité.
En combinant les forces de plusieurs lionnes, le travail est accompli plus rapidement et le rendement évolue de manière proportionnelle. A l'aide de la formule qui va suivre, nous pouvons additionner les vitesses de travail des lionnes pour obtenir le rendement total.

Soit R le rendement d'une lionne, Q la quantité de gazelles attrapées et T le temps consacré à la tâche.
On a la formule $R = Q / T$. De l'énoncé, on a donc l'égalité :

$$5R = \frac{5}{5} \Leftrightarrow R = \frac{1}{5}$$

On cherche alors à trouver x , le nombre de lionnes, tel que :

$$xR = \frac{50}{50} \Leftrightarrow xR = 1 \Leftrightarrow x = 5$$

Il faut donc 5 lionnes pour attraper 50 gazelles en 50 minutes.

Note : l'étudiant alerte aura remarqué que, les valeurs étant proportionnelles, le nombre de lionnes restera inchangé !

- **Question 28. Réponse A**

Avant toute chose, remarquons que : 222 = 111 × 2.
Ainsi, 222 × 222 = 222 × 111 × 2.
Or, nous savons de l'énoncé que : 111 × 222 = 24 642.
Donc, 222 × 222 = (222 × 111) × 2 = 24 642 × 2.
On peut alors faire le calcul ou utiliser la méthode de la « dernière unité » pour trouver le résultat.
⇒ 24 642 × 2 = 49 284.

- **Question 29. Réponse A**

Tout d'abord il est important de comprendre que la vitesse moyenne sur le parcours de Jean n'est pas à la moyenne de ses vitesses ! C'est trouble, mais voici plus d'explications.
Qu'est-ce qu'une vitesse moyenne ? C'est la distance totale parcourue divisée par le temps du parcours. Prenons un cas extrême pour bien comprendre la différence. Supposez que vous rouliez 100 km, les 50 premiers à 50 km/h (temps : 1h), et les 50 derniers à 1 km/h (temps : 50h). Vous avez mis 51h pour effectuer 100km. Votre vitesse moyenne sur ce parcours est donc proche de 2 km/h, ce qui est bien différent de la moyenne des deux vitesses qui est proche de 25 km/h !!!
Revenons à notre exercice, nous cherchons ici la vitesse moyenne.
La formule de cette vitesse moyenne est : vitesse moyenne = $\frac{\text{distance totale}}{\text{temps total}}$.

Soit d la distance qui sépare le domicile de Jean de lieu actuel.
D'après la formule traditionnelle des vitesses, on sait que le temps aller de Jean vaut : $t_A = \frac{d_A}{v_A} = \frac{d}{10}$.

Par un raisonnement analogue, son temps retour vaut : $t_R = \frac{d_R}{v_R} = \frac{d}{40}$.

On a alors : vitesse moyenne = $\frac{d_A + d_R}{t_A + t_R} = \frac{2d}{t_A + t_R} = \frac{2d}{\frac{d}{10} + \frac{d}{40}} = \frac{2d}{\frac{5d}{40}}$ = 16 km/h.

La vitesse moyenne de Jean sur l'ensemble du parcours est donc égale à 16 km/h.

- **Question 30. Réponse B**

Soit G et F les nombres respectifs de garçons et filles, avec S_G et S_F la somme dépensée par chacun.

L'énoncé nous apprend que quatorze personnes ont participé à la soirée.

Soit : $G + F = 14$.

On apprend aussi que, même en dépensant plus, les garçons dépensent au total moins que les filles. Il y a donc nécessairement moins de garçons que de filles. Le nombre de garçons est ainsi inférieur à 7 et il ne reste que deux propositions valides : G = 4 ou G = 6. Testons alors ces propositions :

– Si $G = 4 \Rightarrow F = 10 \Rightarrow S_F = 16$ (car $S_F \times F = 160$) $\Rightarrow S_G = 21$ (car $S_G = S_F + 5$).
Ceci est impossible, car à ce moment-là : $S_G \times G = 84 \neq 150$.

– La seule possibilité est donc qu'il y avait **6 garçons** dans le groupe d'amis.
D'ailleurs : $G = 6 \Rightarrow F = 8 \Rightarrow S_F = 20 \Rightarrow S_G = 25$. Et on a bien : $S_G \times G = 150$.

Soyez conseillé(e) par Dorone Parienti !
Soyez conseillé(e) dans votre préparation
aux concours en réservant un RDV individuel gratuit
(présentiel ou téléphonique) avec nous sur :
www.lagrandeprepa.com / 07.56.99.09.09

Sous-test 3
Logique verbale

- **Question 31. Réponse D**

Aussi mystérieuse qu'elle puisse paraître, la forme conjuguée « il appert » se rattache bien à un infinitif existant. Il s'agit en effet de la troisième personnne du singulier de l'indicatif présent du verbe « apparoir » (D) qui est très peu employé dans le langage courant. Ce verbe intransitif défectif qui n'existe qu'à cette forme est un synonyme désuet d'« apparaître ». Pour s'assurer de cette réponse, il suffit de conjuguer tous les autres verbes proposés à la troisième personne du singulier du présent de l'indicatif. Ainsi, le verbe « apeurer » (A) donne « il apeure », le verbe « apparaître » (B) donne « il apparaît » et enfin le verbe « appertiser » (C) – qui désigne une façon de traiter des aliments par appertisation pour leur assurer une bonne conservation – donne « il appertise ».

- **Question 32. Réponse A**

Gare aux faux-amis. Cette question est particulièrement vicieuse car elle vous incite à croire que tous les termes proposés dans cette liste sont dérivés du mot « mort » (C). Or, même si le mot « mort » se fait bien entendre dans « morbide », cet adjectif n'en est pourtant pas dérivé. En effet, « morbide » est le seul terme proposé à être issu du latin *morbus* qui signifie « maladie ». « Morbide » ne désigne donc pas la mort mais tout ce qui est « relatif à la maladie ». En revanche, les autres mots, « mortifère » (B) et « morbleu » (D), sont bien liés à l'idée de mort. Concernant l'interjection « morbleu », il s'agit d'un vieux juron – cher aux personnages de Molière – qui sert à exprimer la colère, l'impatience et qui signifie littéralement « par la mort de Dieu ».

- **Question 33. Réponse B**

Cyrano de Bergerac est l'une des pièces les plus populaires du théâtre français, et la plus célèbre de son auteur, Edmond Rostand. Librement inspirée de la vie et de l'œuvre de l'écrivain libertin Savinien de Cyrano de Bergerac (1619-1655), elle est représentée pour la première fois le 28 décembre 1897, à Paris.

- **Question 34. Réponse A**

Dérivé du latin *concomitari*, l'adverbe « concomitamment » désigne ce qui se produit ou se présente en même temps qu'un autre fait considéré comme principal, ou qui lui succède immédiatement. Il est correctement orthographié dans la proposition A.

- **Question 35. Réponse B**

Dans les questions de synonymie, lorsque vous êtes face à un mot que vous avez déjà croisé mais dont vous ne maîtrisez pas véritablement le sens, demandez vous toujours dans quel contexte vous l'avez lu ou entendu. Par exemple, en ce qui concerne le mot « plantureux », il se peut que vous l'ayez déjà entendu à propos d'un « corps » afin de signaler que celui-ci est bien en chair du fait de ses formes « plantureuses ».

Partant de cette idée, vous pouvez alors logiquement étendre le sens de ce terme à d'autres objets : une terre, une végétation, un plat, une barbe, etc. Dans ce cas, le mot serait synonyme d'« abondant » (B). Un repas « plantureux » serait un repas copieux. Ainsi, même si un tel repas a de grandes chances d'être « varié » (A), il faut saisir que l'adjectif « plantureux » insiste plus sur l'idée de quantité que de diversité. Rappelons à ce titre que le mot vient du latin *plenitas* qui signifie la (« plénitude »), l'état de ce qui est empli.

De plus, il est important de comprendre qu'un repas peut être abondant sans pour autant être « délicieux » ; des tables bien garnis peuvent être remplies de plats infects. Enfin, même si les fêtes sont souvent synonymes de festins et de plats abondants, il est possible de déguster de copieux repas dans des circonstances qui sont tout à fait ordinaires et aucunement « festives » (D).

- **Question 36. Réponse D**

À la fin de notre vie – « *quand le jeu est fini* » – les hiérarchies sont indifférentes ; nous sommes tous logés à la même enseigne face à la condition de l'homme : finalement, les rangs et grades ne comptent guères. Proposition D.

■ **Question 37. Réponse B**

À tous ceux qui veulent devenir « autoentrepreneurs » ou « auto-entrepreneurs » – les deux orthographes sont possibles depuis les rectifications orthographiques de 1990 – il est préférable que vous compreniez pourquoi les phrases 3 et 4 sont erronées. La 4 d'abord car elle commet un horrible barbarisme en écrivant « entreprenariat » au lieu d' « entrepreneuriat », la seule graphie qui apparaît chez Larousse et Robert. La raison est logique : le mot est formé à partir du substantif « entrepreneur ». En outre, si vous devenez un jour votre propre patron, vous aurez alors de grandes chances de demander à vos clients des « acomptes » et non des « accomptes ». Ce terme, qui fait référence à un paiement partiel à valoir sur le montant d'une somme due, est dérivé de l'expression « à compte », signifiant « à valoir sur la totalité du compte ». En aucun cas il ne faut donc ici doubler la consonne -*c*.

Les deux premières phrases sont en revanche correctement orthographiées. La première cherchait à vous piéger sur le verbe « rouvrir » qui, contrairement à ce que l'on peut croire, est officiellement validé par l'Académie. Un choix qui ne suit aucune logique puisque le verbe « rouvrir » est directement dérivé du substantif « réouverture » et non de « rouverture », terme qui n'existe pas. La phrase 2 est tout aussi correcte puisque « suspense » s'écrit avec un -*e* lorsqu'il désigne, comme c'est le cas ici, le sentiment né d'une l'attente angoissée ou d'un état d'incertitude. Attention à ne pas confondre ce mot avec celui de « suspens » sans -*e* qui, dans le droit canonique, signifie « suspendu de ses fonctions » pour parler d'un prêtre. La locution adverbiale « en suspens » signifie ainsi « dans l'incertitude ».

■ **Question 38. Réponse D**

En demandant de compléter des phrases sur le modèle « A est à B ce que C est à D », les questions d'analogies verbales interrogent la capacité des candidats à établir des liens logiques entre des idées. Il s'agit plus précisément dans le cas de figure proposé de retrouver le rapport sémantique qui unit les termes « tomber » et « s'effondrer ». En d'autres termes, il convenait de réfléchir à un mot pouvant servir de dénominateur commun à ces deux verbes.

Les mots « gravité » et « pression » (D) qui se rapportent au champ lexical du « corps » laissaient entendre aux candidats que ce dernier terme pouvait être la solution. Une piste cohérente avec l'ensemble de la phrase puisqu'au même titre qu'un corps (dans son sens physique) tombe à cause de la gravité, un corps dans son sens anatomique s'effondre à cause de la pression. Pour confirmer ce choix de réponse, il faut remarquer que tous les autres couples de notions qui sont proposés se révèlent illogiques.

La proposition A est erronée puisque les verbes pronominaux « se relever » et « se redresser » sont de simples antonymes interchangeables des verbes « tomber » et s'effondrer ». Or, dans un raisonnement analogique, tous les termes sont en principe si soudés qu'il est impossible de changer leur place dans la phrase sans en perdre le sens. La proposition B est illogique puisque les termes « chute » et « élévation » entretiennent des liens sémantiques contraires avec les verbes respectifs auxquels ils se rapportent. En effet, si le premier entretient un rapport de synonymie avec le verbe « chuter », le second entretient un rapport d'antonymie avec le verbe « s'effondrer ». Enfin, la proposition C ne fait pas sens non plus dans la mesure où s'il est possible de tomber à cause de l'amour – d'où l'expression « tomber amoureux » –, on s'effondre en revanche plutôt à cause du désespoir et rarement du fait de l'espoir.

- **Question 39. Réponse A**
  Le chant du cygne désigne la plus belle et dernière chose réalisée par quelqu'un avant de mourir. En art, il s'agit donc de la dernière œuvre remarquable d'un poète ou d'un artiste.

- **Question 40. Réponse C**
  La bonne conjugaison du verbe « revoir » au subjonctif présent, à la troisième personne du singulier, est : « qu'il revoie ». On retiendra donc la proposition C.

- **Question 41. Réponse C**
  Il n'est pas rare que les questions « intrus » du Concours SESAME, qui interrogent la logique verbale des candidats, cherchent à savoir s'ils sont en mesure d'identifier un champ lexical quelle que soit la liste de mots proposée. La stratégie la plus simple consiste à trouver au moins deux mots qui renvoient à la même idée pour pouvoir en déduire le thème qui réunit les bonnes réponses. En l'occurrence, il est aisé de constater que les termes « divan » (A) et « sofa » (B), répandus dans le jargon du mobilier, sont connus pour être deux types de sièges confortables pour nos postérieurs. Il convient ainsi d'en déduire que le champ lexical du siège ou du lit de repos réunit toutes les bonnes réponses. L'hésitation porte donc sur les mots « liseuse » (C) et « boudeuse » (D). Pour trancher, il suffit de saisir que le terme « liseuse » appartient à la même famille que les mots « lire » et « livre » et n'a donc rien à voir ni avec le lexique du siège ni avec celui du mobilier. Une « liseuse » est une petite lampe qui permet d'éclairer la page qu'on lit. En revanche, une « boudeuse » est un siège double ne comportant qu'un seul dossier. Pensez au mot « boudoir » qui, au XVIIIe siècle, désigne une petite pièce à l'usage particulier des dames dans laquelle elles se retiraient pour s'entretenir en toute intimité. Dans *La Philosophie dans le boudoir* de Sade, c'est justement au sein de cette chambre à coucher que se fait toute l'éducation érotique de la jeune Eugénie.

- **Question 42. Réponse A**
  La *Chartreuse de Parme* est un roman publié par Stendhal. Cette œuvre majeure, qui lui valut la célébrité, fut publiée en deux volumes en mars 1839, puis refondue en 1841, soit peu avant la mort de Stendhal. De Waterloo à Parme, Stendhal dépeint dans cet ouvrage les aventures du jeune Fabrice del Dongo, héros romantique pris dans la trame des grands événements historiques puis prisonnier de son amour pour Clélia Conti, qui le pousse à se retirer dans une chartreuse où il finira par mourir, en proie à de terribles remords.

- **Question 43. Réponse B**
  Lorsque vous êtes face à une liste d'expressions, intéressez-vous d'abord au sens de ces dernières et tentez de repérer celles qui signifient plus ou moins la même chose. Commencez par vous pencher sur les expressions les plus explicites. Si vous parvenez à identifier un thème commun entre au moins deux de ces expressions, il ne vous reste alors ensuite plus qu'à cerner celle qui s'en éloigne le plus. Des expressions comme « se regarder le nombril » (A) ou « fier comme Artaban » (D) peuvent ici vous mettre sur la piste. Ces deux expressions assez célèbres qui laissent aisément transparaître leur sens s'appliquent à des êtres qui ont une haute estime d'eux-mêmes du fait, soit de leur fierté et de leur arrogance, soit de leur égocentrisme. S'il

n'est pas nécessaire de rappeler que le nombriliste à force de contempler son nombril finit par avoir un égo saillant, rappelons qu'Artaban, héros de l'épopée *Cléopâtre* écrite au XVIIe siècle par Gautier de la Calprenède, se démarque par sa fatuité et sa morgue. Il convient par ailleurs d'entendre l'expression « se pousser du col » (C) de manière très littérale comme l'action de remonter son col (de chemise ou autre) en signe de prétention et d'arrogance. Pensez par exemple au légendaire footballeur Éric Cantona, surnommé « The King » en raison de sa prétention connue de tous, qui aimait tant relever le col de son maillot pour célébrer ses buts. Le piège consistait à confondre cette dernière expression avec celle proposée par la réponse B : « être collet monté ». Le « collet » renvoie ici à une noble pièce de tissu que l'on retrouvait autour du cou de Catherine de Médicis et des femmes de sa cour. Le « collet » est alors rapidement devenu le symbole de la préciosité et de la pruderie. Ainsi, « être collet monté » fait référence au fait d'être excessivement raide, guindé, rigide aussi bien sur les manières que sur les principes. Cette expression iniste plus sur l'austérité que sur la prétention.

- **Question 44. Réponse B**

Le candidat doit immédiatement repérer que la première phrase est construite autour d'une opposition entre les « autres » et « soi-même ». Il faut donc éliminer les propositions A et D qui, n'étant pas dans une logique d'opposition, proposent des termes qui renvoient aux autres : « entourage » (A) et « amis » (D).

Pour élucider la seconde parenthèse, il convient de saisir que l'extrait doit se lire comme une sorte de maxime morale livrant un conseil pour être heureux. Dans cette perspective, on éliminera la B qui, en privant les hommes d'« amusements » et de divertissements », ne semble pas viser le bonheur. La proposition C cherche en revanche le bonheur de l'homme en voulant supprimer les « ennuis » et les tracas de son existence. Il faut donc privilégier cette proposition de réponse.

- **Question 45. Réponse C**

On dirait d'une personne qu'elle est repue lorsqu'elle a satisfait pleinement un besoin, une passion, un désir.

Soyez conseillé(e) par Dorone Parienti !
Soyez conseillé(e) dans votre préparation aux concours en réservant un RDV individuel gratuit (présentiel ou téléphonique) avec nous sur :
www.lagrandeprepa.com / 07.56.99.09.09

Grille de réponses

Logique Générale		Logique Numérique		Logique Verbale	
1	Réponse D	**16**	Réponse D	**31**	Réponse D
2	Réponse C	**17**	Réponse A	**32**	Réponse A
3	Réponse A	**18**	Réponse C	**33**	Réponse B
4	Réponse B	**19**	Réponse A	**34**	Réponse A
5	Réponse C	**20**	Réponse A	**35**	Réponse B
6	Réponse A	**21**	Réponse B	**36**	Réponse D
7	Réponse D	**22**	Réponse B	**37**	Réponse B
8	Réponse B	**23**	Réponse A	**38**	Réponse D
9	Réponse A	**24**	Réponse D	**39**	Réponse A
10	Réponse B	**25**	Réponse A	**40**	Réponse C
11	Réponse D	**26**	Réponse C	**41**	Réponse C
12	Réponse B	**27**	Réponse B	**42**	Réponse A
13	Réponse D	**28**	Réponse A	**43**	Réponse B
14	Réponse B	**29**	Réponse A	**44**	Réponse B
15	Réponse C	**30**	Réponse B	**45**	Réponse C

Test blanc n° 5

Sous-test 1

Logique Générale

❑ **Question 1.** FEPO – BAUT – IHZY – MLX?

A. Y
B. S
C. N
D. W

❑ **Question 2.** Quel est l'âge de Cédric sachant que Thomas a 42 ans, Christelle 73 ans et Florent 52?

A. 61 ans
B. 42 ans
C. 97 ans
D. 80 ans

❑ **Question 3.** Ferdinand (3) Honorine (4) Sylvain (?)

A. 2
B. 3
C. 4
D. 5

❑ **Question 4.** Aube – Marne – Loiret – ?

A. Corrèze
B. Doubs
C. Islande
D. Morbihan

❑ **Question 5.** Comment se prénomme l'épouse de Romain sachant que Dorothée est l'épouse de Théodore?

A. Nathalie
B. Zoé
C. Marion
D. Noémie

☐ **Question 6.** OISELEUR – TRIATHLON – DÉLICATEMENT – ?

A. ADEQUATION

B. BINOME

C. CLAVICULE

D. DIRECTION

☐ **Question 7.** XXV (5) XLIX (7) CXXI (11) DCXXV (?)

A. 25

B. 13

C. 22

D. 18

☐ **Question 8.** 101 29 113 37 ?

A. 103

B. 66

C. 240

D. 98

☐ **Question 9.** Grégory vient d'Irlande, Caroline d'Espagne et Nathalie de Pologne. D'où vient Françoise ?

A. Mexique

B. Russie

C. Danemark

D. Hongrie

☐ **Question 10.** 253 – 346 – 475 – 676 – ?

A. 787

B. 565

C. 494

D. 202

☐ **Question 11.** 1 Z 10 Q 2 Y 24 ?

A. S

B. P

C. X

D. C

❑ **Question 12.**

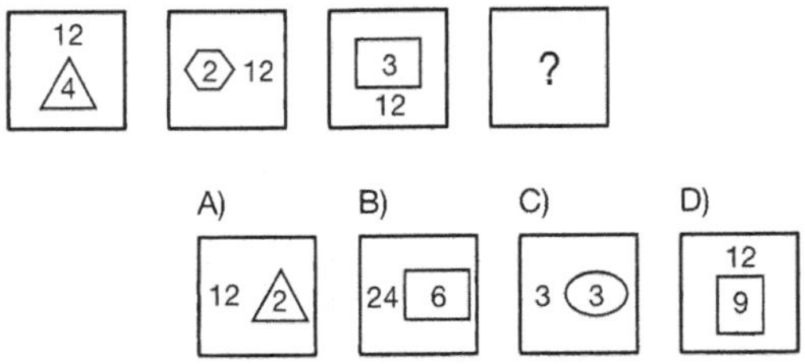

❑ **Question 13.**

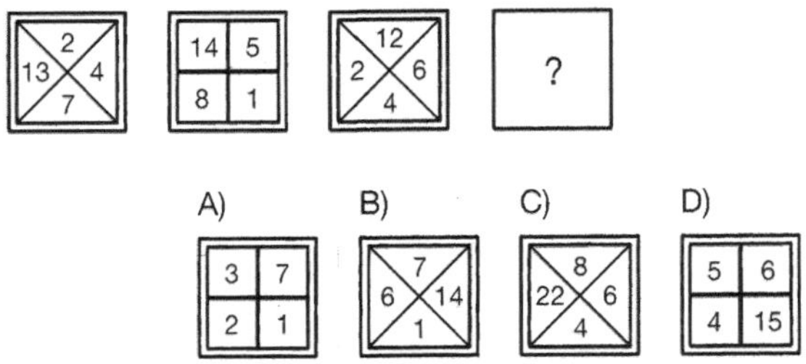

❑ **Question 14.** Douze personnes sont dans un ascenseur, parmi eux se trouvent des menteurs et des gens qui disent la vérité. Deux d'entre eux disent : « *Il y a exactement 2 menteurs ici* ». Quatre autres disent : « *Il y a exactement 4 menteurs ici* ». Les six restants disent : « *Il y a exactement 6 menteurs ici* ». Combien y a-t-il de menteurs parmi ces douze personnes ?

A. 2
B. 4
C. 6
D. 8

❑ **Question 15.** Milo, Nina, Olivia, Pierre et Ben travaillent dans le même bâtiment : deux au premier étage et les trois autres au deuxième étage. Pierre ne travaille pas au même étage qu'Olivia et Ben. Nina ne travaille pas au même étage que Milo et Olivia. Qui habite au premier étage ?

A. Ben et Olivia
B. Ben et Milo
C. Milo et Pierre
D. Nina et Pierre

Sous-test 2
Logique Numérique

❑ **Question 16.** On lance un dé non pipé deux fois de suite. Quelle est la probabilité que les deux résultats obtenus soient différents ?

A. 5/6
B. 1/6
C. 5/36
D. 1/36

❑ **Question 17.** À son premier contrôle de géographie, Ornella a obtenu la note de 12 sur 20. Par la suite, elle n'a obtenu que des 16 sur 20. Ainsi, à la fin du semestre, sa moyenne en géographie était égale à 15 sur 20. À combien de contrôles de géographie a-t-elle participé sur le semestre ?

A. 4
B. 5
C. 6
D. 9

❑ **Question 18.** À flot continu, un robinet prend neuf jours pour remplir un cube de côté 1 cm. Combien de jours lui faut-il pour remplir un cube de côté 3 cm ?

A. 27 jours
B. 81 jours
C. 243 jours
D. 781 jours

❑ **Question 19.** On investit un montant rapportant respectivement 500 € et 525 €. Quel est ce montant ?

A. 1 500 €
B. 3 000 €
C. 5 000 €
D. 10 000 €

❑ **Question 20.** Le produit du numéro de la page que je lis par celui de la page à sa gauche est égal à 132. Quel est le numéro de la page que je lis ?

A. 10

B. 11

C. 12

D. 66

❑ **Question 21.** On augmente l'aire d'un rectangle de 20 cm^2 en modifiant uniquement sa longueur. Sachant que la largeur du rectangle est 2 cm, de combien a-t-on augmenté la longueur du rectangle ?

A. 5 cm

B. 10 cm

C. 12 cm

D. 20 cm

❑ **Question 22.** Dans une classe, 35 % des élèves sont roux et 55 % des élèves ont les yeux verts. De plus, les élèves roux et qui n'ont pas les yeux verts représentent 15 % de la classe. Quelle est la probabilité de choisir aléatoirement un enfant aux yeux verts sachant qu'il est roux ?

A. 3/50

B. 2/8

C. 4/7

D. 1/5

❑ **Question 23.** Un cycliste travaillant à des horaires fixes rentre chez lui à 17 h 00 lorsqu'il roule à 12 km/h et à 15 h 00 lorsqu'il roule à 20 km/h. A quelle heure quitte-t-il chaque jour son lieu de travail ?

A. 9 h 00

B. 10 h 30

C. 11 h 15

D. 12 h 00

❑ **Question 24.** Cinq enfants sont nés le même jour mais à une année d'écart. La somme des âges du premier, du troisième et du dernier est égale à 72 ans. Quelle est la somme des âges du deuxième et du quatrième ?

A. 48 ans

B. 50 ans

C. 52 ans

D. 54 ans

❑ **Question 25.** Christine et Rodolphe font partie d'une même fratrie. Rodolphe déclare: «j'ai deux fois plus de sœur(s) que de frère(s)». Christine affirme: «j'ai deux frères de moins que de sœur(s)». Combien de garçons appartiennent à cette fratrie?

A. 3
B. 4
C. 5
D. 6

❑ **Question 26.** Soit ABCD le rectangle représenté ci-dessous. Quel est le rapport entre l'aire de la partie blanche et l'aire du rectangle?

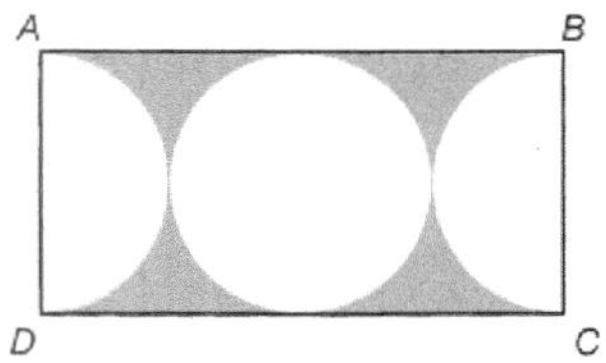

A. $\pi/4$
B. $1/5\pi + 1/2$
C. $1/6\pi$
D. $1/3\pi - 1/2$

❑ **Question 27.** Combien d'anagrammes peut-on écrire avec le mot BAKARA?

A. 30
B. 60
C. 90
D. 120

❑ **Question 28.** Un restaurant italien achète 25 bidons d'huile. Un autre restaurant négocie pour acheter ce même type de bidon à 2 € de moins par unité. Grâce à cette négociation, il peut 5 bidons de plus. Quel est le prix de revient d'un bidon pour le deuxième restaurant?

A. 10 €
B. 15 €
C. 5 €
D. 25 €

❑ **Question 29.** Un commerçant achète 153 tulipes et 117 roses. Il souhaite composer des bouquets de sorte que chacun possède un même nombre de tulipes et un même nombre de roses. Combien de fleurs y aura-t-il dans chaque bouquet?

A. 9
B. 13
C. 17
D. 30

❑ **Question 30.** Lequel de ces chiffres ne divise pas 210 ?

A. 3

B. 4

C. 5

D. 6

Sous-test 3
Logique Verbale

❑ **Question 31.** Où est l'intrus?
A. Algèbre
B. Réglisse
C. Anagramme
D. Armistice

❑ **Question 32.** Parmi les propositions suivantes, laquelle est correctement orthographiée?
A. Il avait malheureusement affaire à plus fort que lui dans cette affaire
B. Aline avait beaucoup affaire dans cette nouvelle maison
C. J'ai eu à faire à un homme de principes
D. Il avait à faire à un médecin véreux

❑ **Question 33.** Parmi les propositions suivantes, laquelle n'est pas synonyme du terme «infirme»?
A. Impotent
B. Capable
C. Atrophié
D. Faible

❑ **Question 34.** De quelle pièce de théâtre est tirée la célèbre citation: «*L'enfer, c'est les autres*»?
A. *En attendant Godot* de Samuel Beckett
B. *Rhinocéros* d'Eugène Ionesco
C. *Huis Clos* de Jean-Paul Sartre
D. *La Mouette* de Tchekhov

❑ **Question 35.** Parmi les propositions suivantes, quel verbe est dit «intransitif»?
A. Manger
B. Écrire
C. Laver
D. Ruisseler

❑ **Question 36.** Qui est l'auteur du roman *La princesse de Clèves*?

A. La comtesse de La Fayette
B. Nicolas Boileau
C. La marquise de Sévigné
D. Honoré de Balzac

❑ **Question 37.** Parmi les propositions suivantes, laquelle correspond à la définition du mot « sibyllin » ?

A. Qui a un sens contraire à ce qu'on voulait exprimer
B. Qui a un sens obscur
C. Qui a un sens très clair
D. Se rapporte à un discours inapproprié

❑ **Question 38.** Quelle est la proposition dont le sens se rapproche le plus du proverbe suivant : « le malheur des uns fait le bonheur des autres » ?

A. La pluie ne tombe pas seulement sur un toit
B. Le bonheur est quelque chose qui se multiplie quand il se divise
C. La nourriture d'un homme est un poison pour un autre homme
D. Deux bêtes se nourrissent bien dans un pré

❑ **Question 39.** Parmi les propositions suivantes, laquelle est correctement orthographiée ?

A. Il est près à t'aider si tu acceptais de lui parler
B. La piscine est pré de la patinoire, tu verras
C. Il n'est pas prêt de lui pardonner cette faute
D. Il est prêt à sacrifier sa carrière pour sa famille

❑ **Question 40.** Avec qui Denis Diderot a-t-il rédigé *l'Encyclopédie*?

A. Jean-Jacques Rousseau
B. Voltaire
C. Jean le Rond d'Alembert
D. André Le Breton

❑ **Question 41.** Où est l'intrus ?

A. Absoudre
B. Clore
C. Frire
D. Résoudre

❑ **Question 42.** Parmi les propositions suivantes, laquelle est correcte ?

A. Éluard a écrit : « *La Terre est bleue comme une orange* »
B. Hugo a écrit : « *La Terre est bleue comme une orange* »
C. Mallarmé a écrit : « *La Terre est bleue comme une orange* »
D. Apollinaire a écrit : « *La Terre est bleue comme une orange* »

❑ **Question 43.** Combien de phrases, parmi les cinq figurants ci-dessous sont orthographiquement et/ou grammaticalement incorrectes ?

1. Une maison de plein pied n'a pas d'étage, toutes les pièces sont au rez-de-chaussée.
2. En Haïti, le haricot se trouve actuellement en début de floraison.
3. En effet, toutes les natures, quelles qu'elles soient, sont bonnes par elles-mêmes.
4. Il s'ensuivit, en contrepartie, un rapprochement entre l'Inde et l'URSS.
5. Quelques minutes après, elle descendait suivie de sept filles courtes vêtues.

A. Quatre
B. Une
C. Deux
D. Trois

❑ **Question 44.** Dans cette phrase extraite de Ça de S. King : « *Il allait tomber des hallebardes, comme sa mère se plaisait parfois à le dire.* », quelle est la signification du mot « hallebardes » ?

A. Grêler de manière ininterrompue pendant de longues heures
B. Pleuvoir une pluie drue et abondante
C. Neiger de manière abondante et soudaine
D. Tomber un brouillard givrant soudain et épais

❑ **Question 45.** Parmi les propositions suivantes, laquelle est incorrecte ?

A. Dépêche-toi et mange
B. Viens avec nous, on part au parc
C. Retourne y tout de suite
D. Cette compote est très bonne, manges-en

Test blanc n° 5

Sous-test 1
Logique Générale

- **Question 1. Réponse D**

  Pour répondre à cette question, intéressons-nous au premier terme de la série « FEPO ». On constate que les deux premières lettres se suivent avec un écart de 1 rang et qu'il en est de même pour les deux dernières lettres : on passe de F (6e lettre) à E (5e lettre) et de P (16e lettre) à O (15e lettre). La lettre à déterminer était donc le W – 23e lettre de l'alphabet – car le X en est la 24e lettre.

- **Question 2. Réponse B**

  Pour répondre à cette question, intéressons-nous au nombre de consonnes et voyelles qui constituent les prénoms de chacune des personnes citées.

  Le prénom « Thomas » est composé de **4** consonnes et de **2** voyelles.
  Nous avons alors la correspondance : Thomas → **42** ans.

  Le prénom « Christelle » est composé de **7** consonnes et de **3** voyelles.
  Nous avons alors la correspondance : Christelle → **73** ans.

  Par extension, on en déduit que Cédric a… **42** ans (**4** consonnes et **2** voyelles).

- **Question 3. Réponse B**

  La logique à trouver ici est simple : le nombre affiché dans chaque parenthèse correspond au nombre de voyelles se trouvant dans le prénom qui précède ladite parenthèse.

  Ainsi, le prénom « Sylvain » étant composé de **3** voyelles, le nombre manquant sera un « **3** ».

- **Question 4. Réponse A**

  En premier lieu, remarquons que les noms qui composent la liste sont des départements. Notons ensuite que le nombre de lettres composant chacune des occurrences évolue : on passe de 4 lettres pour « Aube » à 5 lettres pour « Marne », 6 lettres pour « Loiret » et donc 7 lettres pour… « Corrèze ».

- **Question 5. Réponse C**

  La logique à déterminer ici est assez simple : les prénoms des époux sont des anagrammes deux à deux. Par exemple, « Dorothée » et « Théodore » sont des anagrammes : en d'autres termes, ce sont deux prénoms formés des mêmes lettres.

  On choisira donc le prénom « Marion » qui est composé des mêmes lettres que « Romain ».

- **Question 6. Réponse C**

  La logique à déterminer était la suivante : dans le premier mot la lettre « I » se trouve en 2e position, dans le deuxième elle se trouve en 3e position, et dans le troisième mot elle se trouve en 4e position. Dans le mot solution, la lettre « I » doit se trouver en 5e position.

- **Question 7. Réponse A**

  La numération romaine est un système de numération additive. Les nombres sont représentés à l'aide de symboles combinés entre eux, notamment par les signes I, V, X, L, C, D et M qui représentent respectivement les nombres 1, 5, 10, 50, 100, 500 et 1 000.

  Un nombre écrit en chiffres romains se lit de gauche à droite. En première approximation, sa valeur se détermine en faisant la somme des valeurs individuelles de chaque symbole, sauf quand l'un des symboles précède un symbole de valeur supérieure. Dans ce cas, on soustrait la valeur du premier symbole au deuxième.

  À la lumière de ces explications, nous pouvons établir les égalités suivantes :
  XXV → $25 = 5^2$
  XLIX → $49 = 7^2$
  CXXI → $121 = 11^2$
  DCXXV → $625 = 25^2$

  Conclusion : le nombre recherché était donc « 25 ».

- **Question 8. Réponse A**

  La logique à trouver est la suivante : tous les nombres de la série sont des nombres premiers. Ainsi, parmi les propositions données, seul 103 répond à ce critère.

- **Question 9. Réponse D**

  Pour répondre à cette question, intéressons-nous aux initiales des prénoms et des pays cités dans l'énoncé ainsi qu'à leurs rangs alphabétiques.

  Grégory / Irlande → G / → 7 / 9 → Deux rangs d'écart
  Caroline / Espagne → C / E → 3 / 5 → Deux rangs d'écart
  Nathalie / Pologne → N / P → 14 / 16 → Deux rangs d'écart

  On comprend alors que Françoise vient nécessairement de... Hongrie.
  (Françoise / Hongrie → F / H → 6 / 8 → Deux rangs d'écart)

- **Question 10. Réponse A**

  Dans cette série, la somme des chiffres de chaque occurrence est évolutive. Nous passons de 10 (2+3+5) à 13 (3+4+6), de 13 à 16, de 16 à 19 et donc de 19 à... 22 car les sommes des chiffres de chaque occurrence forment une suite arithmétique de rang 3.

- **Question 11. Réponse D**

  La logique à trouver est la suivante : chaque chiffre de la série représente le rang alphabétique inversé de la lettre qui le suit. L'alphabet inversée est, par définition, un système d'écriture ayant pour première lettre le Z (de rang 1) et pour dernière lettre le A (de rang 26). Dans notre série, la lettre Z est associée au nombre 1 car elle est la première lettre de l'alphabet inversée. Ainsi, la lettre qu'il faudra associer au nombre 24 est la lettre « C » car elle est la vingt-quatrième lettre de l'alphabet inversée.

- **Question 12. Réponse B**

  Tout d'abord notons que le nombre à l'extérieur de la figure effectue une rotation d'un quart de tour dans le sens des aiguilles d'une montre entre chaque cadre. Il se trouvera donc au milieu du cadre solution sur le plan vertical, et à l'extrême gauche sur le plan horizontal.
  Ensuite, remarquons que le quotient du plus grand nombre par le plus petit correspond au nombre de côtés de la figure appartenant à ce même cadre. Prenons un exemple. Dans le premier cadre, nous avons une figure à **3** côtés et les deux nombres présents sont « 12 » et « 4 » car : 3 = 12/4.
  On retiendra pour cette raison la proposition B (4 = 24/6).

- **Question 13. Réponse D**

  Dans chaque cadre, la somme des deux plus petits nombres est égale à l'écart séparant les deux plus grands nombres. Ainsi, dans le premier cadre, l'écart séparant 7 de 13 est égal à 6 (2 + 4). On choisira donc la proposition D : l'écart séparant 5 de 15 est égal à 10 (6 + 4).

- **Question 14. Réponse C**

  Hypothèse 1 : le premier groupe dit la vérité
  - Le premier groupe dit la vérité → il y a exactement 2 menteurs dans l'ascenseur
  - Le premier groupe dit la vérité → les 10 autres personnes disent des propos contraires → Il y a 10 menteurs dans l'ascenseur

  Cela est impossible, Il ne peut y avoir exactement 2 menteurs et dans le même temps y en avoir 10 !
  ⇒ Hypothèse 1 est rejetée : **le premier groupe ment**.

  Hypothèse 2 : le deuxième groupe dit la vérité
  - Le deuxième groupe dit la vérité → il y a exactement 4 menteurs dans l'ascenseur
  - Le deuxième groupe dit la vérité → les 8 autres personnes disent des propos contraires → Il y a 8 menteurs dans l'ascenseur

  Cela est impossible, Il ne peut y avoir exactement 4 menteurs et dans le même temps y en avoir 8 !
  ⇒ Hypothèse 2 est rejetée : **le deuxième groupe ment**.

  À ce stade, nous avons démasqué un total de six menteurs. Ainsi, lorsque le dernier groupe affirme qu'il y a six menteurs, il dit la vérité !

  En conclusion 6 menteurs se trouvent dans l'ascenseur.

Note : le dernier groupe ne pouvait pas mentir car il n'y aurait eu alors aucune personne honnête, ce qui est en contradiction directe avec les termes de l'énoncé.

- **Question 15. Réponse D**

Pour répondre à cette question, utilisons les informations fournies dans l'énoncé :

Pierre ne travaille pas au même étage qu'Olivia et Ben → **(1) Olivia et Ben sont au même étage.**

Nina ne travaille pas au même étage que Milo et Olivia → **(2) Milo et Olivia sont au même étage.**

⇒ En combinant (1) et (2), on obtient : **Milo, Olivia et Ben sont au même étage.**

Logiquement, on retrouvera Pierre et Nina au premier étage.

Soyez conseillé(e) par Dorone Parienti !
Soyez conseillé(e) dans votre préparation aux concours en réservant un RDV individuel gratuit (présentiel ou téléphonique) avec nous sur :
www.lagrandeprepa.com / 07.56.99.09.09

Sous-test 2
Logique Numérique

- **Question 16. Réponse A**

Soit $P(A)$ la probabilité telle que les deux résultats obtenus soient différents. On sait d'après la formule des probabilités totales que : $P(A) = 1 - P(\overline{A})$, avec $P(\overline{A})$ la probabilité telle que les deux résultats obtenus soient identiques.

Calculons alors $P(\overline{A})$.

Pour cela, il faut en premier lieu savoir qu'en lançant deux dés, 36 couples de résultats sont possibles.

Parmi eux, on dénombre six couples ayant des résultats identiques : (1 ; 1), (2 ; 2), (3 ; 3), (4 ; 4), (5 ; 5) et (6 ; 6). Il y a donc 6 chances sur 36 qu'en lançant 2 dés, les résultats obtenus soient identiques.

Ainsi : $P(\bar{A}) = 6/36 = 1/6$.
Or, $P(A) = 1 - P(\bar{A})$.
Donc, $\boldsymbol{P(A)} = 1 - 1/6 = \mathbf{5/6}$.

Rappel de notation : pour un évènement A donné, $P(A)$ désigne la probabilité de l'évènement A, et $\bar{A}$ l'évènement contraire de l'évènement A.

- **Question 17. Réponse A**

Soit A la première note d'Ornella et $X_1, ..., X_2$ les autres notes qu'elle a obtenues.

L'énoncé nous informe que sa moyenne générale était égale à 15. Autrement dit :

$$\frac{A + X_1 + \ldots + X_n}{n+1} = 15 \Leftrightarrow \frac{12+16n}{n+1} = 15 \Leftrightarrow 12+16n = 15(n+1) \Leftrightarrow n = 3 \Leftrightarrow n+1 = 4$$

Ornella a donc participé à 4 contrôles ce semestre.

- **Question 18. Réponse C**

Rappelons que si un cube a une arête de longueur c, alors le volume V de ce cube est c^3.

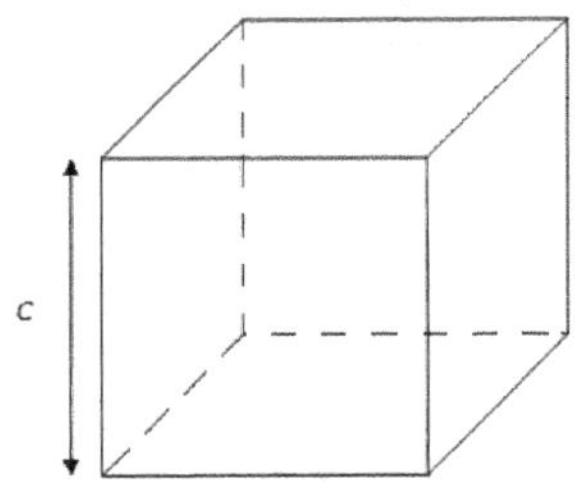

Dans notre exercice, l'arête du premier cube mesure 1 cm.
Le volume de ce cube est donc : $V_1 = 1^3 = 1$ cm³.
Par un raisonnement analogue, le volume du second cube est : $V_2 = 3^3 = 27$ cm³.
Ainsi, il faudra 27 fois plus de temps pour remplir le deuxième cube par rapport au premier.
Étant donné que le robinet prend 9 jours pour remplir le premier cube, il lui faudra 243 jours (9 × 27) pour remplir le second cube.

- **Question 19. Réponse D**

Définissons par A le montant placé et r le taux d'intérêt annuel.

Nous savons que l'investissement a rapporté 500 € la première année.
Autrement dit : $A \times r = 500$ €.

La deuxième année, l'investissement a rapporté 525 €.
Autrement dit : $(A + 500) \times r = 525 \Leftrightarrow A \times r + 500 \times r = 525$.
Or, $A \times r = 500$. Donc, $500 + 500 \times r = 525 \Leftrightarrow 500 \times r = 25 \Leftrightarrow r = 0{,}05$.

Puisque $r = 0{,}05$, nous avons alors : $A \times 0{,}05 = 500 \Leftrightarrow A$ **= 10 000 €.**

■ Question 20. Réponse C

Soit N, le numéro de la page que je lis. Le numéro de la page à sa gauche est donc : N – 1.
De l'énoncé, nous pouvons établir l'égalité : $N \times (N - 1) = 132 \Leftrightarrow N = 12$.
Je suis donc en train de lire la douzième page de mon livre.

■ Question 21. Réponse B

Soit A, l'aire du rectangle. Par définition, nous avons $A = L \times \ell$.
Or, en modifiant la seule valeur de L, l'aire du rectangle augmente de 20 cm².
En d'autres termes : $A + 20 = (L + x) \times \ell$, avec x l'augmentation ajoutée à la longueur initiale L.

Calculons : $A + 20 = (L + x) \times \ell \Leftrightarrow A + 20 = L \times \ell + x \times \ell \Leftrightarrow A + 20 = A + x \times \ell \Leftrightarrow 20 = x \times \ell$.
De l'énoncé, nous savons $\ell = 2$ cm.
Donc : $20 = x \times \ell \Leftrightarrow 20 = x \times 2 \Leftrightarrow x = 10$ cm.
En conclusion, la longueur du rectangle a augmenté de 10 cm.

■ Question 22. Réponse C

Soit R, l'évènement : « l'élève est roux ».
Soit V, l'évènement : « l'élève a les yeux verts ».

Dans cet exercice, on cherche à déterminer la probabilité de choisir aléatoirement un enfant aux yeux verts sachant qu'il est roux, soit $P_R(V)$. Pour cela, il faut remplir comme ci-dessous un tableau en faisant bien attention à laisser les pourcentages dans les cases.

De l'énoncé, nous savons que :

- 35 % des élèves sont roux (1)
- 55 % des élèves ont les yeux verts (2)
- 15 % des élèves sont roux et n'ont pas les yeux verts (3)

	ROUX	$\overline{\text{ROUX}}$	TOTAL
YEUX VERTS			55 % (2)
$\overline{\text{YEUX VERTS}}$	15 % (3)		
TOTAL	35 % (1)		100 %

On complète ensuite le tableau avec la méthode de résolution de tableau traditionnelle :

	ROUX	~~ROUX~~	TOTAL
YEUX VERTS	**20 %**	**35 %**	55 %
~~YEUX VERTS~~	15 %	**30 %**	**45 %**
TOTAL	35 %	**65 %**	100 %

Nous pouvons déduire du tableau que $P(V \cap R) = 20\%$ et $P(R) = 35\%$.

Et donc, $\boldsymbol{P_R}(\boldsymbol{V}) = \dfrac{P(V \cap R)}{P(R)} \Leftrightarrow P_R(V) = \dfrac{20}{35} = \dfrac{4}{7}$.

- **Question 23. Réponse D**

Avant toute chose, rappelons que le temps t d'un trajet est égal au temps qui sépare l'heure de départ H_d de l'heure d'arrivée H_a.

On sait de l'énoncé que le cycliste rentre chez lui à 17 h 00 lorsqu'il roule à 12 km/h.

Autrement dit : $12 = \dfrac{d}{17 - H_d} \Leftrightarrow 204 - 12H_d = d$.

On sait également que le cycliste rentre chez lui à 15 h 00 lorsqu'il roule à 20 km/h.

Autrement dit : $20 = \dfrac{d}{15 - H_d} \Leftrightarrow 300 - 20H_d = d$.

Nous avons alors : $204 - 12H_d = 300 - 20H_d \Leftrightarrow 8H_d = 96 \Leftrightarrow H_d = 12$.

En conclusion, le cycliste part chaque jour de son lieu de travail à 12 h 00.

- **Question 24. Réponse A**

Soit E_1, E_2, E_3, E_4 et E_5 les âges des cinq enfants du plus jeune au plus âgé.

Ces âges étant consécutifs, nous pouvons écrire que :

$E_2 = E_1 + 1 \; E_3 = E_2 + 1 = E_1 + 2$

...

$E_5 = E_4 + 1 = E_3 + 2 = E_2 + 3 = E_1 + 4$

L'énoncé nous informe que la somme des âges du 1er, du 3e et du 5e est égale à 72 ans.
Autrement dit : $E_1 + E_3 + E_5 = 72 \Leftrightarrow (E_3 + 2) + E_3 + (E_3 - 2) = 72 \Leftrightarrow E_3 = 24$.

Ainsi : $E_2 + E_4 = (E_3 + 1) + (E_3 - 1) = 25 + 23 = 48$.

En conclusion, la somme des âges du deuxième et du quatrième est égale à 48 ans.

- **Question 25. Réponse C**

Soit F le nombre de filles dans la fratrie, et G le nombre de garçons.

On sait de Rodolphe que : **F = 2(G – 1) ⇔ F = 2G – 2**

Notons qu'il fallait penser à retirer Rodolphe du nombre de frères puisqu'il est l'orateur.

On sait également de Christine que : **(F – 1) = G + 2 ⇔ F = G + 3**

Ainsi : **2G – 2 = G + 3 ⇔ G = 5.**

On compte donc cinq garçons dans la fratrie.

- **Question 26. Réponse A**

Pour répondre à cette question, il faut d'abord s'appuyer sur la figure. On alors constate que :

- La largeur ℓ du rectangle est égale à deux fois le rayon r du cercle blanc : $\ell = 2r$.
- La longueur L du rectangle est égale à quatre fois le rayon r du cercle blanc : $L = 4r$.
- L'aire de la partie blanche P_B est égale à deux fois l'aire du cercle blanc : $P_B = 2 \times \pi r^2$.
- On sait, par définition, que l'aire du rectangle A est égale à : $A = L \times \ell$.

L'énoncé nous demande de déterminer le rapport entre l'aire de la partie blanche et l'aire du rectangle, soit P_B/A. Par le calcul :

$$\frac{P_B}{A} = \frac{2 \times \pi r^2}{L \times \ell} = \frac{2 \times \pi r^2}{4r \times 2r} = \frac{2\pi r^2}{8r^2} = \frac{2\pi}{8} = \frac{\pi}{4}$$

On choisira donc la proposition A.

- **Question 27. Réponse D**

Nous connaissons les six lettres constituant le mot BAKARA et cherchons à savoir combien d'anagrammes différentes peut-on former avec ces lettres. Or, demander combien d'anagrammes différentes peut-on construire avec ces lettres revient à se demander de combien de façons différentes peut-on placer ces lettres. Et il y en a **6 x 5 x 4 = 120** !

Pourquoi ?

Considérons les trois lettres B, K et R. **6** emplacements sont possibles pour la première. Celle-ci placée, il reste **5** emplacements pour la deuxième puis **4** pour la troisième. Une fois ces trois lettres placées, l'anagramme sera toujours le même car les autres lettres sont identiques (A).

Remarque : le candidat pouvait également appliquer la méthode des factorielles pour résoudre cet exercice. Dans le mot à 6 lettres « BAKARA » la lettre « A » apparaît 3 fois, le nombre d'anagrammes pouvant être constitués est donc égal à : 6!/3! = 120.

- **Question 28. Réponse A**

  Soit P le prix du bidon d'huile avant toute négociation.
  Le premier restaurateur peut acheter 25 bidons (à P€) et le second 30 bidons (à $P - 2$ €).
  Nous pouvons donc établir l'égalité : $25 \times P = 30 \times (P - 2) \Leftrightarrow 25P = 30P - 60 \Leftrightarrow 5P = 60 \Leftrightarrow P = 12$ €.

  Le prix de revient d'un bidon pour le deuxième restaurant est donc de 10 € (car 12 € – 2 €).

- **Question 29. Réponse A**

  On compte le même nombre de tulipes dans chaque bouquet, le nombre de tulipes est donc un multiple du nombre de bouquets (noté B). De manière analogue, le nombre de roses est multiple du nombre de bouquets (noté B). Ainsi : 153 et 117 sont des multiples de B.

  Cherchons alors, parmi les solutions proposées, un diviseur commun à 153 et 117.
  ⇒ Seul le nombre 9 vérifie cette propriété.

  Note : il était également pertinent de faire une décomposition en produit de facteurs premiers.

- **Question 30. Réponse B**

  Cet exercice est intéressant car il permet de faire un bon rappel sur les critères de divisibilité !

  Un nombre est divisible par 3 si la somme de ses chiffres est divisible par 3.
  La somme des chiffres de 210 est égale à 3 ($2 + 1 + 0 = 3$), donc elle divisible par 3.
  ⇒ Par suite, **210 est divisible par 3**.

  Un nombre est divisible par 4 si le nombre composé par ses deux derniers chiffres est divisible par 4.
  Le nombre composé par les deux derniers chiffres de 210 n'est pas divisible par 4 ($10 \neq 4k$).
  ⇒ Par suite, **210 n'est pas divisible par 4**.

  Un nombre est divisible par 5 s'il se termine par 0 ou par 5.
  Le chiffre des unités de 210 est un 0.
  ⇒ Par suite, **210 est divisible par 5**.

  Un nombre est divisible par 6 s'il est divisible par 2 et par 3.
  210 est divisible par 3 (voir précédemment). 210 est pair, donc il est également divisible par 2.
  ⇒ Par suite, **210 est divisible par 6**.

Soyez conseillé(e) par Dorone Parienti !
Soyez conseillé(e) dans votre préparation
aux concours en réservant un RDV individuel gratuit
(présentiel ou téléphonique) avec nous sur :
www.lagrandeprepa.com / 07.56.99.09.09

Sous-test 3
Logique Verbale

- **Question 31. Réponse D**

Il y a des mots qui ont bien mauvais genre. Parce qu'elle garde sa part de mystère, la langue française possède quelques mots dont le genre grammatical prête à confusion. Au risque de vous surprendre, nombre de mots que vous croyez féminins sont en fait masculins et vice versa. Dans la liste de mots proposés, il convenait de remarquer que seul le mot « armistice » (D) était masculin. Un armistice désigne l'arrêt provisoire des hostilités convenu entre des belligérants. A contrario, « algèbre », « anagramme » (mot obtenu par transposition des lettres d'un autre mot) ainsi que « réglisse » sont féminins. Ne soyez donc pas étonnés de lire « *une algèbre est la combinaison d'une structure d'espace vectoriel et d'une structure d'anneau* », ou bien « *la réglisse serait aussi dangereuse que l'alcool* ».

Malheureusement, aucune règle ne peut ici vous aider car aucune logique ne préside à l'attribution du genre des mots de notre langue. Afin d'éviter les erreurs, il faut tout simplement mémoriser les différents mots dont les genres peuvent poser problème. En tout cas, n'oubliez pas que lorsque vous êtes face à une liste de mots n'ayant aucun rapport entre eux – que ce soit au niveau de l'orthographe, de l'étymologie ou de la sémantique – l'intrus peut souvent être celui dont le genre grammatical fait tache !

- **Question 32. Réponse A**

On peut parfois hésiter entre les expressions *avoir affaire* et *avoir à faire*. Outre la prononciation identique, la parenté d'origine y est peut-être aussi pour quelque chose. En effet, l'origine du nom « *affaire* » est « *à faire* », c'est-à-dire « *ce qui est à faire* ». Bien que les deux graphies aient longtemps été possibles, la graphie *avoir affaire* est maintenant celle qui prévaut. Notons que le nom *affaire* y est au singulier. Le sens de cette expression est « se trouver en présence de quelqu'un, en rapport avec quelqu'un ». Elle peut, dans certains contextes, impliquer une menace, un rapport de force. C'est habituellement la préposition « *à* » qui introduit le complément qui suit, généralement une personne.

On écrira donc :

- « *J'ai eu affaire à un homme de principes* » (C)
- « *Il avait affaire à un médecin véreux* » (D)

Ensuite, on préféra l'écriture « *Aline a beaucoup à faire dans une maison* » (B) car, dans ce cas, l'expression prend le sens « *d'avoir à réaliser, à accomplir* ».

- **Question 33. Réponse B**

Est « infirme » celui qui est faible, qui présente des défauts et des faiblesses, qui est privé d'un membre, qui est paralysé, ect. Cet adjectif est donc synonyme des termes « faible », « impotent » et « atrophié ».

- **Question 34. Réponse C**

L'enfer, c'est les autres est une citation extraite de la pièce de théâtre *Huis clos* de Jean-Paul Sartre, qui a eu un grand retentissement, a largement dépassé le cadre de la philosophie pour passer dans le langage courant et la culture populaire.

Pour en savoir plus : Selon Sartre, en 1964 : « *L'enfer c'est les autres a été toujours mal compris. On a cru que je voulais dire par là que nos rapports avec les autres étaient toujours empoisonnés, que c'était toujours des rapports infernaux. Or, c'est tout autre chose que je veux dire. Je veux dire que si les rapports avec autrui sont tordus, viciés, alors l'autre ne peut être que l'enfer. Pourquoi ? Parce que les autres sont, au fond, ce qu'il y a de plus important en nous-mêmes, pour notre propre connaissance de nous-mêmes. Quand nous pensons sur nous, quand nous essayons de nous connaître, au fond nous usons des connaissances que les autres ont déjà sur nous, nous nous jugeons avec les moyens que les autres ont, nous ont donné, de nous juger. Quoi que je dise sur moi, toujours le jugement d'autrui entre dedans. Quoi que je sente de moi, le jugement d'autrui entre dedans. Ce qui veut dire que, si mes rapports sont mauvais, je me mets dans la totale dépendance d'autrui et alors, en effet, je suis en enfer. Et il existe une quantité de gens dans le monde qui sont en enfer parce qu'ils dépendent trop du jugement d'autrui. Mais cela ne veut nullement dire qu'on ne puisse avoir d'autres rapports avec les autres, ça marque simplement l'importance capitale de tous les autres pour chacun de nous* »

- **Question 35. Réponse D**

Lorsque l'on consulte un dictionnaire au sujet d'un verbe, on remarque à chaque fois la mention *verbe transitif* ou *verbe intransitif*. Mais qu'est-ce que cela signifie, au juste ?

Un *verbe transitif* exprime une action effectuée par le sujet et s'appliquant à un objet. Ainsi un verbe transitif exige un complément d'objet.

- Le verbe peut être *transitif direct*, lorsqu'il marque le verbe directement, sans préposition, le terme de l'action ou l'objet vers lequel tend l'action : dans ce cas, il introduit un complément d'objet direct. Exemple : « *Je lis cet article* ».
- Le verbe peut être *transitif indirect*, lorsque le passage de l'action sur un objet a lieu indirectement, par l'emploi d'une préposition telle que *à*, *de*, *sur*, *dans*, *en*, *vers*, *par*... Exemples : « *Il descend de la montagne ; elle parle de son enfance* ».

Un *verbe intransitif* exprime quant à lui une action limitée au sujet et qui se suffit à elle-même. Ainsi le verbe intransitif n'admet pas de complément, qu'il soit direct ou indirect. Exemples : « *Il pleut, l'enfant dort, nous arriverons demain, elles voyagent souvent* ».
Certains verbes sont, par nature, toujours intransitifs, comme les verbes d'état en particulier, mais pas seulement. Exemples : *aboyer, apparaître, atterrir, arriver, bavarder, capituler, errer, évoluer, faiblir, grisonner, galoper, jubiler, languir, mourir, naître, partir, ruisseler, tomber, venir, voyager, etc.*

■ **Question 36. Réponse A**

La Princesse de Clèves est un roman de la comtesse de La Fayette, d'abord publié en 1678.

Pour en savoir plus : Le roman prend pour cadre la vie à la cour des Valois « dans les dernières années du règne de Henri Second », comme l'indique le narrateur dans les premières lignes du récit. Il peut donc être défini comme un roman historique, même s'il inaugure, par bien des aspects – souci de vraisemblance, construction rigoureuse, introspection des personnages – la tradition du roman d'analyse. *La Princesse de Clèves* témoigne également du rôle important joué par les femmes en littérature et dans la vie culturelle du XVIIe siècle, marquée par le courant de la préciosité.

■ **Question 37. Réponse B**

Du latin *sibyllinus*, l'adjectif « sibyllin » se rapporte aux choses dont le sens est obscur, mystérieux, symbolique comme celui des oracles. On retiendra pour cette raison la proposition B.

■ **Question 38. Réponse C**

Voltaire est souvent considéré comme l'auteur de ce proverbe. Dans *Candide ou l'optimisme*, roman philosophique qui dresse un tableau du monde où le malheur est en tout lieu, l'idée générale du proverbe est largement diffusée. Une formulation du proverbe qui y apparaît est : « *Tout cela était indispensable, [...] et les malheurs particuliers font le bien général, de sorte que plus il y a de malheurs particuliers, et plus tout est bien.* »

Le sens du proverbe est, vous l'avez compris, qu'un événement néfaste à une personne est bénéfique à une autre et que, d'une situation malheureuse pour les uns, les autres en tirent parti et profit. On retrouve cette même idée dans le proverbe « *La nourriture d'un homme est un poison pour un autre homme* ».

Remarque : l'équivalent anglais de notre proverbe se dit « *one man's meat is another man's poison* », soit « la nourriture d'un homme est un poison pour un autre homme ».

- **Question 39. Réponse D**

  « Près » et « prêt » sont des homophones. « Près » est un adverbe marquant la proximité. Il se trouve aussi dans la locution prépositive « *près de* » qui exprime une proximité dans le temps ou l'espace, mais également quant à un nombre ou à une action sur le point d'être faite. On écrira donc :

  - « *La patinoire est près de la piscine* » (B)
  - « *Il n'est pas près de lui pardonner* » (C)

  « Prêt » est un adjectif qui signifie « *disposé à* » ou « *préparé à* ». Il fallait donc noter :

  - « *Il est prêt à t'aider si tu acceptais de lui parler* » (A).

- **Question 40. Réponse C**

  L'Encyclopédie est une encyclopédie française éditée de 1751 à 1772 sous la direction de Denis Diderot et, partiellement, de Jean Le Rond d'Alembert.

  Pour en savoir plus : *L'Encyclopédie* est un ouvrage majeur du XVIIIe siècle et la première encyclopédie française. Par la synthèse des connaissances du temps qu'elle contient, elle représente un travail rédactionnel et éditorial considérable pour cette époque et fut menée par des encyclopédistes constitués en « société de gens de lettres ». Enfin, au-delà des savoirs qu'elle compile, le travail qu'elle représente et les finalités qu'elle vise en font un symbole de l'œuvre des Lumières.

- **Question 41. Réponse D**

  Lorsque vous êtes face à une liste de verbes qui vous semble avoir été sélectionnée de manière aléatoire, réfléchissez à ce qui pourrait au contraire les lier du point de vue de la conjugaison. Il apparaît ici, qu'excepté le verbe « résoudre » (D), les autres verbes sont dits défectifs.
  « Absoudre » (A), « clore » (B) et « frire » (C) sont en effet des verbes défectifs, c'est-à-dire des verbes dont la conjugaison est incomplète. Cela signifie en d'autres termes que ces verbes ne se conjuguent pas sous toutes les formes possibles, à tous les temps, à tous les modes ou encore à toutes les personnes. Ainsi, à titre d'exemple, les verbes « absoudre » et « clore » ne se conjuguent pas au passé simple tandis que « frire » lui ne se conjugue qu'aux trois premières personnes du singulier. Ne soyez donc plus surpris si jamais vous trouvez dans votre Bescherelle des tableaux de conjugaison avec des « trous ». Pour ce qui est de « résoudre », c'est un verbe du troisième groupe qui est certes difficile à conjuguer mais qui n'est pas pour autant défectif.

  À noter : voici une liste de quelques verbes défectifs : ouïr, accroire, falloir, pleuvoir, neiger, advenir, s'ensuivre, choir, déchoir, bruire, quérir, paître, gésir, sourdre, incomber, urger, seoir, ravoir, bienvenir, etc.

- **Question 42. Réponse A**

  « La Terre est bleue comme une orange » est le premier vers du septième poème du recueil *L'Amour la poésie* du poète surréaliste français Paul Éluard, paru en 1929.

- **Question 43. Réponse C**

Lorsque les fautes glissées dans les propositions sont subtiles, il peut être stratégique de commencer par repérer celles qui rendent une copie parfaite. La phrase 4 est, par exemple, irréprochable puisqu'elle écrit correctement le terme « contrepartie ». Il ne faut en effet jamais séparer le préfixe « contre- » de son radical lorsque ce dernier commence par une consonne. En revanche, si le radical commence par une voyelle, le trait d'union est de mise afin d'éviter le hiatus formé par deux voyelles côte à côte. On écrira donc « contrepoids » et « contre-attaque ».

La phrase 3 s'en sort tout aussi bien en écrivant correctement la périlleuse locution « quelles qu'elles soient ». En règle générale, si vous hésitez entre « quelque » ou « quel que », dites-vous que si le terme est placé devant un pronom personnel comme « ils » ou « elles », il convient de toujours écrire « quel que » et accorder « quel » avec le sujet ou le verbe dont il est question.

Rien à ne redire également sur la phrase 2. Il faut écrire : « le haricot » et non « l'haricot » car le « h » de ce dernier est muet et interdit donc la liaison et l'élision. Pour savoir si un « h » est muet ou aspiré, prenez le mot et faites le précéder de l'article défini « le » ou « la ». Soit cela est possible et il s'agit dans ce cas d'un « h » aspiré (exemple : le héros) soit cela n'est pas possible car un « l' » est requis est dans ce cas il s'agit d'un « h » muet (exemple : l'héroïne).

Rappelons au passage qu'il n'est pas faux d'écrire « en » Haïti. Des linguistes suggèrent même que la préposition « à » serait employée à tort, puisque le « h » d'Haïti est muet, la préposition « en » se voyant ainsi justifiée.

En revanche, les candidats devaient voir que la phrase 5 est mal orthographiée puisqu'il aurait fallu écrire « court vêtues ». En effet, « court » est ici invariable puisqu'il a une valeur d'adverbe dans l'adjectif composé « court vêtu ». C'est ainsi que Jean de La Fontaine parle de Perrette dans sa célèbre fable : « légère et court vêtue, elle allait à grands pas ».

Il fallait en outre disposer de quelques notions d'architecture pour comprendre que la phrase 1 est erronée car quand on cherche à désigner une habitation sans étage, on parle d'une maison « de plain-pied ». Il y a une bonne raison à cette orthographe : « plein » autrefois écrit « plan » vient du latin *planus* qui voulait dire (« plat ») ou (« plan »). C'est donc pour cela que l'expression « entrer de plain-pied » signifie « arriver directement ».

- **Question 44. Réponse B**

Au sens propre, le terme « hallebarde » désigne une arme d'infanterie en usage du XVIIe siècle comportant une longue hampe terminée par un fer pointu et tranchant. Par extension, on dira qu'il « *tombe des hallebardes* » pour dire qu'il « *pleut à verse, à vous transpercer, de manière drue* ».

- **Question 45. Réponse C**

  En règle générale, les verbes du premier groupe (verbes en *-er*) ne prennent pas de *-s* final à la deuxième personne du singulier de l'impératif. On écrira par exemple : « *Mange et va dans ta chambre* ». Cependant, lorsque ces verbes sont suivis des pronoms adverbiaux *en* ou *y*, compléments du verbe et non suivis immédiatement d'un infinitif, le *-s* est ajouté. On écrira donc : « *Retournes-y tout de suite* ». Notons que l'ajout du *-s*, marque verbale caractéristique de la deuxième personne du singulier, facilite la liaison. En effet, il permet d'éviter un hiatus, c'est-à-dire le contact de deux voyelles, d'où l'appellation de *-s* euphonique.

Soyez conseillé(e) par Dorone Parienti !
Soyez conseillé(e) dans votre préparation aux concours en réservant un RDV individuel gratuit (présentiel ou téléphonique) avec nous sur :
www.lagrandeprepa.com / 07.56.99.09.09

Grille de réponses

Logique Générale		Logique Numérique		Logique Verbale	
1	Réponse D	**16**	Réponse A	**31**	Réponse D
2	Réponse B	**17**	Réponse A	**32**	Réponse A
3	Réponse B	**18**	Réponse C	**33**	Réponse B
4	Réponse A	**19**	Réponse D	**34**	Réponse C
5	Réponse C	**20**	Réponse C	**35**	Réponse D
6	Réponse C	**21**	Réponse B	**36**	Réponse A
7	Réponse A	**22**	Réponse C	**37**	Réponse B
8	Réponse A	**23**	Réponse D	**38**	Réponse C
9	Réponse D	**24**	Réponse A	**39**	Réponse D
10	Réponse A	**25**	Réponse C	**40**	Réponse C
11	Réponse D	**26**	Réponse A	**41**	Réponse D
12	Réponse B	**27**	Réponse D	**42**	Réponse A
13	Réponse D	**28**	Réponse A	**43**	Réponse C
14	Réponse C	**29**	Réponse A	**44**	Réponse B
15	Réponse D	**30**	Réponse B	**45**	Réponse C

Test blanc n° 6

Sous-test 1

Logique générale

❑ **Question 1.** 1 6 30 120 ?

A. 910
B. 480
C. 250
D. 360

❑ **Question 2.** J F M A ?

A. E
B. M
C. B
D. U

❑ **Question 3.** TIRER = 523 JAMBON = 624 ANANAS = ?

A. 633
B. 642
C. 422
D. 514

❑ **Question 4.**

30	36	4	18	2
10	7	23	16	?

A. 9
B. 15
C. 24
D. 37

❑ **Question 5.** 26 130 247 52 ?

A. 75
B. 65
C. 55
D. 45

❑ **Question 6.** 32(X) 61(N) 12(E) 19(F) 63(?)

A. S
B. P
C. L
D. G

❑ **Question 7.** Karine Jeanne Jackie Gary ?

A. Charly
B. Elie
C. Louis
D. Xavier

❑ **Question 8.** 844 615 972 101 ?

A. 415
B. 926
C. 853
D. 700

❑ **Question 9.** JE = O AB = C HH = P ML = ?

A. Y
B. A
C. Z
D. R

❑ **Question 10.** 1 9 4 6 7 ?

A. 3
B. 8
C. 5
D. 0

❑ **Question 11.** 5(E) 10(J) 15(O) 20(?)

A. T
B. E
C. K
D. I

❑ **Question 12.**

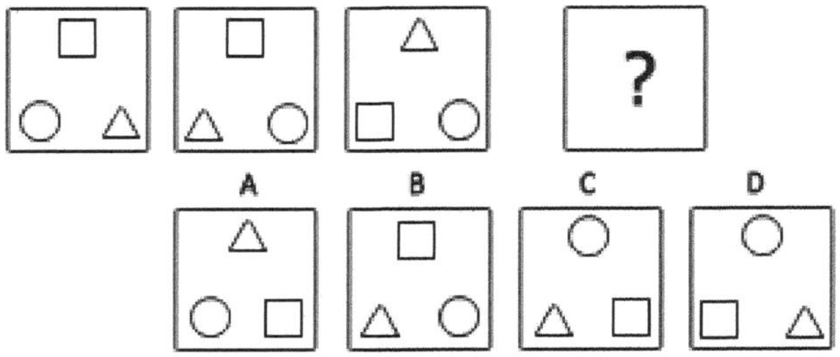

❑ **Question 13.**

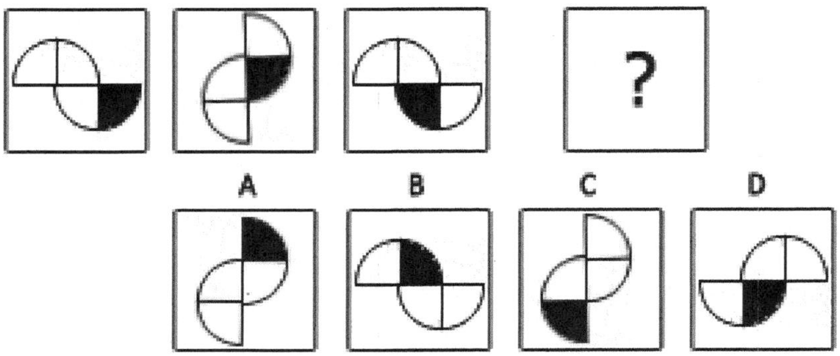

❑ **Question 14.** Aucun ingénieur n'est somnambule. Certains ingénieurs sont professeurs. Que peut-on en déduire ?

A. Une personne somnambule ne peut pas être professeur
B. Certains professeurs sont somnambules
C. Aucun ingénieur n'est pas professeur
D. Certains professeurs ne sont pas somnambules

❑ **Question 15.** Aline, Brigitte, et Camille, et Dina ont des manteaux aux couleurs différentes. On sait de plus que :

- Si Camille n'a pas de manteau vert, Dina n'a pas de manteau blanc
- Si Aline a un manteau rouge, Brigitte a un manteau noir
- Si Camille a un manteau vert, Brigitte n'a pas de manteau noir
- Dina a un manteau blanc

Que peut-on en déduire ?

A. Aline a un manteau vert
B. Camille n'a pas de manteau vert
C. Aline n'a pas de manteau rouge
D. Brigitte a un manteau noir

Sous-test 2
Logique numérique

❑ **Question 16.** Dans une papèterie, 4 stylos plumes et 2 stylos billes valent le même prix que 3 crayons et 2 feutres. De plus, deux crayons valent le même prix que 3 feutres et un stylo plume. Que valent 5 feutres et 1 crayon ?

A. 2 stylos billes
B. 1 stylo billes et 2 stylos plumes
C. 4 stylos plumes
D. 2 stylos billes et 3 stylos plumes

❑ **Question 17.** L'hypoténuse d'un triangle rectangle d'aire 6 cm^2 vaut 5 centimètres. Quelle est la taille du plus petit côté si c'est un entier ?

A. 1
B. 2
C. 3
D. 4

❑ **Question 18.** Un groupe de touristes est composé aux deux tiers par des filles. Les filles mesurent en moyenne 1 m 70, et la taille moyenne du groupe est de 1 m 75. Quelle est la taille moyenne des garçons de ce groupe ?

A. 1 m 82
B. 1 m 83
C. 1 m 84
D. 1 m 85

❑ **Question 19.** Quelle est la bonne écriture factorisée de $P(x) = 4x^2 + 2x - 6$?

A. $(4x - 2)(x + 3)$
B. $(x + 2)(4x - 3)$
C. $(2x + 2)(2x - 3)$
D. $(2x - 2)(2x + 3)$

❑ **Question 20.** Je lance deux fois un dé à 6 faces. Quelle est la probabilité que la somme de mes deux lancers fasse 6 ?

A. 1/6
B. 5/36
C. 1/36
D. 5/6

❑ **Question 21.** Camille décide de faire des travaux dans sa maison pour un montant de 135 000 €. Elle dispose de 10 000 € sur son compte et décide d'emprunter les quatre cinquièmes de la somme restante à sa banque en s'endettant sur 2 ans à un taux de 10 % annuel.
Si elle demande à son banquier de rembourser le même montant du capital à chaque échéance, quel montant d'intérêts aura-t-elle reversé au total ?

A. 10 000 €
B. 15 000 €
C. 15 500 €
D. 20 000 €

❑ **Question 22.** Léo organise un tournoi de poker qui accueille 216 participants. Les joueurs sont répartis par groupes de 6. Seul le gagnant d'une table de 6 atteint le tour suivant. Nous réitérons ainsi ce procédé jusqu'à ce qu'il ne reste plus qu'un seul gagnant. Sachant que nous avons besoin d'un paquet de cartes neuf pour chaque table de 6, combien de paquets de cartes va-t-on utiliser ?

A. 43
B. 36
C. 48
D. 40

❑ **Question 23.** Paul met 2 jours pour peindre entièrement un cube de 2 mètres de côté. Combien de temps mettrait-il pour en peindre un de 6 mètres de côté ?

A. 6 jours
B. 9 jours
C. 18 jours
D. 27 jours

❑ **Question 24.** On considère la coupe de la maison ci-dessous, constituée de deux carrés. L'aire du plus grand carré est égale à 9 m^2. Quel est le périmètre de la coupe de cette maison ?

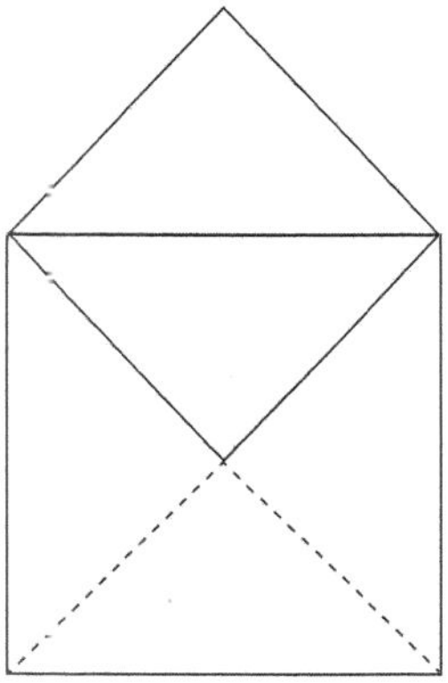

A. $9 + 3 \times \sqrt{2}$ m
B. $12 + 6 \times \sqrt{2}$ m
C. $2\sqrt{2}$ m
D. 16 m

❑ **Question 25.** Une roulette de casino contient 37 numéros (0 à 36). Quelle est la probabilité de tomber sur un nombre qui soit pair et multiple de sept ?
A. 2/37
B. 3/37
C. 6/37
D. 8/37

❑ **Question 26.** Igor quitte sa maison pour une promenade de deux heures. Il commence par un sentier plat, monte une côte puis retourne chez lui par le même chemin. Ses vitesses sont de 4 km/h sur le plat, 3 km/h en montée et 6 km/h en descente. Quelle distance totale a-t-il parcourue ?
A. 4 km
B. 6 km
C. 7 km
D. 8 km

❑ **Question 27.** La reproduction d'une statue dans toutes ses dimensions à l'aide des matériaux d'origine, à l'échelle 1/4, pèse 15 kg. Quel est le poids de l'œuvre originale ?
A. 960 kg
B. 680 kg
C. 240 kg
D. 120 kg

❑ **Question 28.** On dispose d'un dé cubique parfaitement équilibré dont trois faces sont peintes en rouge, deux en noir et une en bleu. On lance deux fois de suite le dé. Quelle est la probabilité que la face sur laquelle tombe le dé soit de la même couleur pour les deux lancers ?

A. 1/3

B. 13/36

C. 7/18

D. 5/12

❑ **Question 29.** Que vaut $(1 - x^4)/(1 - x^2)$?

A. x^2

B. $1 - x^2$

C. $1 + x^2$

D. $x^2 - 1$

❑ **Question 30.** Francis doit prendre un cachet toutes les 20 minutes. Il prend le premier à 12 h 25.

À quelle heure prendra-t-il le seizième ?

A. 17 h 25

B. 17 h 45

C. 18 h 25

D. 18 h 45

Sous-test 3

Logique verbale

❑ **Question 31.** Qu'est-ce qu'un « aréopage » ?

A. Un tribunal spécialisé dans les violences, dans la Grèce antique
B. Une assemblée de personnes très compétentes dans leur domaine
C. Un petit aéroport privé
D. Un valet chargé de s occuper du vin lors des banquets

❑ **Question 32.** Parmi les propositions suivantes, laquelle correspond à une forme du verbe « peindre » à l'imparfait du subjonctif ?

A. Qu'il peigne
B. Qu'il peindrait
C. Qu'il peignît
D. Qu'il peindra

❑ **Question 33.** Parmi les célèbres romans suivants, lequel n'a pas été écrit par Honoré de Balzac ?

A. *Le Père Goriot*
B. *Le Lys dans la vallée*
C. *La Peau de chagrin*
D. *La Chartreuse de Parme*

❑ **Question 34.** Parmi les propositions suivantes, quel est l'intrus ?

A. Marie/aimer
B. Rouler/ourler
C. Barre/arbre
D. Alice/calice

❑ **Question 35.** Parmi les propositions suivantes, laquelle est correcte ?

A. Tous participaient à la cérémonie, mêmes les stagiaires
B. Madame, je ne le dirai qu'à vous-mêmes, soyez-en sûre
C. Ils portent tous les même uniformes dans ce collège
D. Il mentait sans cesse, même ses conseils étaient mauvais

❑ **Question 36.** Parmi les écrivains suivants, lequel est l'auteur de la pièce de théâtre *Antigone* ?

A. Jean Anouilh
B. Molière
C. Voltaire
D. Guy de Maupassant

❑ **Question 37.** Qu'est-ce que « l'euphonie » ?

A. La perte de la parole
B. La perte de l'ouïe
C. Le fait de parler plusieurs langues étrangères
D. Une combinaison de sons agréables et harmonieux

❑ **Question 38.** Parmi les propositions suivantes, laquelle est correcte ?

A. Cet homme politique est connu pour sa rétorique
B. Cet homme politique est connu pour sa réthorique
C. Cet homme politique est connu pour sa rétaurique
D. Cet homme politique est connu pour sa rhétorique

❑ **Question 39.** Parmi les propositions suivantes, laquelle est correcte ?

A. Voici quelques images qui m'ont frappé, au gré de mes périgrinations.
B. Voici quelques images qui m'ont frappé, au gré de mes pérégrinations.
C. Voici quelques images qui m'ont frappé, au gré de mes perrégrinations.
D. Voici quelques images qui m'ont frappé, au gré de mes pirégrinations.

❑ **Question 40.** Parmi les romans suivants, lequel n'est pas autobiographique ?

A. *Les Confessions* de Jean-Jacques Rousseau
B. *Les mots* de Jean-Paul Sartre
C. *La Peste* d'Albert Camus
D. *Enfance* de Nathalie Sarraute

❑ **Question 41.** Parmi les propositions suivantes, laquelle n'existe pas ?

A. Gérondif futur
B. Subjonctif imparfait
C. Futur antérieur
D. Impératif passé

❑ **Question 42.** Choisissez la reformulation dont le sens se rapproche le plus de la citation suivante : « *Renvoyer aux Calendes Grecques* ».

A. Remettre un projet à un temps qui ne viendra jamais.
B. Repousser quelqu'un de façon violente.
C. Rappeler à quelqu'un ses origines.
D. Suggérer quelque chose avec retenue.

❑ **Question 43.** Dans Candide, comment se nomme le village caché et inaccessible d'une ancienne tribu Inca ?

A. L'Elcapitola
B. L'Elstatuo
C. L'Eldorado
D. La cité perdue

❑ **Question 44.** Qu'est-ce que le « *népotisme* » ?

A. Tendance à accorder des avantages aux membres de sa famille, indépendamment de leur valeur.
B. Pouvoir solitaire et sans contrôle, absolu et arbitraire d'un humain.
C. Qualité de ce qui évoque les descriptions romanesques par son charme pittoresque.
D. Désir de possession exclusive d'un objet.

❑ **Question 45.** Parmi les propositions suivantes, laquelle est correcte ?

A. En cas de problèmes pécuniers, je te conseille de lui demander une avance sur salaire.
B. La maintenance des écrans est inclue dans l'offre de Bouygues Telecom.
C. S'il accepte cette promotion, il aura d'avantage de responsabilités.
D. On nous a servi une espèce de cocktail fruité.

Test blanc n° 6

Sous-test 1
Logique générale

- **Question 1. Réponse D**
  Cette série est une « suite géométrique évolutive ». On passe d'un terme au suivant en multipliant par 6, puis par 5, puis par 4 et donc par 3 ($360 = 120 \times 3$).

- **Question 2. Réponse B**
  Le raisonnement suit l'ordre chronologique des mois de l'année.
  « Janvier – Février – Mars – Avril – Mai (on écrit que la première lettre) »

- **Question 3. Réponse A**
  Le raisonnement est le suivant : le mot « TIRER » est composé de 5 lettres, 2 voyelles et 3 consonnes, soit TIRER = 523. De même, « JAMBON » est composé de 6 lettres, 2 voyelles et 4 consonnes, soit JAMBON = 624. Nécessairement, « ANANAS » étant composé de 6 lettres, 3 voyelles et 3 consonnes, on aura ANANAS = 633.

- **Question 4. Réponse C**
  Après avoir « étudié » le tableau, on remarque que pour chaque colonne, on a la formule suivante : case du bas $\times$ 2 + case du haut = 50.

  Pour donner un exemple, prenons la première colonne du tableau (en partant de la gauche). La case du bas est égale à 10, celle du haut à 30. Nous avons alors $10 \times 2 + 30 = 50$.
  La valeur de la case à trouver doit être telle que : $? \times 2 + 2 = 50 \Leftrightarrow X = 24$.

- **Question 5. Réponse B**
  Quel est le point entre ces quatre nombres ?
  - $26 = 13 \times 2$
  - $130 = 13 \times 10$
  - $247 = 13 \times 19$
  - $52 = 13 \times 4$

  Vous l'avez compris, tous les nombres de la série sont des multiples de 13. On choisira donc la proposition B, le nombre 65 étant le seul respectant cette condition.

- **Question 6. Réponse A**
  Logique réellement complexe : on place dans la parenthèse la dernière lettre de chaque nombre. Par exemple, pour trente-deux (32), on place un X dans la parenthèse. Pour soixante-trois (63), on placera nécessairement un S.

- **Question 7. Réponse D**

  La logique à trouver était la suivante : tous les prénoms de la série ont autant de voyelles que de consonnes. Par exemple, le prénom « Karine » est composé de trois consonnes et de trois voyelles. Parmi les propositions données, seul Xavier répond à ce critère : il est également composé de trois consonnes et trois voyelles.

- **Question 8. Réponse C**

  Pour chaque occurrence de la série, la somme des deux derniers chiffres est égale au premier chiffre. Par exemple, 8 = 4 + 4 dans la première occurrence. La seule proposition qui convient est alors 853, car 8 = 5 + 3.

- **Question 9. Réponse A**

  Grand classique du concours SESAME ces dernières années. On fait la somme des rangs des lettres et on obtient le rang de la troisième lettre. Par exemple, dans la première occurrence, J étant la 10e lettre de l'alphabet et E la 5e, on obtient JE = O car O est la 15e lettre de l'alphabet et 10 + 5 = 15. En conclusion, on a donc ML = Y car 13 + 12 = 25.

- **Question 10. Réponse A**

  Pour répondre à cette question, il fallait remarquer que nous sommes face à une série alternative. Autrement dit, la logique ne porte pas sur l'ensemble des occurrences mais sur une partie d'entre elles.

  Dans la série, les rangs impairs sont déterminés par une logique et les rangs pairs, par une autre.

  1 9 4 6 7 ?

  On voit ici que les rangs impairs forment une suite arithmétique de raison 3 (1 + 3 = 4 ; 4 + 3 = 7) et les rangs pairs forment une suite arithmétique de raison –3 (9 – 3 = 6 ; 6 – 3 = 3).

- **Question 11. Réponse A**

  Le raisonnement est trivial ici : « E » est la 5e lettre de l'alphabet, « J » la 10e, « O » la 15e et « T » est la 20e lettre.

- **Question 12. Réponse D**

  Entre chaque cadre, deux éléments s'inversent.

  Entre le premier et le deuxième cadre, les deux éléments du bas s'inversent.

  Entre le deuxième et le troisième cadre, l'élément du haut s'inverse avec l'élément en bas à gauche.

  Il nous reste donc à inverser l'élément du haut avec l'élément qui se trouve en bas à droite, soit à inverser le triangle avec le rond.

■ **Question 13. Réponse A**

Nous avons ici une double rotation. D'un côté la figure effectue un quart de tour entre chaque cadre dans le sens inverse des aiguilles d'une montre, mais en plus la partie noircie se déplace le long de la figure. Je vous conseille de faire la chose suivante pour y voir plus clair : dessiner une petite croix sur une des extrémités de la figure dans le cadre 1, et dans les cadres suivants en respectant la rotation de la figure, vous comprendrez ensuite que la zone noircie se déplace d'un cran entre chacun des cadres.

■ **Question 14. Réponse D**

Utilisons l'axiome de base du raisonnement logique : **A ⇒ B ⇔ non B ⇒ non A**

Nous obtenons : ingénieur ⇒ pas somnambule ⇔ somnambule ⇒ pas ingénieur

Comme il existe des ingénieurs professeurs, on déduit que certains professeurs ne sont pas somnambules (Réponse D).

■ **Question 15. Réponse C**

Il faut ici traiter de nombreuses informations. La meilleure méthode pour y arriver est de noter les relations d'implication et instantanément en déduire les implications équivalentes en utilisant l'axiome de base du raisonnement logique : **A ⇒ B ⇔ non B ⇒ non A**

On obtient ainsi :

- Camille pas vert ⇒ Dina pas blanc ⇔ Dina, manteau blanc ⇒ Camille, manteau vert
- Aline rouge ⇒ Brigitte noir⇔ Brigitte pas noir ⇒ Aline pas rouge
- Camille vert ⇒ Brigitte pas noir ⇔ Brigitte noir ⇒ Camille pas vert

Or Dina a un manteau blanc donc Camille a un manteau vert, donc Brigitte n'a pas de manteau noir. Le manteau de Brigitte est ainsi rouge. Enfin, celui d'Aline est par conséquent noir. Aline n'a donc pas de manteau rouge (Réponse C)

Soyez conseillé(e) par Dorone Parienti !
Soyez conseillé(e) dans votre préparation
aux concours en réservant un RDV individuel gratuit
(présentiel ou téléphonique) avec nous sur :
www.lagrandeprepa.com / 07.56.99.09.09

Sous-test 2
Logique numérique

- **Question 16. Réponse D**

Soit **P**, **B**, **C** et **F** les prix respectifs d'un stylo plume, d'un stylo bille, d'un crayon et d'un feutre.

On sait de l'énoncé que :
→ 4P + 2B = 3C + 2F
→ 2C = 3F + P

En additionnant les deux égalités, on obtient :

4P + 2B + 2C = 3C + 2F + 3F + P
Donc : 4P – P + 2B = 3C – 2C + 2F + 3F

Finalement : **3P** + **2B** = **C** + **5F.**

- **Question 17. Réponse C**

Si a, b, et c sont les trois côtés du triangle avec c l'hypoténuse.

On sait que :

$a^2 + b^2 = 25$ (Pythagore) **et** $\frac{(a \times b)}{2} = 6$

On cherche donc les valeurs a et b tels que :

$a^2 + b^2 = 25$
$a \times b = 12$

Sachant que *a* et *b* sont des entiers, la seule solution est 3 et 4. Les couples (1,12) ; (2,6) ne vérifient pas la première équation.

Le plus petit côté fait donc **3 cm.**

- **Question 18. Réponse D**

On utilise la formule de la moyenne pondérée : soit **F** la taille moyenne des filles, **G** la taille moyenne des garçons et **T** la taille moyenne du groupe, on écrit :

$$T = \frac{2}{3}F + \frac{1}{3}G$$

Soit :

$$1{,}75 = \frac{2}{3} \times 1{,}70 + \frac{1}{3}G \Leftrightarrow G = 3 \times \left(1{,}75 - \frac{2}{3} \times 1{,}70\right) = 5{,}25 - 3{,}40 = 1{,}85$$

- **Question 19. Réponse D**

Avant d'entrer des calculs compliqués, nous pouvons remarquer que 1 est une racine du polynôme P. En effet, $P(1) = 4 \times 1^2 + 2 \times 1 - 6 = 0$.

La bonne écriture du polynôme est donc la proposition D (avec comme racine, 1).

- **Question 20. Réponse B**

Il faut d'abord comprendre qu'en lançant deux dés, je peux avoir 36 couples de résultats différents, allant de (1 ; 1) à (6 ; 6).

Mais combien y a-t-il de couples dont la somme fait 6 ?

Il y en a 5 :
(1 ; 5) ; (2 ; 4) ; (3 ; 3) ; (4 ; 2) ; (5 ; 1).

J'ai donc 5 chances sur 36 que la somme de mes lancers fasse 6.

- **Question 21. Réponse C**

Les travaux coûtent 135 000 €. Camille a déjà 10 000 €, il faut donc qu'elle rembourse 125 000 €.
Elle décide d'emprunter les 4 cinquièmes de cette somme, soit 100 000 €.
Si elle rembourse la moitié du capital à chaque échéance, elle remboursera donc 50 000 € de capital à la 1re échéance, et les 50 000 € restants à la seconde échéance.

Elle a donc emprunté 50 000 € pour 1 an, et 50 000 € sur 2 ans…

Sur les premiers 50 000 €, elle devra donc payer : **10 %** d'intérêts, soit **5 000 €.**
Sur les 5 000 € restant, elle devra payer **21 %** d'intérêts, soit 50 000 € × 21 % = **10 500 €.**

Explication : Pourquoi 21 % d'intérêt sur deux ans ?
Quand on emprunte X€ à 10 % annuel, on doit rembourser l'année suivante (1 + 10 %) × X, soit 1,1X.
Quand on emprunte X€ sur 2 ans à un taux annuel de 10 %, on doit rembourser :
(1 + 10 %) × 1,1X, soit 1,21X, ce qui représente donc 21 % d'intérêts (car 1,21 = 1 + 21 %).

Au total, elle aura donc payé **15 500 €** d'intérêts.

- **Question 22. Réponse A**

Lors du 1er tour, 216 participants se répartissent en tables de 6 : il y donc 36 tables, soit 36 paquets de cartes nécessaires pour le premier tour.
À chaque tour, le nombre de participants va être divisé par 6. Lors du 2e tour, il y aura 36 participants donc 6 tables.
Lors du 3e tour, il ne restera plus que 6 participants donc 1 table.

43 paquets de cartes vont donc être utilisés pendant ce tournoi.

■ **Question 23. Réponse C**

Un cube de 2 mètres de côté est composé de 6 faces de $2^2 = \mathbf{4\ m^2}$ chacune. Paul a donc peint 24 m^2 en 2 jours. Il peint donc **12 m^2 par jour**.

Un cube de 6 mètres de côté contient 6 faces de 36 m^2 chacune, soit un total de **216 m^2**.

Il lui faudrait donc : $\frac{216}{12} = 18$ **jours** pour peindre les six faces de ce cube.

■ **Question 24. Réponse A**

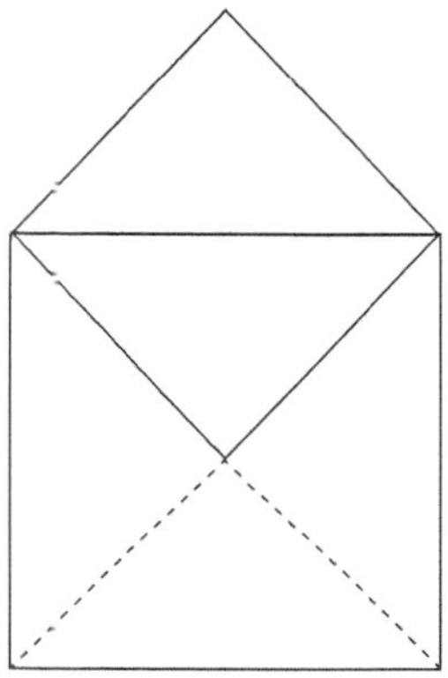

Tracez les diagonales du grand carré pour que cela soit plus facile.

Le périmètre de la maison est composé de 3 côtés du grand carré que l'on notera **C** et de deux côtés du petit carré que l'on notera **c**.
L'aire du plus grand carré étant de 9 m^2, on déduit aisément que **C = 3 m.**

De plus le côté d'un petit carré, c, correspond à une demi-diagonale du grand carré.

Nous savons qu'une diagonale d'un carré de côté C vaut $\sqrt{2} \times C$. (Utilisez le théorème de Pythagore pour retrouver ce résultat si vous avez des doutes).

Donc :

$$c = \frac{1}{2} \times \sqrt{2} \times C = \frac{1}{2} \times \sqrt{2} \times 3 = \frac{3}{2} \times \sqrt{2}$$

Le périmètre de la maison vaut donc : $3 \times 3 + 2 \times \frac{3}{2} \times \sqrt{2} = 9 + 3 \times \sqrt{2}$

■ **Question 25. Réponse B**

Pour répondre à cette question, listons tous les nombres multiples de sept, compris entre 0 et 37. Nous avons : 0, 7, 14, 21, 28 et 35. Parmi eux, les nombres pairs sont 0, 14 et 28. On compte donc trois nombres sur trente-sept (3/37) qui sont à la fois pairs et multiples de sept.

■ **Question 26. Réponse D**

Définissons par x le temps total en heure passé sur le plat (aller + retour), y le temps passé en descente et z le temps passé en montée. La distance parcourue en montée étant la même que

celle parcourue en descente, on a alors (en utilisant la formule ($d = v \times t$) l'équation suivante : $z \times 3 = y \times 6$, soit $z = 2y$. On sait que la durée de la promenade est de 2 heures, soit $x + y + z = 2$ $\Leftrightarrow x + 3y = 2$.
La distance totale parcourue par le marcheur étant égale à $4x + 6y + 3z$ (d'après la formule traditionnelle de la vitesse) on a : $4x + 6y + 3z = 4x + 12y = 4(x + 3y) = 8$.

- **Question 27. Réponse A**

La statue est par définition un ouvrage en trois dimensions. Pour calculer sa surface, on doit tenir compte de sa longueur, de sa largeur et de sa hauteur (ou épaisseur).
Si l'on a divisé par 4 la longueur, la largeur et la hauteur de cette statue, on a divisé par 64 son volume total ($4 \times 4 \times 4$) et donc son poids. En conclusion, si le poids de la reproduction est de 15 kg, le poids de l'œuvre originale est de 960 kg ($15 \times 64 = 960$ kg).

- **Question 28. Réponse C**

À chaque lancer, la probabilité d'obtenir une face bleue est égale à 1/6.
Puisque les lancers sont effectués de manière indépendante, la probabilité d'obtenir deux faces bleues est égale à $1/6 \times 1/6 = 1/36$.

En suivant la même logique, la probabilité de tomber sur deux faces noires est égale à 1/9, celle de tomber sur deux faces rouges est égal à 1/4.

La probabilité que la face sur laquelle tombe le dé soit de la même couleur pour les deux lancers est égale à $1/9 + 1/36 + 1/4 = 14/36 = 7/18$.

- **Question 29. Réponse C**

Pour répondre à ce type de questions, pensez aux identités remarquables !

On sait par définition que $a^2 - b^2 = (a - b)(a + b)$.
Dans notre exercice : $(1 - x^4) = (1 - x^2)(1 + x^2)$

On a alors : $(1 - x^4)/(1 - x^2) = (1 - x^2)(1 + x^2)/(1 - x^2) = 1 + x^2$.

- **Question 30. Réponse A**

Chaque prise de cachet étant espacée de 20 minutes, le premier cachet est pris à 12 h 25, le 2e sera pris 12 h 45, le 3e à 13 h 05, le 4e à 13 h 25, et ainsi de suite.
En se basant sur ce début de série, on comprend qu'il y aura 15 fois 20 minutes, soit 5 heures de différence entre la prise du 1er et du 16e cachet.

Soyez conseillé(e) par Dorone Parienti !
Soyez conseillé(e) dans votre préparation
aux concours en réservant un RDV individuel gratuit
(présentiel ou téléphonique) avec nous sur :
www.lagrandeprepa.com / 07.56.99.09.09

Sous-test 3
Logique verbale

- **Question 31. Réponse B**
  À l'origine, le terme « aréopage » désigné une colline consacrée au dieu Arès, à Athènes et choisie comme lieu de réunion. Par extension, un « aréopage » désigne aujourd'hui une assemblée, une réunion de gens compétents dans un domaine précis.

- **Question 32. Réponse C**
  La conjugaison du verbe « peindre » à la troisième personne du singulier à l'imparfait est : *qu'il peignît*. On retiendra donc la proposition C.

- **Question 33. Réponse D**
  La Chartreuse de Parme est un roman publié par Stendhal. Cette œuvre majeure, qui lui valut la célébrité, fut publiée en deux volumes en 1839 puis refondue en 1841, peu avant la mort de Stendhal.

- **Question 34. Réponse D**
  Dans tous les couples de mots donnés, le deuxième mot est l'anagramme du premier. Le seul couple de mots faisant exception à cette règle est le couple D. Rappelons qu'une anagramme est un mot formé en changeant de place les lettres d'un autre mot.

- **Question 35. Réponse D**
  En grammaire française, « même » s'accorde ou est invariable selon son emploi.
  1. En tant qu'adjectif, « même » signifie « semblable, identique » et s'accorde avec le nom auquel il se rapporte. La proposition C n'est donc pas correcte.
  2. Avec les pronoms composés (moi-même, nous-mêmes...), il a une valeur de renforcement et se met au pluriel quand le pronom est au pluriel, avec une exception : quand « même » est employé avec un *vous* de politesse, il reste singulier. La proposition B n'est donc pas correcte.
  3. En tant qu'adverbe qui sert à marquer un renchérissement, « même » est invariable. On élimine la proposition A.

- **Question 36. Réponse A**
  Antigone est une pièce en un acte de Jean Anouilh représentée pour la première fois au théâtre de l'Atelier à Paris le 4 février 1944, durant l'Occupation allemande dans une mise en scène des décors et des costumes d'André Barsacq.

- **Question 37. Réponse D**

  Dans les domaines de la linguistique et de la phonétique, l'euphonie est une combinaison de sons agréables à entendre ou aisés à prononcer – parfois invoquée pour expliquer certains changements phonétiques dus à l'influence de phonèmes voisins.

- **Question 38. Réponse D**

  La « rhétorique », du latin *rhetorica* désigne au sens propre l'art de bien parler. Le terme est correctement orthographié dans la proposition D.

- **Question 39. Réponse B**

  Le terme « pérégrination » est synonyme de voyages, déplacements en divers endroits suivant un itinéraire compliqué. Il est correctement orthographié dans la proposition B.

- **Question 40. Réponse C**

  Parmi les romans cités, seul *La Peste* d'Albert Camus n'est pas une autobiographie. L'histoire se déroule dans les années 1940 et a pour théâtre Oran durant la période de l'Algérie française. Le roman raconte sous forme de chronique la vie quotidienne des habitants pendant une épidémie de peste qui frappe la ville et la coupe du monde extérieur. Le sujet reste largement fictionnel. Les archives des hôpitaux, des mairies, de la préfecture d'Oran ne font en effet aucune mention d'une quelconque peste survenue au XXe siècle.

- **Question 41. Réponse A**

  Parmi les propositions données, la forme conjuguée « gérondif futur » n'existe pas.
  La bonne réponse est donc la proposition A.

- **Question 42. Réponse A**

  Chez les Romains, le paiement de l'argent prêté était fixé au commencement de chaque mois dont les premiers jours s'appelaient les *Calendes*. Alors les usuriers exigeaient le remboursement de l'argent qu'ils avaient prêté à un gros intérêt et c'est de là que le livre où ils enregistraient les noms de leurs débiteurs s'appelait *Calendrier*.

  Il est nécessaire de dire, pour bien comprendre ce proverbe, que les Grecs n'avaient pas de *Calendes*. C'est pour ce motif qu'on employait à Rome ces mots : *Renvoyer aux Calendes grecques*, pour indiquer que l'on renvoyait quelqu'un à une date qui n'existait pas et qu'ainsi on refusait de remplir son engagement en ne payant pas.

  Cette expression est aujourd'hui employée pour indiquer que l'on remet un projet, un travail à un temps qui ne viendra jamais. La bonne réponse est donc la réponse A.

- **Question 43. Réponse C**

  L'Eldorado est une contrée mythique d'Amérique du Sud supposée regorger d'or. Par extension, dans son conte philosophique Candide (1759), Voltaire utilise cette contrée comme décor aux chapitres XVII et XVIII. Ce passage, à travers cet univers utopique, lui permet d'exposer les idéaux des philosophes des Lumières.

- **Question 44. Réponse A**

Le népotisme est la tendance de certains supérieurs ecclésiastiques, évêques et papes, et par extension de certains dirigeants d'autres institutions, à favoriser l'ascension des membres de leurs familles dans la hiérarchie qu ils dirigent, au détriment des processus de sélection ordinaires.

La proposition A fait donc figure de bonne réponse.

- **Question 45. Réponse D**

Cette question ne porte pas sur un point d'orthographe ou de grammaire précis mais sur des fautes qui reviennent de façon récurrente. Ici, seule la proposition D est bien orthographiée… au grand dam de ceux qui oublient que le terme « *espèce* » étant un nom féminin, il faut écrire « *une espèce* ».

La proposition A est incorrecte car, contrairement à ce que votre imagination aime à croire, l'adjectif « *pécunier* », « *pécunière* » n'existe pas. On écrit « *pécuniaire* » au masculin comme au féminin et on dira donc ici : « *en cas de problèmes pécuniaires* ».

La proposition B commet un barbarisme courant en écrivant « *inclue* » au lieu d'« *incluse* ». Il faut comprendre qu'à la différence de celui de « *exclure* », le participe passé du verbe « *inclure* » se termine, au masculin, par un *-s*.

Enfin, la proposition C tombe dans la confusion classique entre « *d'avantage* » et « *davantage* ». Astuce pour vous sortir de cet existentiel dilemme : remplacez la forme qui pose problème par « *plus [de]* ». Si la phrase reste correcte, comme dans notre cas, écrivez « *davantage [de]* ».

Soyez conseillé(e) par Dorone Parienti !
Soyez conseillé(e) dans votre préparation aux concours en réservant un RDV individuel gratuit (présentiel ou téléphonique) avec nous sur :
www.lagrandeprepa.com / 07.56.99.09.09

Grille de réponses

Logique Générale		Logique Numérique		Logique Verbale	
1	Réponse D	**16**	Réponse D	**31**	Réponse B
2	Réponse B	**17**	Réponse C	**32**	Réponse C
3	Réponse A	**18**	Réponse D	**33**	Réponse D
4	Réponse C	**19**	Réponse D	**34**	Réponse D
5	Réponse B	**20**	Réponse B	**35**	Réponse D
6	Réponse A	**21**	Réponse C	**36**	Réponse A
7	Réponse D	**22**	Réponse A	**37**	Réponse D
8	Réponse C	**23**	Réponse C	**38**	Réponse D
9	Réponse A	**24**	Réponse A	**39**	Réponse B
10	Réponse A	**25**	Réponse B	**40**	Réponse C
11	Réponse A	**26**	Réponse D	**41**	Réponse A
12	Réponse D	**27**	Réponse A	**42**	Réponse A
13	Réponse A	**28**	Réponse C	**43**	Réponse C
14	Réponse D	**29**	Réponse C	**44**	Réponse A
15	Réponse C	**30**	Réponse A	**45**	Réponse D

Test blanc n° 7

Sous-test 1
Logique générale

❑ **Question 1.** 2 3 10 26 72 ?

A. 144
B. 170
C. 196
D. 225

❑ **Question 2.** BAE 215 CIC 393 BDG ?

A. 186
B. 247
C. 391
D. 605

❑ **Question 3.** 19 T 1 B 12 M 6 ?

A. G
B. P
C. F
D. U

❑ **Question 4.**

177	92	59	38	45
255	163	104	66	?

A. 21
B. 34
C. 57
D. 83

❑ **Question 5.** LUNDI 3 SAMEDI 6 DIMANCHE 1 VENDREDI 7 JEUDI ?

A. 5
B. 2
C. 8
D. 4

- **Question 6.** 1 4 16 64 ?
  - A. 604
  - B. 709
  - C. 256
  - D. 318

- **Question 7.** 164 816 725 381 ?
  - A. 936
  - B. 205
  - C. 740
  - D. 118

- **Question 8.** 23 D 14 M 2 Y 26 ?
  - A. C
  - B. E
  - C. Q
  - D. A

- **Question 9.** 630 105 945 210 ?
  - A. 310
  - B. 520
  - C. 825
  - D. 735

- **Question 10.** NJ PL FB QM ?
  - A. AZ
  - B. UK
  - C. TG
  - D. HD

❑ **Question 11.**

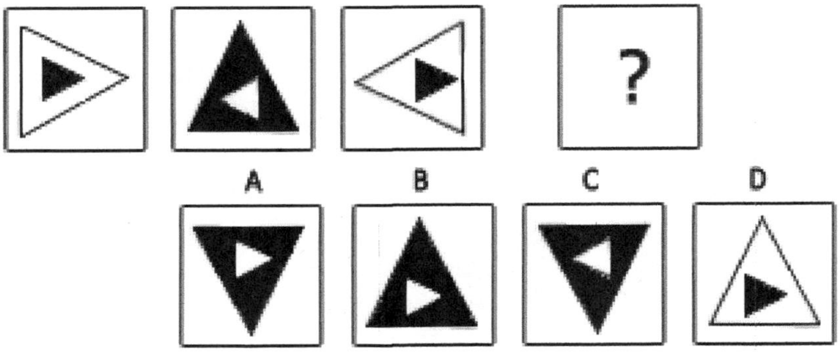

❑ **Question 12.**

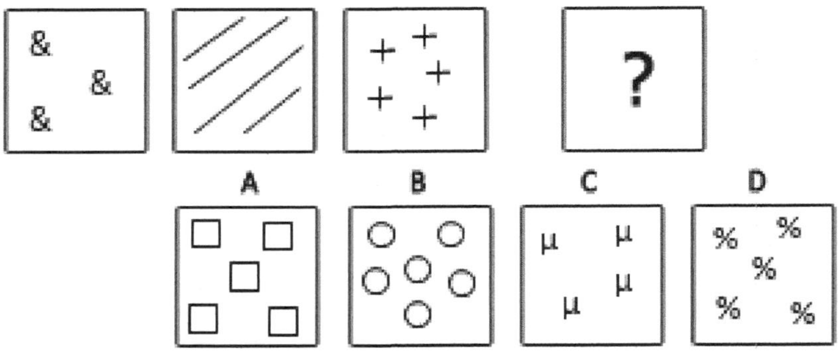

❑ **Question 13.**

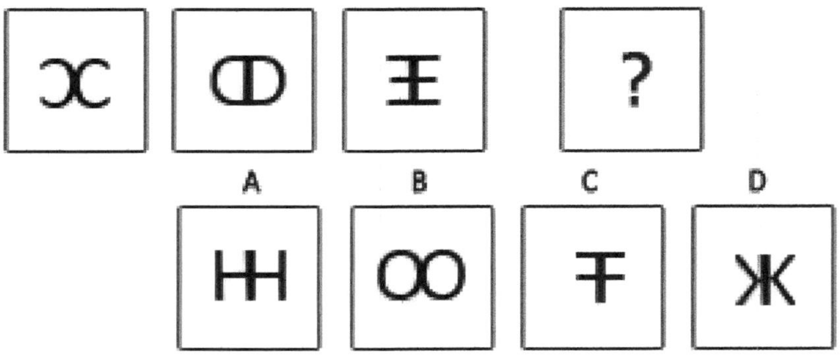

❑ **Question 14.** S'il pleut, le sol est mouillé. De plus je glisse à chaque fois que le sol est mouillé. Que peut-on en déduire ?

A. Si j'ai glissé avant hier, c'est bien parce qu'il a plu
B. Quand il ne pleut pas je ne glisse pas
C. Si je n'ai pas glissé hier c'est qu'il n'a pas plu
D. Quand le sol est mouillé c'est qu'il a plu

❑ **Question 15.** Jules a devant lui des fourchettes et des couteaux. Il affirme : « Parmi ces 10 couverts de table, il n'y a qu'une fourchette et elle est en argent ».
Parmi les propositions ci-dessous, laquelle est vraie ?

A. Si un couvert est en argent, alors c'est une fourchette
B. Il est possible qu'un couteau soit en argent
C. Si un couvert est un couteau, il n'est pas en argent
D. Il existe une fourchette qui n'est pas en argent

Sous-test 2

Logique numérique

❑ **Question 16.** Une salle de classe comprend 60 étudiants. 37 parlent anglais et 20 parlent espagnol. Sachant que 7 personnes ne parlent aucune des deux langues, combien d'étudiants parlent espagnol et ne parlent pas anglais ?

A. 7
B. 16
C. 23
D. 33

❑ **Question 17.** Un ordinateur coûte 800 euros. Le prix baisse jusqu'à 480 euros en période de solde.

Quel est le pourcentage de remise ?

A. 28 %
B. 32 %
C. 36 %
D. 40 %

❑ **Question 18.** Jean met trente-six minutes pour effectuer le cinquième du trajet séparant son domicile de son université. Combien de temps mettrait-il pour en parcourir le tiers ?

A. 2 minutes
B. 51 minutes et 45 secondes
C. 1 heure
D. 1 heure 20 minutes et 12 secondes

❑ **Question 19.** Lucas a oublié le code de son cadenas à 5 chiffres, mais il sait qu'il est constitué des chiffres suivants : 5-4-9-2-6. Combien de codes au maximum Lucas va-t-il essayer pour trouver le bon code ?

A. 5
B. 25
C. 120
D. 625

❑ **Question 20**. Madame Berthier a mis au monde à N enfants, qui eux-mêmes ont donné vie à N enfants. De même les petits enfants de madame Berthier ont N enfants chacun, tous âgés de moins de 5 ans. Sachant que madame Berthier a 39 descendants, combien a-t-elle d'enfants?

A. 2
B. 5
C. 4
D. 3

❑ **Question 21**. Dans le tableur SUDOXEL ci-dessous, quel résultat donnera la commande suivante:

SI ((A1 + A2) < (A3 – C2); B2 – C3; B1 + C1– B3)?

Pour précision la syntaxe de la commande est: SI (condition; valeur si vrai; valeur si faux).

	A	B	C
1	2	5	8
2	3	6	4
3	9	7	1

A. 6
B. 5
C. 4
D. 3

❑ **Question 22**. La galerie «Flakenti» organise une vente de tableaux. Le prix moyen des tableaux en vente est de 7 millions d'euros. À midi, deux tableaux ont été vendus, le premier pour 11 millions d'euros et le second pour 15 millions d'euros, ramenant le prix moyen des tableaux restants à 6 millions d'euros. Combien de tableaux sont encore en vente dans la galerie?

A. Quatre
B. Six
C. Dix
D. Douze

❑ **Question 23**. Exprimez 220% en fraction

A. 22
B. 44/5
C. 22/10
D. 11/5

❑ **Question 24.** On écrit sur une feuille tous les nombres de –45 à 50. Combien y a-t-il de nombres à la fois divisibles par 3 et multiples de 2 ?

A. 16

B. 31

C. 17

D. 15

❑ **Question 25.** Quelle est l'aire d'un triangle rectangle dont le périmètre est égal à 24 cm et dont la somme des carrés des côtés est égale à 200 cm^2.

A. 24 cm^2

B. 36 cm^2

C. 45 cm^2

D. 16 cm^2

❑ **Question 26.** Soient a et b deux nombres tels que $a - b = 19$ et $ab = 54$.
Quelle est la valeur de $a^2 + b^2$?

A. 231

B. 516

C. 469

D. 106

❑ **Question 27.** Un bateau quitte son embarcadère pour descendre un fleuve. Le bateau a parcouru six kilomètres en 2 minutes et 30 secondes lorsque le pilote fait tomber ses lunettes à l'eau. Il décide de faire demi-tour et met 25 minutes pour remonter le fleuve en gardant le bateau à la même vitesse. Quelle est la vitesse du courant ?

A. 4 m/s

B. 18 m/s

C. 16 m/s

D. 36 m/s

❑ **Question 28.** Hector a choisi un nombre à trois chiffres et un nombre à deux chiffres. Quelle est la somme de ces nombres sachant que leur différence est égale à 989 ?

A. 1000

B. 1001

C. 1009

D. 1010

- **Question 29**. La somme des âges de Murielle, Fanny et Shana est égale à 61 ans. Il y a 4 ans, l'âge de Murielle était égal au double de l'âge de Fanny, tandis que l'âge de Shana était égal au quart de l'âge de Murielle. Quel est l'âge actuel de la fille la plus âgée ?

  A. 20 ans
  B. 24 ans
  C. 32 ans
  D. 34 ans

- **Question 30**. Dans la jungle, 5 lionnes attrapent 5 gazelles en 5 minutes. Combien de lionnes faut-il pour attraper 50 gazelles en 50 minutes ?

  A. 1
  B. 5
  C. 10
  D. 50

Sous-test 3
Logique verbale

❑ **Question 31.** Parmi les propositions suivantes, laquelle est correctement orthographiée ?

A. Il regardait l'haricot vert et s'interrogeait sur sa longueur
B. L'huis clos permet de préserver l'intimité des accusés
C. J'aime l'hautbois, il dégage un son merveilleux
D. Attrape l'hélicon et joue nous un morceau

❑ **Question 32.** Quel est le nom de jeune fille de la princesse de Clèves ?

A. Mlle de Stuart
B. Mlle de Chartes
C. Mlle de Nemours
D. Mlle de Médicis

❑ **Question 33.** Chassez l'intrus

A. Fournir
B. Mugir
C. Refroidir
D. Ouvrir

❑ **Question 34.** Complétez l'extrait suivant : « *Lors d'un long voyage au cours duquel il n'avait pas donné de nouvelles, il avait dépensé tout ce que ses proches lui avaient donné. Pourtant, de retour chez lui, il fut étonnamment (...)* ».

A. reçu partialement
B. accueilli à bras ouverts
C. traité comme il se doit
D. chassé comme un voleur

❑ **Question 35.** Parmi les propositions suivantes, laquelle est incorrecte ?

A. Vous veillerez sur lui, qu'il ne courre pas trop vite
B. Je regrette que ces paroles t'aient offensé
C. Je partirai avec toi, que tu le veuilles ou non
D. Que le pain coupé remplisse les corbeilles

❑ **Question 36.** Qui a écrit *Les Précieuses ridicules*?
A. Racine
B. Tardieu
C. Corneille
D. Molière

❑ **Question 37.** Parmi les propositions suivantes, laquelle correspond au contraire du mot « mature » ?
A. Imature
B. Inmature
C. Immature
D. Amature

❑ **Question 38.** Lequel de ces termes signifie : « mettre à mort une personne sur dix » ?
A. Décimer
B. Anéantir
C. Détruire
D. Annihiler

❑ **Question 39.** Quel philosophe grec étaye, dans sa *Lettre à Ménécée*, sa philosophie du bonheur?
A. Platon
B. Socrate
C. Démosthène
D. Épicure

❑ **Question 40.** Parmi les propositions suivantes, laquelle est correcte?
A. Je vous saurais gré de ne pas prendre part à la conversation.
B. Il Je vous serais gré de ne pas prendre part à la conversation.
C. Je vous serai gré de ne pas prendre part à la conversation.
D. Je vous serait gré de ne pas prendre part à la conversation.

❑ **Question 41.** Qu'est-ce qu'une « kyrielle » ?
A. Suite interminable de paroles ou de mots.
B. Admiration sans discernement, goût excessif.
C. Personne qui contribue à rétablir la paix dans un pays, sur un territoire.
D. Mouvement synchrone des deux yeux permettant la vision des détails.

❑ **Question 42.** « *Ce qui ne tue pas rend plus fort* » est :
A. Un précepte de Nietzsche
B. Un dicton de Nietzsche
C. Un adage de Nietzsche
D. Un aphorisme de Nietzsche

❑ **Question 43.** *Le Tour du monde en quatre-vingt jours* est l'œuvre de :
A. Jules Verne
B. Agatha Christie
C. Guy de Maupassant
D. Gustave Flaubert

❑ **Question 44.** Parmi les propositions suivantes, laquelle est correcte ?
A. Il achètera la maison telle quelle tant elle lui plaît
B. Ils dévoraient leur repas, tel des ogres affamés
C. Pourquoi avait-il choisi un tel épitaphe
D. Ils se promenaient main dans la main tels un couple

❑ **Question 45.** Qu'est-ce qu'une « endémie » ?
A. Le symbole d'un pays ou d'une ville
B. Le fait de mettre les drapeaux d'un pays en berne après une catastrophe nationale
C. La persistance d'une maladie infectieuse au sein d'une population
D. Une excroissance osseuse

Test blanc n° 7

Sous-test 1
Logique générale

- **Question 1. Réponse C**

La logique à trouver est la suivante : à partir de la troisième occurrence (10) chaque nombre est obtenu par la somme des deux nombres précédents que l'on multiplie par deux. Nous avons alors :

- $10 = (2 + 3) \times 2$
- $26 = (3 + 10) \times 2$
- $72 = (10 + 26) \times 2$

Donc le nombre à trouver est 196 car : $196 = (26 + 72) \times 2$.

- **Question 2. Réponse B**

En étudiant le rang alphabétique des lettres, on s'aperçoit que la série est constituée de plusieurs couples de 3 lettres/3 chiffres, chaque chiffre étant égal à la valeur numérique de la lettre se trouvant à la même position. Par exemple, le premier couple est BAE = 215, avec B = 2, A = 1 et E = 5.

Le nombre manquant est donc 247 car B = 2, D = 4 et G = 7.

Remarque : Si vous connaissez le rang numérique des lettres E(5), J(10), O(15), T(20) et Y(25), vous pourrez alors rapidement trouver le rang de toutes les lettres de l'alphabet.

- **Question 3. Réponse A**

La logique à trouver est la suivante : chaque lettre de la série est précédée d'un nombre représentant son rang alphabétique, à quoi on ôte une unité. Par exemple, le rang alphabétique de la lettre T est 20, elle sera donc précédée dans la série par 19, car $20 - 1 = 19$. La lettre qui suivra le 6 sera logiquement un G (rang alphabétique = 7).

- **Question 4. Réponse A**

Le tableau doit être lu de droite à gauche. On remarque alors que, pour chaque colonne :
Case du bas + Case du haut = Case du bas de la colonne suivante.

Pour donner un exemple, prenons la deuxième colonne du tableau (en partant de la droite). La case du bas est égale à 66, celle du haut à 38. Nous avons alors $66 + 38 = 104$, la case du bas de la colonne suivante (3e colonne en partant de la droite).

La case à trouver, notée « ? », doit être telle que : $45 + ? = 66 \Leftrightarrow ? = 21$.

- **Question 5. Réponse B**
  Question difficile (une nouvelle fois).

  Classons les jours de la semaine dans un ordre alphabétique croissant.
  Dimanche – Jeudi – Lundi – Mardi – Mercredi – Samedi – Vendredi

  Suivant cette logique, le lundi arrive en troisième position (LUNDI 3), le samedi arrive en sixième position (SAMEDI 6), le dimanche en première position (DIMANCHE 1), et le vendredi en septième position (VENDREDI 7).

  Le jeudi étant le deuxième jour de la série, le chiffre 2 suivra le mot JEUDI.

- **Question 6. Réponse C**
  La série est composée de nombres qui évoluent de manière croissante et progressive. En fait, les occurrences de la série forment une suite géométrique de raison 4. Le dernier nombre de la série sera donc… 256. En effet : $1 \times 4 = 4$; $4 \times 4 = 16$; $16 \times 4 = 64$; $64 \times 4 = 256$.

- **Question 7. Réponse A**
  Chaque nombre de la série est structuré de la même façon : les deux derniers chiffres sont des carrés parfaits. Pour 164 par exemple, les deux derniers chiffres sont 64 ($8^2 = 64$).

  La logique est la même dans toute la série et on choisira donc la proposition 9<u>36</u>.

- **Question 8. Réponse D**
  La logique à trouver est la suivante : chaque chiffre de la série représente le rang alphabétique inversé de la lettre qui le suit.

  L'alphabet inversée est, par définition, un système d'écriture ayant pour première lettre le Z (de rang 1) et pour dernière lettre le A (de rang 26). Dans notre série, la lettre D est associée au nombre 23 car elle est la vingt-troisième lettre de l'alphabet inversée.

  Ainsi, la lettre qu'il faut associer au nombre 26 est A car elle est la vingt-six et dernière lettre de l'alphabet inversée.

- **Question 9. Réponse D**
  Le premier chiffre multiplié par 5 est égal au reste de l'occurrence. Par exemple, pour la première occurrence, $6 \times 5 = 30$. Ainsi, parmi les propositions données, seule 735 répond à ce critère. En effet, $7 \times 5 = 35$.

- **Question 10. Réponse D**

Chaque occurrence de la série est composée de deux lettres.

On remarque d'entrée que la première lettre est, de quatre rangs, supérieure à la seconde.

Prenons la première occurrence de la série :
- Le rang numérique de N est 14, celui de J est 10.
- Nous avons bien 14 – 10 = 4.

Même chose pour la deuxième occurrence de la série (P = 16 ; L = 12) et ainsi de suite.

La proposition qui convient est donc HD.

- **Question 11. Réponse C**

Il faut faire attention à 3 éléments ici :
- Tout d'abord le grand triangle tourne d'un quart de tour dans le sens inverse des aiguilles d'une montre. Il sera donc dirigé vers le bas.
- Le petit triangle est dirigé vers la droite, puis vers la gauche, puis vers la droite. Il sera donc dirigé vers la gauche dans le cadre solution.
- Finalement dans le premier cadre le petit triangle est noirci, puis c'est au tour du grand dans le second et encore du petit dans le troisième. Dans le cadre solution, le grand triangle sera donc noirci.

Seule la réponse C vérifie ces trois contraintes.

- **Question 12. Réponse B**

Il y a 3 éléments dans le premier cadre, puis 4 dans le deuxième et 5 dans le troisième. Le cadre solution comprend donc 6 éléments ; c'est donc la réponse B.

- **Question 13. Réponse C**

La première figure contient un C et un C retourné, le second cadre contient un D et un D retourné, la troisième figure contient un E et un E retourné. Nous choisissons donc la réponse C qui contient un F et un F retourné.

- **Question 14. Réponse C**

Il faut ici traiter de nombreuses informations. La meilleure méthode pour y arriver est de noter les relations d'implication et instantanément en déduire les implications équivalentes en utilisant l'axiome de base du raisonnement logique : **A ⇒ B ⇔ non B ⇒ non A**

On obtient ainsi :
- pluie ⇒ sol mouillé ⇔ sol sec ⇒ pas de pluie
- sol mouillé ⇒ je glisse ⇔ je ne glisse pas ⇒ sol sec

En utilisant les implications ci-dessus, et uniquement celles-ci, on obtient : « Je ne glisse pas ⇒ sol sec ⇒ pas de pluie ». En d'autres termes, si je n'ai pas glissé hier, alors il n'a pas plu (Réponse C).

- **Question 15. Réponse B**

  L'énoncé nous permet de déduire que sur les 10 couverts, il y a une fourchette et 9 couteaux ; que la fourchette est en argent et que nous n'avons aucune information sur les couteaux : ils peuvent être en argent ou pas. Seule l'affirmation B est déductible de l'énoncé. Toutes les autres propositions ne peuvent pas être affirmées avec certitude.

Soyez conseillé(e) par Dorone Parienti !
Soyez conseillé(e) dans votre préparation aux concours en réservant un RDV individuel gratuit (présentiel ou téléphonique) avec nous sur :
www.lagrandeprepa.com / 07.56.99.09.09

Sous-test 2
Logique numérique

- **Question 16. Réponse B**

  Il s'agit ici de simplement remplir le tableau :

  On commence par remplir le total (60) puis anglais (37) et ~~anglais~~ (23) ; espagnol (20) et ~~espagnol~~ (40).

  Enfin nous remplissons la case correspondante aux personnes qui ne parlent ni anglais ni espagnol (7).

  Ce qui nous laisse avec 16 étudiants qui parlent espagnol mais ne parlent pas anglais.

	ANGLAIS	~~ANGLAIS~~	TOTAL
ESPAGNOL		**<u>16</u>**	**20**
~~ESPAGNOL~~		7	40
TOTAL	**37**	23	**60**

- **Question 17. Réponse D**

  Rappelons que pour calculer le pourcentage de remise (ou d'augmentation) du prix d'un produit, il faut appliquer la formule suivante : Prix Final = Prix Initial × $(1 + r)$.

  Dans notre cas : $480 = 800 \times (1 + r) \Leftrightarrow 48 = 80 \times (1 + r) \Leftrightarrow 6 = 10 \times (1 + r) \Leftrightarrow 0{,}6 = 1 + r \Leftrightarrow r = -0{,}4$.

Le pourcentage de remise est donc de 40 %.

Rappel : L'augmentation du prix d'un produit de 20 % s'écrit : PF = PI × (1 + 0,2).
La baisse du prix d'un produit de 20 % se traduit par : PF = PI × (1 – 0,2).

- **Question 18. Réponse C**

Jean met 36 minutes pour effectuer le cinquième du trajet, il mettrait donc 5 × 36 = 180 minutes pour effectuer le trajet complet soit 3 heures. Et donc 1 heure pour en effectuer le tiers... Réponse C.

- **Question 19. Réponse C**

Lucas connaît les 5 chiffres qui constituent son code, seulement il n'en connaît pas l'ordre. Afin de trouver le bon code, il devra placer ces 5 chiffres dans le bon ordre.

Demander combien de codes Lucas peut essayer avant de trouver le bon, revient à demander combien y a-t-il de façons différentes de placer ces 5 chiffres dans un ordre différent.

Et il y en a 5 × 4 × 3 × 2 × 1 = **120** !

Pourquoi : Nous avons **5** possibilités pour le premier chiffre, puis **4** pour le deuxième chiffre (le premier étant placé), puis **3** pour le troisième chiffre, **2** pour le quatrième chiffre et enfin **1** seule pour le dernier chiffre. Ce qui nous fait un total de 5 × 4 × 3 × 2 × 1 possibilités, soit **120 possibilités.**

- **Question 20. Réponse D**

Le plus simple ici consiste à tester les solutions en partant (comme toujours) de la solution intermédiaire, ici 4. Si Madame Berthier a 4 enfants, elle a donc 16 petits-enfants, et 64 arrières petits-enfants. Elle a donc bien plus de 39 descendants.

Testons donc une solution plus petite. Si madame Berthier a 3 enfants, elle a donc 9 petits-enfants et 27 arrières petits-enfants, pour un total de 3 + 9 + 27 = **39 descendants.**

- **Question 21. Réponse A**

Traduisons la commande du tableur de façon simplifiée :
Si A1 + A2 < A3 – C2 alors la bonne réponse est « B2 – C3 », sinon c'est « B1 + C1– B3 ».

Il suffit alors de calculer : A1 + A2 = 5 et A3 – C2 = 5.
Les deux valeurs sont égales et nous n'avons donc pas : A1 + A2 < A3 – C2.

La commande donnera alors comme résultat « B1 + C1– B3 » = 6.

- **Question 22. Réponse D**

Soit n, le nombre de tableaux et T_1, T_2, ..., T_n le prix des différents tableaux.
D'après l'énoncé, on sait que :

$$\frac{T_1+T_2+\ldots+T_n}{n}=7$$

De plus, $T_1 = \mathbf{11}$ et $T_2 = \mathbf{15}$

Et : $\frac{T_3+T_4+\ldots+T_n}{n-2}=6 \Leftrightarrow T_3+T_4+\ldots+T_n=6\times(n-2)$

On remplace donc dans la première égalité : $\frac{11+15+6\times(n-2)}{n}=7$

Soit : $11 + 15 + 6 \times (n - 2) = 7n \Leftrightarrow 11 + 15 - 12 = n \Leftrightarrow \mathbf{n = 14}$

Il y a donc un total de 14 tableaux dans la galerie. Deux ayant été vendus, 12 sont encore en vente ; réponse D… attention au petit piège dans la question !

- **Question 23. Réponse D**

Rappelons que 20 % = 1/5.

De plus : $220\,\% = 11 \times 20\,\% = \frac{11}{5}$.

On peut aussi chercher à simplifier l'expression : $220\,\% = \frac{220}{100} = \frac{22}{10} = \frac{11}{5}$.

- **Question 24. Réponse A**

Un nombre multiple de 2 et de 3 est un multiple de 6.
On cherche donc tous les multiples de 6 compris entre –45 et 50.

Étape 1 : Chercher le multiple de 6 le plus proche de –45 et de 50.
Le multiple de 6 le plus proche de 50 est **48**
Le multiple de 6 le plus proche de –45 est **–42**
On cherche donc le nombre de multiples de 6 entre –42 et 48 (qui sont tous deux multiples de 6).

Étape 2 : Combien de multiples de 6 ?
On peut alors écrire tous les multiples de 6 : –42, –36, –0… sans oublier le 0 et voir qu'il y en a **16**, pour être sûr de ne pas se tromper.

Ou bien, de manière plus astucieuse :
- Entre 1 et 48 (8 × 6), il y a 8 multiples de 6.
- Entre –1 et –42 (7 × 6), il y a 7 multiples de 6
- 0 est aussi multiple de 6

Ce qui nous fait un total de **16 multiples de 6** entre –42 et 48, et donc entre –45 et 50…

- **Question 25. Réponse A**

La méthode la plus simple ici consiste à d'abord tester les triangles rectangles usuels que vous connaissez pour voir s'ils ne sont pas solution du problème.

On teste donc les triangles aux mesures suivantes :
1. 3 – 4 – 5
2. 6 – 8 – 10
3. 9 – 12 – 15

En utilisant cette méthode, on réalise ici que le triangle n° 2 aux mesures 6 – 8 – 10, vérifie les conditions de l'énoncé. L'aire du triangle vaut donc $6 \times 8/2 = 24$ cm^2.

Sinon, voici la méthode plus rigoureuse qui demande plus de temps :
Notons a, b et c les côtés des triangles avec c l'hypoténuse.

Nous savons que :

$$\begin{cases} a+b+c=24 \\ a^2+b^2+c^2=200 \\ a^2+b^2=c^2 \text{ (pythagore)} \end{cases}$$

Des lignes 2 et 3, nous pouvons déduire que $2c^2 = 200$, soit $c^2 = 100$ et donc **c = 10 cm**.
Sachant que c = 10, on peut donc réécrire les deux premières lignes

$$\begin{cases} a+b=14 \\ a^2+b^2=100 \end{cases}$$

Nous cherchons $\frac{a \times b}{2}$ pour obtenir l'aire du triangle.

Utilisons donc l'identité remarquable suivante :
$(a + b)^2 = a^2 + 2ab + b^2$

En remplaçant, on obtient :
$14^2 = 100 + 2ab$.
Donc **2ab = 96**.

L'aire du triangle qui vaut $\frac{a \times b}{2}$ vaut donc **24 cm²**.

- **Question 26. Réponse C**

Pour répondre à cette question, nous allons utiliser les identités remarquables et rappeler que :
$(a - b)^2 = a^2 + b^2 - 2ab$. D'après l'énoncé $(a - b) = 19$, donc $(a - b)^2 = 19^2 = 361$.
Par ailleurs, $(a - b)^2 = a^2 + b^2 - 2ab$. Donc $a^2 + b^2 - 2ab = 361$.

Or, on sait que $ab = 54$, donc $2ab = 108$. On obtient alors $a^2 + b^2 - 108 = 361$, soit $a^2 + b^2 = 469$.

- **Question 27. Réponse B**

Notons dans un premier temps que le bateau met plus de temps au retour qu'à l'aller. Il va donc dans le sens du courant à l'aller et à contre-courant au retour.

À l'aller, le bateau finit le parcours en deux minutes et trente secondes, soit 150 secondes.
On a ainsi $V_{aller} = V_{bateau} + V_{courant} = 6\,000/150 = 40$ m/s

Au retour, le bateau finit le parcours en vingt-cinq minutes, soit 1 500 secondes.
On a ainsi $V_{retour} = V_{bateau} - V_{courant} = 6\,000/1\,500 = 4$ m/s

Grâce à ces deux égalités, nous pouvons déduire la vitesse du courant. En effet :
$V_{aller} - V_{retour} = 2V_{courant} = 36 \text{ m/s} \Leftrightarrow V_{courant} = 18$ m/s

- **Question 28. Réponse C**

Un nombre à deux chiffres est toujours supérieur ou égal à 10. Si la différence entre deux nombres vaut 989, c'est que l'autre nombre est supérieur ou égal à 989 + 10, soit 999.
Or, cet autre nombre est composé de 3 chiffres, donc il ne peut être que 999 et le nombre à deux chiffres est nécessairement 10. Leur somme vaut 1009.

- **Question 29. Réponse C**

Soit M l'âge actuel de Murielle, F l'âge actuel de Fanny, et S l'âge actuel de Shana.

La somme de leurs âges est égale à 61 ans $\rightarrow M + F + S = 61$..

Il y a 4 ans, Murielle avait $(M - 4)$ ans, Fanny $(F - 4)$ ans, et Shana $(S - 4)$ ans.

Or, il y a 4 ans, Murielle avait le double de l'âge de Fanny et Shana avait le quart de l'âge de Murielle. On a donc les deux égalités suivantes :

– $M - 4 = 2(F - 4) \Leftrightarrow M - 4 = 2F - 8 \Leftrightarrow F = \frac{1}{2}M + 2$

– $M - 4 = 4(S - 4) \Leftrightarrow M - 4 = 4S - 16 \Leftrightarrow S = \frac{1}{4}M + 3$

Ainsi, $M + F + S = 61 \Leftrightarrow M + \frac{1}{2}M + \frac{1}{4}M + 5 = 61 \Leftrightarrow \frac{7}{4}M = 56 \Leftrightarrow M = 32$.

Par suite, on déduit que $F = 18$ et $S = 11$.

Conclusion : la plus âgée des trois filles a aujourd'hui 32 ans.

- **Question 30. Réponse B**

Le rendement est la vitesse à laquelle on effectue une tâche donnée en un temps limité.
En combinant les forces de plusieurs lionnes, le travail est accompli plus rapidement et le rendement évolue de manière proportionnelle. À l'aide de la formule qui va suivre, nous pouvons additionner les vitesses de travail des lionnes pour obtenir le rendement total.

Soit R le rendement d'une lionne, Q la quantité de gazelles attrapées et T le temps consacré à la tâche.
On a la formule R = Q/T. De l'énoncé, on a l'égalité : 5R = 5/5 $\Leftrightarrow$ R = 1/5.

On cherche alors à trouver x, tel que : xR = 50/50 $\Leftrightarrow$ xR = 1 $\Leftrightarrow$ $x = 5$.
Il faut donc 5 lionnes pour attraper 50 gazelles en 50 minutes.

Soyez conseillé(e) par Dorone Parienti !
Soyez conseillé(e) dans votre préparation aux concours en réservant un RDV individuel gratuit (présentiel ou téléphonique) avec nous sur :
www.lagrandeprepa.com / 07.56.99.09.09

Sous-test 3
Logique verbale

- **Question 31. Réponse D**
Parmi les propositions données, seule la D est correctement orthographiée. En effet, le *-h* de haricot, huis clos et hautbois est « aspiré », c'est-à-dire qu'il interdit la liaison et impose que le mot soit prononcé disjoint de celui qui le précède – au singulier comme au pluriel. On devrait donc écrire (et dire) : le haricot et l'hélicon.

- **Question 32. Réponse B**
Le nom de jeune fille de la princesse de Clèves est Mademoiselle de Chartres. Elle est une jeune fille de 15 ans et arrive à la cour du roi Henri II. Le prince de Clèves tombe amoureux d'elle et ils se marient. Mademoiselle de Chartres devient alors la princesse de Clèves.

- **Question 33. Réponse D**
Les verbes fournir, mugir et refroidir appartiennent tous au 2e groupe.
Seul le verbe « ouvrir » appartient au 3e groupe. C'est donc l'intrus.

- **Question 34. Réponse B**
Il faut compléter l'énoncé par une expression consacrée qui articule les deux phrases. Dans la première, il est question d'un personnage dont le comportement est négatif ; la phrase suivante commence par l'adverbe « pourtant », qui introduit un étonnement (cet étonnement est d'ailleurs renforcé par l'adverbe « étonnamment »). Il faut donc choisir une expression qui soit paradoxale par rapport à la première phrase. On élimine ainsi la réponse D, car elle n'est pas cohérente avec « pourtant ». La réponse A signifierait que ses proches ne font pas un procès équitable au voyageur (cf. « partial »), et la réponse C, au contraire, qu'il est traité convenablement. Ces deux réponses n'expriment pas de paradoxe, elles sont indifférentes au contexte. On les élimine donc.

- **Question 35. Réponse A**
La conjugaison du verbe « courir » à la troisième personne du singulier du subjonctif présent est : *qu'il coure*. La proposition A est donc incorrecte.

- **Question 36. Réponse D**
Les *Précieuses ridicules* est une comédie en un acte et en prose de Molière, représentée pour la première fois le 18 novembre 1659 au théâtre du Petit-Bourbon, à Paris. Elle connut un succès considérable, qui se traduisit par l'apparition d'une mode littéraire nouvelle, « la satire des précieuses et de la préciosité », termes popularisés par la pièce de Molière.

- **Question 37. Réponse C**

  L'antonyme du mot « mature » est *immature*, avec deux *-m*.

- **Question 38. Réponse A**

  Cette question de sémantique, contrairement à ce que nous pourrions penser, est d'une logique implacable. C'est même le moment où jamais d'appliquer votre esprit mathématique à la langue française. Celui-ci ne devrait pas manquer que le verbe « *décimer* » possède la même racine – « *decem* », « *dix* » en latin – que l'adjectif « *décimal* », qui renvoie à tout ce « *qui est fondé sur une division par dix* ». Ce qui peut notamment expliquer pourquoi, étymologiquement, « *décimer* » signifie « *mettre à mort un soldat ou une personne sur dix, tiré au sort, comme punition.* »

  À l'époque, les Romains pratiquaient la décimation lors des défaites de leurs propres armées. La difficulté de cet exercice vient du fait qu'aujourd'hui, ce verbe est employé le plus souvent au sens élargi de « *causer la perte d'un grand nombre de personnes* ».

- **Question 39. Réponse D**

  La *Lettre à Ménécée* est une lettre écrite par le philosophe Épicure à son disciple Ménécée. Le texte résume la doctrine éthique d'Épicure et propose une méthode pour atteindre le bonheur, en même temps qu'elle en précise les conditions.

- **Question 40. Réponse A**

  Quand on est redevable de quelque chose à quelqu'un, on ne lui en « *est* » pas gré, on lui en « *sait* » gré. C'est donc le verbe « savoir » qu'il convient de conjuguer au futur ou au conditionnel présent, et non pas le verbe « être » !

- **Question 41. Réponse A**

  Une kyrielle est une longue suite de paroles qui se répètent, une suite interminable de mots.

- **Question 42. Réponse D**

Les dictons (comme les proverbes) sont issus, par définition, de la sagesse populaire. Ils ne sont donc pas attribués à un auteur. Vous savez que « qui dort dîne », par exemple, n'a pas été écrit par quelqu'un à une époque précise : c'est comme si, de tous temps, on disait cela. C'est bien à cela qu'on reconnaît un dicton : il n'a pas d'auteur, ni de date d'écritures déterminés. L'adage exprime, quant à lui, un conseil d'ordre pratique ou judiciaire. On les reconnaît facilement, parce qu'ils sont souvent exprimés en latin, ou ont été traduits du latin : « *dura lex, sed lex* » est un adage, par exemple. Le précepte relève de la morale alors que l'aphorisme relève de la philosophie. On est ici clairement dans ce dernier cas. On retiendra donc la proposition D.

- **Question 43. Réponse A**

Le Tour du monde en quatre-vingts jours est un roman d'aventures de Jules Verne, publié en 1872.

Le roman raconte la course autour du monde d'un gentleman anglais, Phileas Fogg, qui a fait le pari d'y parvenir en quatre-vingts jours. Il est accompagné par Jean Passepartout, son serviteur français. L'ensemble du roman mêle récit de voyage et données scientifiques – comme celle utilisée pour le rebondissement de la chute du roman.

- **Question 44. Réponse A**

Avant de répondre à cette question, rappelons la règle de grammaire sur l'accord de *tel* et *tel que*. Pour introduire une énumération, *tel que* s'accorde généralement avec le nom auquel il se rapporte quand celui-ci est placé avant lui : « *les fruits acides tels que l'orange, la pomme et la fraise* ».

Inversement, *tel* employé seul s'accorde en principe avec le nom placé après lui : « *elles couraient tels des animaux en liberté* ». Ainsi, on devrait écrire dans cet exercice : *tels de ogres* (B), *telle épitaphe* (C) et *tel un couple* (D). Seule la proposition A est correctement orthographiée.

- **Question 45. Réponse C**

Une endémie désigne la présence habituelle d'une maladie dans une région ou une population déterminée. Par exemple : « *l'hépatite A est endémique en Thaïlande* ». On choisira la proposition C.

Soyez conseillé(e) par Dorone Parienti !
Soyez conseillé(e) dans votre préparation
aux concours en réservant un RDV individuel gratuit
(présentiel ou téléphonique) avec nous sur :
www.lagrandeprepa.com / 07.56.99.09.09

Grille de réponses

Logique Générale		Logique Numérique		Logique Verbale	
1	Réponse C	**16**	Réponse B	**31**	Réponse D
2	Réponse B	**17**	Réponse D	**32**	Réponse B
3	Réponse A	**18**	Réponse C	**33**	Réponse D
4	Réponse A	**19**	Réponse C	**34**	Réponse B
5	Réponse B	**20**	Réponse D	**35**	Réponse A
6	Réponse C	**21**	Réponse A	**36**	Réponse D
7	Réponse A	**22**	Réponse D	**37**	Réponse C
8	Réponse D	**23**	Réponse D	**38**	Réponse A
9	Réponse D	**24**	Réponse A	**39**	Réponse D
10	Réponse D	**25**	Réponse A	**40**	Réponse A
11	Réponse C	**26**	Réponse C	**41**	Réponse A
12	Réponse B	**27**	Réponse B	**42**	Réponse D
13	Réponse C	**28**	Réponse C	**43**	Réponse A
14	Réponse C	**29**	Réponse C	**44**	Réponse A
15	Réponse B	**30**	Réponse B	**45**	Réponse C

Test blanc n° 8

Sous-test 1

Logique générale

❑ **Question 1.** 249 463 819 ?

A. 398
B. 417
C. 508
D. 266

❑ **Question 2.** Y(12) P(3) H(–5) M(?)

A. 0
B. 10
C. 20
D. 30

❑ **Question 3.** I J L O ?

A. T
B. A
C. S
D. E

❑ **Question 4.** 7411 9817 3811 2810 ?

A. 6150
B. 1948
C. 5036
D. 7512

❑ **Question 5.** 9(I) 12(L) 17(Q) 24(?)

A. A
B. C
C. P
D. X

❑ **Question 6.** .RUE .RAPPE .OSIER .LACER

A. E
B. F
C. G
D. H

❑ **Question 7.** 423 900 153 234 ?

A. 162
B. 891
C. 505
D. 372

❑ **Question 8.** PIGEON 33 ELEPHANT 45 AGNEAU 42 AUTRUCHE ?

A. 44
B. 53
C. 22
D. 61

❑ **Question 9.** J 11 X 25 B 3 W ?

A. 24
B. 21
C. 17
D. 13

❑ **Question 10.** 904 1308 1716 2132 ?

A. 2564
B. 3096
C. 1708
D. 6853

❑ **Question 11.** SX(G) EP(H) NA(I) YB(?)

A. U
B. J
C. O
D. W

❑ **Question 12.** ELECTION ALLUMAGE BLESSURE CLAMEUR ?

A. CHAMPION
B. PERDANT
C. VAINCU
D. GLOIRE

❑ **Question 13.** 16 32 64 128 ?

A. 256

B. 391

C. 482

D. 507

❑ **Question 14.** L M M J ?

A. V

B. R

C. E

D. S

❑ **Question 15.** LOT = 9 FAIRE = 25 COUP = 16 SESAME = ?

A. 27

B. 51

C. 36

D. 49

Sous-test 2
Logique numérique

❑ **Question 16.** David, Norman, et Lisa jouent aux cartes. Norman a trois fois plus de cartes que Lisa qui a trois fois plus de cartes que David. Combien de cartes à Lisa sachant qu'ils ont en moyenne 26 cartes chacun ?

A. 6
B. 18
C. 26
D. 34

❑ **Question 17.** Je tirer deux cartes au hasard dans deux paquets différents. Sachant que je n'ai pas tiré de cœur, quelle est la probabilité que j'ai tiré au moins un trèfle ?

A. 1/4
B. 1/3
C. 1/16
D. 5/9

❑ **Question 18.** Jean veut recouvrir d'une tapisserie son réservoir cubique qui a une contenance de 512 cm^3. Il se rend compte qu'il ne peut acheter que des petits morceaux de tapisseries de forme carré de côté 4 cm. De combien de morceaux de tapisserie aura-t-il besoin pour recouvrir son réservoir ?

A. 6
B. 12
C. 18
D. 24

❑ **Question 19.** Dans la division 7632/ABC = DE, tous les chiffres de 1 à 9 n'apparaissent qu'une seule fois. Quelle est la valeur de DE ?

A. 44
B. 47
C. 48
D. 46

❑ **Question 20**. Dans la figure ci-dessous, on considère un triangle inscrit dans un rectangle. Le triangle ABC est rectangle et isocèle en A. L'aire du rectangle vaut 32 cm^2.
Que vaut le périmètre de ce rectangle ?

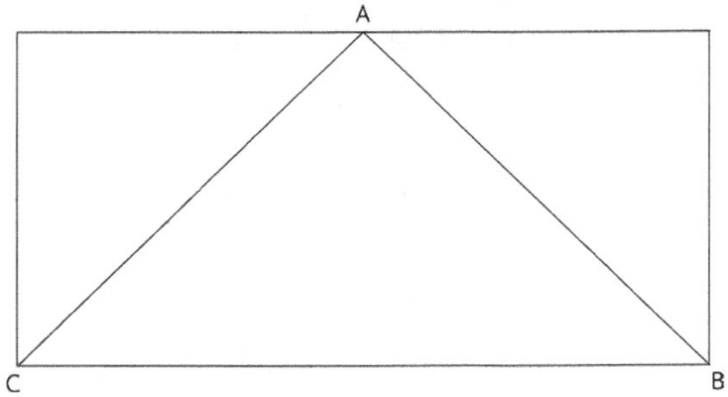

A. 16 cm
B. 24 cm
C. 32 cm
D. 38 cm

❑ **Question 21**. Jérôme effectue un aller-retour de son domicile à son travail. Il fait l'aller à 30 km/h et le retour à 60 km/h. Quelle est sa vitesse moyenne sur l'aller-retour ?
A. 35 km/h
B. 40 km/h
C. 45 km/h
D. 50 km/h

❑ **Question 22**. Jacques hésite entre deux abonnements téléphoniques. Le forfait A coûte 10 € par mois puis 0,05 € par minutes de communication. Le forfait B quant à lui coûte 16 € par mois puis 0,03 € par minute de communication. En consultant son temps de communication ce mois-ci, Jacques réalise qu'il n'aurait pas eu de préférences entre ces deux formules.
Combien de temps Jacques a-t-il passé au téléphone ce mois-ci ?
A. 2 h 40
B. 3 h 00
C. 4 h 10
D. 5 h 00

❑ **Question 23**. Pour les besoins d'un jeu, un groupe d'amis se sépare en deux équipes : l'équipe bleue et l'équipe rouge. L'un des membres de l'équipe bleue dit à l'équipe rouge : *« Si l'un de vous nous rejoint, nous serons alors 2 fois plus que vous. En revanche, si l'un de nous vous rejoint, nous serons alors à égalité »*. Combien de personnes composent l'équipe bleue ?
A. 7
B. 5
C. 3
D. 2

❑ **Question 24.** Un costume qui coûtait 100 € a subi deux augmentations successives : la première de 4 % et la seconde de 5 %. Quel est le prix de ce costume ?

A. 104 €
B. 105 €
C. 109,2 €
D. 113,6 €

❑ **Question 25.** En faisant fondre 6 bouteilles en plastique, les granulés obtenus permettent de fabriquer exactement une nouvelle bouteille. Combien peut-on fabriquer de nouvelles bouteilles à partir de 901 bouteilles usagées sachant que les nouvelles bouteilles créées permettront à leur tour de fabriquer d'autres bouteilles lorsqu'on ne les utilisera plus ?

A. 186
B. 185
C. 164
D. 150

❑ **Question 26.** On choisit au hasard et sans remise deux boules parmi 7 boules numérotées de 1 à 7, puis on additionne les valeurs de ces deux boules. Quelle est la probabilité que le résultat soit un nombre supérieur ou égal à 10 ?

A. 1/2
B. 2/7
C. 3/7
D. 3/14

❑ **Question 27.** Trois nombres m, n et p sont tels que : $m^4 \times n^6 \times p = 7^{12}$ et $m^2 \times p^5 = 7^6$. Quelle est la valeur de $m \times n \times p$?

A. 7^3
B. 7^4
C. 7^5
D. 7^6

❑ **Question 28.** Sandrine possède 100 planchettes en pin dont l'épaisseur est de 3 centimètres ou 5 centimètres. Posées les unes sur les autres, l'épaisseur de cette représentation est égale à 380 centimètres. Combien de planchettes de 3 centimètres Sandrine possède-t-elle ?

A. 30
B. 40
C. 50
D. 60

❑ **Question 29.** Dans une maternelle, Christelle souhaite offrir des gommettes à ses élèves. Malheureusement, c'est la fin de l'année et elle ne sait pas s'ils viendront à 5, à 6 ou à 9. Combien, au minimum, Christelle devra-t-elle acheter de gommettes pour pouvoir les distribuer équitablement dans tous les cas ?

A. 30

B. 48

C. 90

D. 120

❑ **Question 30.** Lors d'un concours, un étudiant a eu une note à l'épreuve écrite de mathématiques et une note à l'épreuve orale. Entre les deux notes, il a progressé de 4 points et sa moyenne est de 14. En sachant que les deux épreuves ont le même coefficient, quelle est l'une des notes de l'étudiant ?

A. 9

B. 10

C. 11

D. 12

Sous-test 3

Logique verbale

❑ **Question 31.** Que signifie le verbe « ergoter » ?

A. Prendre naissance de manière brusque

B. Contester mal à propos.

C. S'habiller avec recherche, élégance.

D. Procurer de l'agrément, de la satisfaction.

❑ **Question 32.** Parmi les propositions suivantes, laquelle est correcte ?

A. Depuis toujours, ils habitent une maison de plin-pied

B. Depuis toujours, ils habitent une maison de plain-pied

C. Depuis toujours, ils habitent une maison de plein-pieds

D. Depuis toujours, ils habitent une maison de plein-pied

❑ **Question 33.** Comment se termine l'histoire du *Barbier de Séville* ?

A. Rosine ne souhaite plus épouser le Comte

B. Figaro dévoile ses sentiments à Rosine

C. Rosine dévoile ses sentiments à Figaro

D. Le comte et Rosine se marient

❑ **Question 34.** Parmi les propositions suivantes, laquelle n'est pas au subjonctif présent ?

A. Je ne peux pas dire que je me sente réconforté

B. Nous ne pensons pas qu'il dise la vérité

C. Le médium prétend que sa sœur voit le futur avec clarté

D. Il ne croit pas que le médium voie clairement l'avenir

❑ **Question 35.** Où se passe le roman *L'Étranger* d'Albert Camus ?

A. En Tunisie

B. En Algérie

C. Au Maroc

D. En France

❑ **Question 36.** Parmi les mots suivants, lequel n'est pas correctement orthographié?

A. Porte-cartes
B. Garde-meuble
C. Pèse-lettre
D. Porte-feuille

❑ **Question 37.** Qu'est-ce qu'un « hurluberlu » ?

A. Personne se comportant d'une façon bizarre, extravagante.
B. Personne qui ennuie par une présence intempestive.
C. Personne qui fait preuve d'opportunisme.
D. Personne attachée, dévouée à quelqu'un ou à une cause.

❑ **Question 38.** Complétez l'extrait suivant: « *L'histoire des syndicats est liée dans l'imaginaire collectif aux mouvements ouvriers, qui ont lieu principalement en ville. (...) cela est en partie vrai, il ne faut pas oublier qu'il existe aussi un syndicalisme paysan* ».

A. Bien que
B. Cependant
C. Parce que
D. Même si

❑ **Question 39.** Choisissez la meilleure formulation du point de vue de l'orthographe, de la syntaxe et du style: « *Elle est si dévouée que tout le monde l'estime* ».

A. Elle est si dévouée que tout le monde l'estime.
B. Elle fait montre d'un dévouement tel que tout le monde l'estime.
C. Elle montre un grand dévouement. Tout le monde l'estime pour ça.
D. Son dévouement fait qu'elle est estimée de tous.

❑ **Question 40.** Parmi les propositions suivantes, laquelle est correcte?

A. Vu l'ampleur des dégâts, nous avons dû quitter les lieux.
B. Vue l'ampleur des dégâts, nous avons dût quitter les lieux.
C. Vu l'ampleur des dégâts, nous avons dût quitter les lieux.
D. Vue l'ampleur des dégâts, nous avons dû quitter les lieux.

❑ **Question 41.** Quel auteur humaniste a écrit *Gargantua*?

A. Montaigne
B. Rabelais
C. Machiavel
D. Erasme

❑ **Question 42.** Parmi les proverbes suivants, lequel se rapproche le plus du sens du proverbe suivant : *« il n'est pire sourd que celui qui ne veut pas entendre » ?*

A. La guerre nourrit la guerre

B. À parti pris, point de conseil

C. L'argent n'a pas d'odeur

D. L'appétit vient en mangeant

❑ **Question 43.** Que signifie le terme « circonlocution » ?

A. Signe diacritique qui marque la disparition d'une lettre

B. Saillie sinueuse qu'offre la surface du cerveau

C. Détour du langage qui visent à masquer la pensée ou à adoucir le propos

D. Escroquerie consistant à revendre au plus vite une marchandise non payée

❑ **Question 44.** L'aposiopèse est une figure de style qui consiste à interrompre une phrase ou un vers sans achever sa pensée. Exemple : *« Osez-vous, sans ma permission, ô vous, bouleverser le ciel et la terre et soulever de telles masses ? J'ai envie de vous... ! Mais il faut d'abord apaiser les flots déchaînés ..* », Virgile.

Parmi les phrases ci-dessous, une seule ne contient pas d'aposiopèse. Trouvez là !

A. Ses plus beaux fruits poussent là, cerises, abricots, pêches, coings, poires...

B. À mon arrivée au logis, Pauline m'interrompit en disant : « Si vous n'avez pas de monnaie... »

C. Range ta chambre, sinon...

D. J'ai donc fait le tour de la chambre... J'ai toujours lié le sentiment de la mort à l'agonie.

❑ **Question 45.** Dans quelle pièce de Shakespeare le personnage principal prononce-t-il la célèbre phrase « être ou ne pas être... » ?

A. *Hamlet*

B. *Macbeth*

C. *Othello*

D. *Moby Dick*

Test blanc n° 8

Sous-test 1
Logique générale

- **Question 1. Réponse D**
  Dans cette série, le produit des chiffres de chaque occurrence est constant et égal à 72. Nous avons ainsi 249 ($2 \times 4 \times 9 = 72$), 463 ($4 \times 6 \times 3 = 72$) et 819 ($8 \times 1 \times 9 = 72$). Parmi les propositions données, seule 266 est correcte car $2 \times 6 \times 6 = 72$.

- **Question 2. Réponse A**
  La logique à trouver est la suivante : on soustrait 13 à la valeur numérique de la lettre en question. Par exemple, dans la première occurrence, Y est la 25e lettre donc $25 - 13 = 12$, d'où Y(12). De même, P étant la 16e lettre de l'alphabet, on obtient P(3) car $16 - 13 = 3$. Enfin, H étant la 8e lettre de l'alphabet, on obtient H(–5) car $8 - 13 = -5$. Ainsi, M étant la 13e lettre de l'alphabet, on obtient M(0) car $13 - 13 = 0$.

- **Question 3. Réponse C**
  Pour répondre à ce type de questions, prenons le réflexe de noter à côté de chaque lettre sa valeur numérique : I(9) ; J(10) ; L(12) ; O(15).

  On constate dans un premier temps qu'il y a une évolution croissante entre la valeur numérique de ces lettres. Cette évolution se caractérise par un écart de 1 rang entre I et J, de 2 rangs entre J et L, de 3 rangs entre L et O, et donc de 4 rangs entre O et… S.

- **Question 4. Réponse D**
  Pour répondre à cette question, il faut remarquer la logique interne suivante : la somme des deux premiers chiffres donne le nombre qui suit. Par exemple, pour la première occurrence, nous avons : $7 + 4 = 11$. On choisira donc 7 512 car $7 + 5 = 12$.

- **Question 5. Réponse D**
  Le raisonnement est trivial ici : « I » est la 9e lettre de l'alphabet, « L » la 12e, « Q » la 17e et « X » est la 24e lettre.

- **Question 6. Réponse C**
  La lettre G est la seule parmi celles proposées qui complète chaque élément de la série et permet de former quatre nouveaux mots : grue, grappe, gosier et glacer.

- **Question 7. Réponse A**
  Une logique interne détermine cette série : la somme des chiffres constituant chaque nombre est égale à 9. Par exemple, pour la première occurrence, $4 + 2 + 3 = 9$. On retiendra donc la proposition A : $1 + 6 + 2 = 9$.

- **Question 8. Réponse A**

  Dans cette série, le premier chiffre de chaque nombre correspond au nombre de voyelle(s) présent dans le mot qui précède ce nombre. Le deuxième chiffre se rapporte au nombre de consonne(s) présent dans ce même mot.

  Par exemple, le mot PIGEON contient 3 voyelles et 3 consonnes. Le nombre qui suivra ce mot est donc 33 (3 voyelles/3 consonnes). Même raisonnement pour ELEPHANT (4 voyelles/5 consonnes) et SOUCIS (3 voyelles, 3 consonnes).

  Le mot AUTRUCHE contient 4 voyelles et 4 consonnes, le nombre qui suit sera donc 44.

- **Question 9. Réponse A**

  La logique à trouver est la suivante : chaque lettre de la série est suivie d'un nombre représentant son rang alphabétique, à quoi on ajoute une unité. Par exemple, le rang alphabétique de la lettre J est 10, elle sera donc suivie dans la série par 11, car 10 + 1 = 11. Le nombre qui suivra la lettre W sera logiquement 24 (rang alphabétique de W = 23).

- **Question 10. Réponse A**

  Séparons en deux parties distinctes chacun des éléments de la série.
  Nous avons **9**/04 ; **13**/08 ; **17**/16 ; **21**/32.

  Les premières parties de chaque nombre forment une série arithmétique de raison 4.
  « 9, 13, 17, 21 ». La première partie du nombre manquant sera alors 25.

  Les dernières parties de chaque nombre forment une série géométrique de raison 2.
  « 04, 08, 16, 32 ». La deuxième partie du nombre manquant terminera alors par 64.

  Le nombre manquant est donc 2 564.

- **Question 11. Réponse B**

  La logique est simple : les lettres entre parenthèses se suivent : G – H – I et donc J.

- **Question 12. Réponse D**

  Dans cette série, il faut s'intéresser à la lettre se trouvant en deuxième position dans chaque occurrence. Pour le premier mot, c'est la lettre « L », pour le deuxième... même chose. Ainsi, le terme qui convient ici est GLOIRE.

- **Question 13. Réponse A**

  Cette série est une suite géométrique de raison 2. En d'autres termes, chaque nombre permet de déduire le suivant par une multiplication constante et égale à 2. On a bien : 32 = 16 × 2, 64 = 32 × 2, 128 = 64 × 2 et donc 256 = 128 × 2.

- **Question 14. Réponse A**

  Le raisonnement suit l'ordre chronologique des jours de la semaine.
  « Lundi – Mardi – Mercredi – Jeudi – Vendredi (on écrit que la première lettre) »

- **Question 15. Réponse C**

  Pour répondre à cette question, intéressons-nous à la première occurrence de la série. LOT est un mot composé de trois lettres, or $3^2 = 9$. Il semble que cette logique s'applique à toutes les occurrences (d'ailleurs, il est aisé de remarquer que tous les nombres sont des carrés parfaits, ce qui doit vous mettre sur la voie). La bonne réponse sera donc 36, car le mot SESAME est composé de six lettres.

Soyez conseillé(e) par Dorone Parienti !
Soyez conseillé(e) dans votre préparation aux concours en réservant un RDV individuel gratuit (présentiel ou téléphonique) avec nous sur :
www.lagrandeprepa.com / 07.56.99.09.09

Sous-test 2
Logique numérique

- **Question 16. Réponse B**

  Soit D, N et L, le nombre de cartes de David, Norman et Lisa.

  On sait qu'ils ont en moyenne 26 cartes. On peut donc écrire : $\frac{D+N+L}{3} = 26$.

  Soit : $\mathbf{D + N + L = 78}$.

  De plus $N = 3L$ et $L = 3D$.

  Écrivons tout en fonction de David : $N = 9D$ et $L = 3D$.

  On remplace dans l'équation :
  $D + N + L = 78 \Leftrightarrow D + 9D + 3D = 78 \Leftrightarrow 13D = 78 \Leftrightarrow \mathbf{D = 6}$

  Donc David a 6 cartes, et Lisa (qui en a 3 fois plus) a **18 cartes**.

- **Question 17. Réponse D**

  Je tire deux cartes dans deux paquets. Sachant que je n'ai pas tiré de cœur, j'ai tiré un trèfle, un pique ou un carreau dans chacun des deux paquets.
  Ce qui nous laisse avec les $3^2 =$ **9 possibilités** suivantes :

(T ; T) ; (T ; P) ; (T ; Ca) ; (F ; T) ; (P ; P) ; (P ; Ca) ; (Ca ; T) ; (Ca ; P) et (Ca ; Ca)

Dans 5 des combinaisons, j'ai tiré au moins un trèfle : (T ; T) ; (T ; P) ; (T ; Ca) ; (P ; T) et (Ca ; T)

J'ai donc 5 chances sur 9 d'avoir tiré au moins un trèfle sachant que je n'ai pas tiré de cœur.

- **Question 18. Réponse D**

Quelle surface Jean a-t-il besoin de recouvrir ?

$512 = 8^3$. Le cube a donc une arête de 8 cm. Chaque face du cube a donc une surface de $8^2 = 64$ cm². Jean doit recouvrir les six faces de son cube, il doit donc recouvrir : $6 \times 64 = 384$ cm².

Chacun des petits morceaux de tapisserie a une surface de $4^2 = 16$ cm².

Jean a donc besoin de 384/16 = **24** morceaux de tapisserie.

- **Question 19. Réponse C**

D'abord, on élimine la proposition A qui ne respecte pas l'énoncé puisque les différents chiffres ne doivent apparaître qu'une seule fois. On élimine ensuite la proposition D qui comporte un chiffre répété : le 6 figure déjà dans la partie connue de l'opération. Ensuite, on élimine la proposition B qui indique un résultat impossible quel que soit le diviseur. En effet pour que 45 soit la solution il faudrait que 7632 soit un multiple de 45 et donc un multiple de 5, ce qui n'est pas le cas.

Reste la proposition C : l'opération tombe juste, c'est bien la bonne réponse.

- **Question 20. Réponse B**

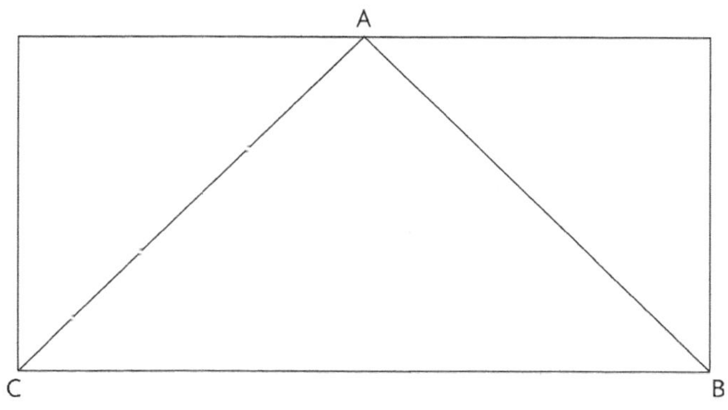

Voici deux méthodes qui permettent de résoudre cet exercice.

Méthode 1 :

L'étudiant sait que dans un triangle rectangle isocèle, la hauteur est égale à la moitié de l'hypoténuse. Il déduit que dans notre rectangle, la longueur vaut la moitié de la largeur.

Il sait de plus que :

Longueur × largeur = 32

Donc 2 × largeur × largeur = 32

Soit finalement, $\text{largeur}^2 = 16 \rightarrow$ largeur = 4 cm

Donc la longueur fait donc 8 cm (le double de la largeur).

Finalement, le périmètre qui vaut 2L + 2l est égal à **24 cm.**

Méthode 2 :

Dans un triangle isocèle en A, la médiane, la médiatrice, la hauteur et la bissectrice issues de A sont confondues.

En traçant la hauteur issue de A, on crée donc deux triangles rectangles (puisqu'on a tracé une hauteur) et isocèles (puisque les deux autres angles font 45°).

On en déduit que la **hauteur fait la même taille qu'une demi-longueur** du rectangle car ce sont les côtés d'un triangle isocèle.

La largeur vaut donc la moitié de la longueur du rectangle.

De plus 4 × 8 = 32... donc la largeur vaut 4 cm et la longueur 8 cm.

Finalement, le périmètre du rectangle vaut 24 cm.

- **Question 21. Réponse B.**

Tout d'abord il est important de comprendre que la vitesse moyenne sur le parcours n'est pas la moyenne des vitesses ! C'est trouble, je sais, mais voici plus d'explications.

Qu'est-ce qu'une vitesse moyenne ? C'est la distance totale parcourue divisée par le temps du parcours. Prenons un cas extrême pour bien comprendre la différence. Supposez que vous rouliez 100 km, les 50 premiers à 50 km/h (temps : 1 h), et les 50 derniers à 1 km/h (temps : 50 h).

Vous avez mis 51 h pour effectuer 100 km. Votre vitesse moyenne sur ce parcours est donc proche de 2 km/h, ce qui est bien différent de la moyenne des deux vitesses qui est proche de 50 km/h !!!

Revenons à notre exercice. Nous cherchons la vitesse moyenne.

$$\text{Vitesse moyenne} = \frac{\textit{Distance totale}}{\textit{Temps total}}$$

Soit d la distance qui sépare le domicile de Jérôme de son travail.

Le temps aller vaut : $T_a = \frac{d_a}{V_a} = \frac{d}{30}$

Le temps retour vaut : $T_r = \frac{d_r}{V_r} = \frac{d}{60}$

$$\text{Donc, Vitesse moyenne} = \frac{2d}{T_a + T_r} = \frac{2d}{\frac{d}{30} + \frac{d}{60}} = \frac{2d}{\frac{3d}{60}} = \frac{120}{3} = 40 \text{ km/h}$$

Pour les plus astucieux (et pour gagner du temps) :

Dans l'énoncé on ne nous précise pas la distance qui sépare le domicile de Jérôme de son travail. On peut donc aisément comprendre que peu importe la distance, la réponse ne changera pas. Il suffit dès lors de prendre un cas qui facilite les calculs : distance = 60 km.

Jérôme à donc fait l'aller en 2 h et le retour en 1 h. Il a mis 3 heures pour faire 120 km. Sa vitesse est donc de $V = \frac{d}{T} = \frac{120}{3} = 40$. Soit 40 km/h. Plus simple non ?

- **Question 22. Réponse D**

  Soit **n**, le temps de communication de Jacques ce mois-ci (en minutes)
  Le premier forfait coûte : **10 + 0,05n**
  Le second forfait coûte : **16 + 0,03n**

  Nous savons que Jacques n'a pas de préférences entre ses deux formules lorsqu'il téléphone pendant n minutes. Nous pouvons donc en déduire que :
  $10 + 0,05n = 16 + 0,03n \Leftrightarrow 0,02n = 6 \Leftrightarrow n = 6/0,02 = 300$ minutes = 5 heures.

- **Question 23. Réponse A**

  Soit R et B le nombre de personnes qui constituent respectivement l'équipe rouge et l'équipe bleue. On peut retranscrire l'énoncé en un système de 2 équations à 2 inconnues.
  L'enjeu de la mise en équation est de bien faire attention à utiliser $B + 1$ et $R - 1$ quand un joueur passe de l'équipe R à B, et $B - 1$ et $R + 1$ dans le cas inverse.

  $$\begin{cases} B+1=2\times(R-1) \\ B-1=R+1 \end{cases} \Leftrightarrow \begin{cases} B=2R-2-1 \\ B=R+2 \end{cases}$$

  En remplaçant B par $R + 2$ dans la première ligne, on obtient :
  $R + 2 = 2R - 3 \Leftrightarrow \boldsymbol{R = 5}$ et donc $\boldsymbol{B = R + 2 = 7}$

  7 personnes composent l'équipe bleue.

- **Question 24. Réponse C**

  Après la première augmentation le prix du costume est de **1,04 × 100 = 104** et après la seconde augmentation, 1,05 × 104 = **109,2 €.**
  Attention à bien comprendre qu'une augmentation de 4 % de p, s'écrit $(1 + 4\%) \times p = 1,04p$...

- **Question 25. Réponse A.**

  Il est important de comprendre, avant de corriger cet exercice, que les bouteilles nouvellement créées vont permettre de fabriquer à leur tour des nouvelles bouteilles.

  Dans un premier temps, prenons 900 bouteilles et laissons de côté la 901e bouteille.

  En recyclant 900 bouteilles usagées, on fabrique 150 nouvelles bouteilles.
  Ces 150 nouvelles bouteilles nous permettent de fabriquer 30 autres bouteilles.
  Ces 30 nouvelles bouteilles nous permettent de fabriquer 5 autres bouteilles.
  Ces 5 nouvelles bouteilles auxquelles on ajoute la 901e bouteille permettent de fabriquer une bouteille.

  Le nombre de bouteilles fabriquées à partir de 901 bouteilles usagées est 186 (150 + 30 + 5 + 1 = 186).

■ **Question 26. Réponse B**

En considérant que l'ordre n'a pas d'importance dans ce cas, il faut savoir qu'en choisissant au hasard deux boules dans une urne sans remise, je peux avoir 21 couples de résultats différents.

En effet, en mathématiques, lorsqu'on choisit k objets parmi n objets discernables (numérotés de 1 à n) et que l'ordre dans lequel les objets sont placés (ou énumérés) n'a pas d'importance, on peut les représenter par un ensemble à k éléments. L'ensemble des combinaisons a pour cardinal le coefficient binomial C_n^k. Dans notre cas, $k = 2$, $n = 7$ et donc le nombre de couples possibles est $C_7^2 = \frac{7!}{5!2!} = 21$.

Les couples ayant pour résultat un nombre supérieur ou égal à 10 sont : (3;7), (4;6), (4;7), (5;6), (5;7), (6;7). On a donc 6 chances sur 21, soit 2 chances sur 7 de trouver un résultat supérieur ou égal à 10.

■ **Question 27. Réponse A**

L'énoncé nous présente deux équations à trois inconnues. Dans ces conditions, il est généralement impossible de résoudre le système, mais nous allons utiliser une ruse bien connue pour trouver la réponse à cette question.

Si nous multiplions les deux équations entre elles, nous obtenons :
$m^2 \times p^5 \times m^4 \times n^6 \times p = 7^6 \times 7^{12} \Leftrightarrow m^6 \times n^6 \times p^6 = 7^{18} \Leftrightarrow (m \times n \times p)^6 = (7^3)^6$.

En conclusion, $m \times n \times p = 7^3$.

■ **Question 28. Réponse D**

Soit x le nombre de planchettes en pin de 3 cm d'épaisseur, et y le nombre de planchettes en pin de 5 cm d'épaisseur. Pour répondre à notre question, il faut résoudre le système d'équations suivant :

$$\begin{cases} x+y=100 \\ 3x+5y=380 \end{cases} \Leftrightarrow \begin{cases} y=100-x \\ 3x+5y=380 \end{cases}$$

On remplace y dans la seconde équation :
$3x + 5y = 380 \Leftrightarrow 3x + 5\,(100 - x) = 380 \Leftrightarrow 500 - 2x = 380 \Leftrightarrow 120 = 2x \Leftrightarrow x = 60$.

Conclusion : Le nombre de planchettes de 3 centimètres que Sandrine possède est 60.

■ **Question 29. Réponse C**

Nous cherchons le plus petit nombre qui soit à la fois multiple de 5, de 6 et de 9, aussi appelé le PPCM.

Le PPCM de trois entiers naturels non nuls est leur plus petit multiple commun.
Dans notre exercice, on cherche à connaitre le PPCM de 5, 6 et 9, noté PPCM (5,6,9).

Utilisons pour cela la décomposition en produits de facteurs premiers :
$5 = 5$
$6 = 3 \times 2$
$9 = 3 \times 3 = 3^2$

On prend ensuite tous les facteurs qui figurent dans l'un au moins de ces produits. S'ils ont des exposants, nous leur attribuons leur plus grand exposant. On effectue alors le produit : PPCM $(5,6,9) = 2 \times 3^2 \times 5 = 90$.

Pour pouvoir partager équitablement ces gommettes, Christelle devra en acheter un minimum de 90.

Remarque : il est aussi possible de partir de solutions, et de trouver le plus petit nombre proposé parmi les solutions qui soit à la fois multiple de 5, de 6 et de 9.

- **Question 30. Réponse D**

Soit x la note la plus basse de l'étudiant lors de ces deux épreuves.
Ses notes sont donc : x et $(x + 4)$.

Les épreuves ayant le même coefficient, nous pouvons donc obtenir l'égalité suivante :
$14 = x + (x + 4)\ 2 = 2x + 42 \Leftrightarrow 28 = 2x + 4 \Leftrightarrow x = 12$.

Les deux notes de l'étudiant sont donc : 12 et 16.

Soyez conseillé(e) par Dorone Parienti !
Soyez conseillé(e) dans votre préparation aux concours en réservant un RDV individuel gratuit (présentiel ou téléphonique) avec nous sur :
www.lagrandeprepa.com / 07.56.99.09.09

Sous-test 3
Logique verbale

- **Question 31. Réponse B**

Ergoter, c'est contredire quelqu'un avec une obstination lassante sur des minuties en lui opposant des arguments excessivement subtils et captieux. En d'autres termes, le verbe « ergoter » signifie contester mal à propos.

- **Question 32. Réponse B**

On utilise la locution *de plain-pied* pour parler d'un logement construit sensiblement au niveau du sol, ou d'un logement dont toutes les pièces sont de même niveau.

- **Question 33. Réponse D**

Le Barbier de Séville est le premier volet de la trilogie théâtrale de Beaumarchais (1732-1799). L'auteur définit l'intrigue dans la préface qui accompagne dès 1877 sa pièce: « *Un vieillard amoureux [Bartholo] prétend épouser demain sa pupille [Rosine]; un jeune amant [le comte Almaviva] plus adroit le prévient, et ce jour même en fait sa femme à la barbe et dans la maison du tuteur* ».

- **Question 34. Réponse C**

Le subjonctif présent exprime une action incertaine, non réalisée au moment où nous nous exprimons. Dans la troisième proposition, le verbe « voir » est conjugué au présent de l'indicatif et non au subjonctif présent (*que sa sœur voie*).

- **Question 35. Réponse B**

À travers son œuvre et ses discours, Camus a toujours souligné son lien fidèle à sa terre natale, l'Algérie. Rejeté dans un premier temps par les Algériens, lui reprochant de ne pas avoir pris parti pour la libération, il est finalement peu à peu réintégré par la nouvelle génération. Sa relation avec l'Algérie se retrouvent dans ses textes de fictions et particulièrement dans *L'Étranger* et dans *La Peste*, qui se situait l'un à Alger, l'autre à Oran.

- **Question 36. Réponse D**

Un nom composé peut s'écrire en un seul mot (comme gendarme, issu de gens d'armes); il forme alors son pluriel comme les noms ordinaires. Néanmoins, la forme la plus répandue est celle où le nom est divisé en plusieurs mots. La question que l'on se pose alors est: comment former le pluriel de ces noms composés? Voici un tableau récapitulatif de l'ensemble des possibilités.

Verbe + Nom	Le verbe reste invariable, le nom prend le pluriel selon le sens	Chasse-neige, couvre-pieds
Nom + Nom	En général, les deux éléments prennent le pluriel.	Choux-fleurs, sourds-muets
Adjectif + Nom	En général, les deux éléments prennent le pluriel.	Grands-mères
Nom + Adjectif	En général, les deux éléments prennent le pluriel.	Coffres-forts
Adverbe + Nom	L'adverbe est toujours invariable	Arrière-boutiques

Les propositions A, B et C sont donc correctement orthographiées. Seule la proposition D est fausse ; on écrira « *portefeuille* » en un seul mot.

■ **Question 37. Réponse A**

Le terme « hurluberlu » vient de l'ancien français *hurelu* (ébouriffé) et *berlu* (qui est excentrique). On parle d'un hurluberlu pour décrire une personne étourdie ou extravagante.

■ **Question 38. Réponse D**

Il faut tester chaque conjonction et choisir la plus logique. Pour cela, il faut analyser le rapport entre la première et la seconde phrase : est-ce un rapport d'opposition, de nuance, de renchérissement ? La seconde phrase semble ici nuancer la première, puisqu'elle lui accorde un crédit partiel (« en partie vrai »), et qu'elle apporte une précision (cf. l'adverbe « aussi »). C'est donc la locution « même si » (D) qui est la plus logique, puisqu'elle introduit une concession, en vue d'apporter une nuance. La conjonction « bien que » (A) a le même sens mais ne fonctionne pas, car il y aurait alors un problème de concordance des temps : « bien que » exige en effet du subjonctif, et l'on devrait alors écrire : « Bien que cela soit en partie vrai ».

■ **Question 39. Réponse A**

Pour répondre à cette question, nous allons procéder par élimination et écarter d'emblée la proposition B. En effet, l'expression « *faire montre de* » signifie « montrer avec une sorte d'étalage, faire parade de » ; son sens est assez péjoratif et n'est donc pas cohérent avec l'extrait présenté.

Concernant la proposition C, elle doit être également éliminée dans la mesure où sa ponctuation est défaillante : elle emploie un point qui sépare ce court extrait en deux phrases. La proposition D est la seule proposition qui n'insiste pas sur le dévouement de cette personne. On l'exclut pour cette raison.

■ **Question 40. Réponse A**

« Vu » et « au vu de » signifie « en voyant ». Il n'est ainsi pas comparable à la locution « à la vue de », signifiant pour sa part « soumis au regard de ». Dans le premier cas, le nom est au masculin, les propositions B et D sont donc erronées.

Le participe passé du verbe « devoir » s'écrit dû, et non dût. On élimine donc la proposition C.

- **Question 41. Réponse B**

  Gargantua est le deuxième roman de François Rabelais écrit en 1534. D'une structure comparable à celle de Pantagruel (1532), mais d'une écriture plus complexe, il conte les années d'apprentissage et les exploits guerriers du géant Gargantua. Plaidoyer pour une culture humaniste contre les lourdeurs d'un enseignement sorbonnard figé, Gargantua est aussi un roman plein de verve, d'une grande richesse lexicale et d'une écriture souvent crue.

- **Question 42. Réponse B**

  Le proverbe français de Charles-Joseph Panckoucke « *à parti pris, point de conseil* » à un sens similaire à celui de l 'énoncé : on perd sa peine à vouloir convaincre une personne qui a déjà pris sa décision. On choisira donc la proposition B.

- **Question 43. Réponse C**

  Le terme « circonlocution » désigne un détour de langage qui, en évitant les termes précis, visent à masquer la pensée ou à adoucir ce que l'on veut dire.

- **Question 44. Réponse A**

  Encore une fois, cette figure de style, de par son appellation peut paraître redoutable. Mais une fois de plus, une simple lecture attentive de sa définition suffit à l'apprivoiser sans difficulté. Ici, le piège consiste à réduire l'aposiopèse aux points de suspension alors que ce signe de ponctuation a une portée qui s'étend bien au-delà de cette seule figure de style. En témoigne pertinemment la réponse A dont les « ... » ne servent qu'à indiquer une simple énumération. De surcroît, contrairement à l'aposiopèse, la coupure syntaxique de la réponse A ne relève aucune émotion, hésitation ou allusion.

- **Question 45. Réponse A**

  To be, or not to be (en français : « Être ou ne pas être ») est une phrase anglaise emblématique du théâtre car elle constitue l'ouverture de la célèbre tirade d'*Hamlet*, pièce de William Shakespeare.

Soyez conseillé(e) par Dorone Parienti !
Soyez conseillé(e) dans votre préparation
aux concours en réservant un RDV individuel gratuit
(présentiel ou téléphonique) avec nous sur :
www.lagrandeprepa.com / 07.56.99.09.09

Grille de réponses

Logique Générale		Logique Numérique		Logique Verbale	
1	Réponse D	**16**	Réponse B	**31**	Réponse B
2	Réponse A	**17**	Réponse D	**32**	Réponse B
3	Réponse C	**18**	Réponse D	**33**	Réponse D
4	Réponse D	**19**	Réponse C	**34**	Réponse C
5	Réponse D	**20**	Réponse B	**35**	Réponse B
6	Réponse C	**21**	Réponse B	**36**	Réponse D
7	Réponse A	**22**	Réponse D	**37**	Réponse A
8	Réponse A	**23**	Réponse A	**38**	Réponse D
9	Réponse A	**24**	Réponse C	**39**	Réponse A
10	Réponse A	**25**	Réponse A	**40**	Réponse A
11	Réponse B	**26**	Réponse B	**41**	Réponse B
12	Réponse D	**27**	Réponse A	**42**	Réponse B
13	Réponse A	**28**	Réponse D	**43**	Réponse C
14	Réponse A	**29**	Réponse C	**44**	Réponse A
15	Réponse C	**30**	Réponse D	**45**	Réponse A

Épreuves d'anglais

Anglais – Cours

fiche

Mémo 1 : les catégories grammaticales

Catégorie	Définition	Pour le repérer	Exemples
Nom	Mot variable en nombre, Il désigne une chose, un être, un concept...	Il est souvent précédé par : un article, un adjectif, un pronom possessif.	*the/a laptop, many people,* *large office, expensive meals, some cars.*
Verbe	Élément central d'une phrase, il décrit une action, un état ou un événement.	Il se trouve : Après un nom/ pronom, Devant un adjectif (+nom) Devant une préposition+nom Un verbe en sujet de phrase est à la forme -ing, et il y aura un 2ᵉ verbe dans la phrase.	*She / Helen works abroad* *They cook great meals* *I never run behind Jose.* *Cleaning the machinery is a weekly task.*
Préposition	Mot invariable, souvent court, la préposition introduit un complément : *in, on, for, behind...*	Elle est souvent suivie d'un nom (avec ou sans article) ou d'un pronom.	*on time, for breakfast, in front of your desk.*
Conjonction	Mot invariable, elle lie deux propositions entre elles : *and, because, if, when,*	Elle peut apparaître en début de phrase ou relier deux phrases entre elles.	*Before he could answer, she had left.* *Would you like some coffee while you're waiting ?*
Adjectif	Mot invariable en anglais, il décrit un nom.	Il est placé généralement avant le nom en question, souvent après un article	*big, exciting, better, blue.* *The wooden table.*
Pronom	Il remplace un nom, (un sujet, un COD ou COI, un endroit...) : *I, us, who, it*	Le pronom possessif se place devant le nom pour indiquer l'appartenance.	*my employer, your book.* *Give it to her.*
Adverbe	Il décrit l'action du verbe, ou un adjectif.	La plupart de adverbes se terminent en : *-ly*	*carefully, quickly*

Mémo 2 : noms dénombrables et indénombrables

Certaines questions du test vérifient si vous savez différencier les noms dénombrables des noms indénombrables. Un nom dénombrable (la plupart du temps) désigne une chose que l'on peut compter. Exemple : *one office, two offices.*

Un nom indénombrable désigne une entité que l'on ne peut pas compter un par un. Il peut aussi représenter un concept abstrait, des noms de masse ou de matières. Enfin, il n'a généralement pas de forme au pluriel. Exemple : *rice, air, water, time.*

Remarque : Méfiez-vous des pluriels irréguliers ! Ce sont bien des pluriels même en l'absence de -s final. *One person / two people.*

Remarque : Certains noms indénombrables en anglais se traduisent par un nom dénombrable en français. *Advice* (les conseils) / *furniture* (les meubles) / *information* (les renseignements).

Mémo 3 : les prépositions

Une préposition est un mot invariable (*on, at, in, by, under, toward...*) qui sert à introduire un autre mot ou groupe de mots avec une fonction de complément. La préposition marque un lien de dépendance (lieu, temps, manière...) entre le mot qu'elle introduit et le complément rattaché à ce mot. Exemple : *They left **for** the conference **at** 8:30 **on** foot.*

Les prépositions de temps et lieu les plus fréquentes.

Préposition	Temps	Lieu
at	avant une heure	devant une adresse, un lieu public
on	avant une date ou un jour précis	devant un nom de rue
in	avant une année, un mois	avant un pays, une ville

Certains verbes ou adjectifs sont associés à une préposition. Il n'y a pas de règles particulières pour dicter le choix de la préposition, il faut les retenir. Notons que les verbes qui suivent une préposition sont à la forme *-ing*. Exemple : *she is responsible for recruit**ing**.*

Les adjectifs et verbes avec préposition les plus fréquents.

Adjectifs		Verbes	
afraid of	qui a peur de	*apply for*	poser sa candidature
aware of	conscient de	*ask about*	se renseigner
familiar with	qui connaît bien	*ask for*	demander
fond of	attaché à	*belong to*	appartenir à
interested in	intéressé par	*deal with*	s'occuper de
made of	en (bois, verre...)	*depend on*	dépendre de
married to	marié avec	*look forward to*	attendre avec impatience
opposed to	opposé à, contre	*pay for*	payer
responsible for	responsable de	*listen to*	écouter
similar to	similaire à	*rely on*	compter sur
tired of	qui en a assez de	*succeed in*	réussir
worried about	inquiet au sujet de	*talk about*	parler de
proud of	fier de	*wait for*	attendre

Mémo 4 : les verbes à particules

On peut ajouter une particule à certains verbes ; celle-ci modifie le sens du verbe de départ. Il faut apprendre par cœur les traductions des verbes à particules, car elles ne sont pas toujours faciles à deviner.

Remarque : Quand on emploie un pronom, il se place entre le verbe et la particule. On dira par exemple, *could you please pick **it** up*.

Verbes à particules		Verbes à particules	
break down	tomber en panne	*make up for*	compenser
call off	annuler	*narrow down*	limiter (ses choix)
drop in	passer à l'improviste	*own up to*	avouer
fall through	tomber à l'eau	*put up with*	tolérer
get up	se lever	*run into*	tomber sur (qqn)
hear from	avoir des nouvelles	*step down*	démissionner
keep up with	se maintenir	*turn on/off*	allumer/éteindre
look up	chercher (sur liste)	*wake up*	(se) réveiller

fiche

Mémo 5 : les adjectifs et pronoms possessifs

Les adjectifs possessifs indiquent à qui appartient quelque chose. Ils s'emploient devant un nom. Exemple : ***My** desk is too big for **my** office.*

Les pronoms possessifs remplacent un adjectif possessif par un nom. Exemple : *Their facilities are modern and new, **ours** are older.*

Pronoms personnels sujet		Adjectifs possessifs		Pronoms possessifs	
I	Je	*My*	mon, ma, mes	*Mine*	le mien, la mienne, les mien(ne)s
You	Tu, vous	*Your*	ton, ta, tes, votre, vos	*Yours*	le/la tien(ne), le/la vôtre, les vôtres, les tien(ne)s
He	Il	*His*		*His*	le sien, la sienne, les sien(ne)s
She	Elle	*Her*	son, sa, ses	*Hers*	
It	Il, elle (neutre)	*Its*		–	
We	Nous	*Our*	notre, nos	*Ours*	le/la nôtre, les nôtres
They	Ils, elles	*Their*	leur, leurs	*Theirs*	le/la leur, les leurs

Mémo 6 : les comparaisons

On emploie le COMPARATIF pour comparer deux choses ou deux personnes.
Ex. : *this crate is **heavier than** you think.*

- Avec les adjectifs longs, on emploie ***more/less*** **+ adjectif (than)**
confortable → more confortable

- Avec les adjectifs courts, on emploie **adjectif + *-er* (than)**
colder → colder

- Pour dire « aussi ... que » on emploie ***as*** **+ adjectif +** ***as***

On emploie le SUPERLATIF pour dire « le plus ... » ou « le moins ... ».

- Avec les adjectifs longs, on emploie ***the most/the least*** **+ adjectif**
confortable → the most confortable

- Avec les adjectifs courts, on emploie ***the*** **+ adjectif +** ***-est***
colder → the coldest

	Comparatif	Superlatif
good	*better*	*the best*
bad	*worse*	*the worst*
little	*less*	*the least*
many	*more*	*the most*
far	*further / farther*	*the furthest / the farthest*

fiche

Mémo 7 : les auxiliaires modaux

Ce sont les mots qui s'utilisent en association avec un verbe principal : *can, should, shall, should, will, would, may, might, must.*
Au présent chaque modal représente une fonction décrite dans le tableau.

Modal	Fonction	Exemple	
can	capacité	*Can you drive?*	Savez-vous conduire ?
may / can	permission	*You may not water your garden during a drought*	Vous n'avez pas le droit d'arroser votre jardin lors d'une sécheresse
mustn't / can't	interdiction	*You mustn't leave the house*	Vous devez pas quitter la maison
must / have to	obligation	*You have to take vitamin C if you want to recover*	Vous devez prendre de la vitamine C si vous voulez vous rétablir
don't have to / don't need to	absence d'obligation	*You don't have to have a smartphone, but it's useful*	Vous n'êtes pas obligé d'avoir un smartphone, mais c'est utile
shall	suggestion	*Shall I go and see if the mail has arrived?*	Et si j'allais voir si le courrier est arrivé ?
should / ought / shouldn't / ought not to	conseil	*You should have told me you were ill*	Vous auriez dû me dire que vous étiez malade
can / could	demande	*Could you tell me more about this project?*	Pourriez-vous m'en dire plus sur ce projet ?
must	forte probabilité	*Someone's at the door, it must be Bill.*	Il y a quelqu'un à la porte, c'est sûrement Bill
can't	incrédulité	*It can't be snow, we're in summer !*	Ce ne peut pas être de la neige, nous sommes en été !
might / may / could	possibilité	*There might be a merger soon*	Il se peut qu'il y ait une fusion prochainement

Mémo 8 : gérondif ou infinitif ?

Certains verbes anglais sont toujours suivis de l'infinitif (**to + base verbale** : *I want to eat*), d'autres du gérondif (**base verbale + verbe en -*ing*** : *I enjoy swimming*).

Le gérondif s'emploie :

- En sujet de phrase. Exemple : ***Relaxing*** *beside the swimming pool is a good way to spend your vacation.*
- Après une préposition. Exemple : *I'm really keen on* ***learning*** *new dance steps.*
- Après les verbes de préférences (*like, love, hate, enjoy, mind, adore, dislike*...). Exemple : *I enjoy gardening in my spare time.*

L'infinitif s'emploie après un verbe suivi d'un objet. Exemple : *The travel agent advised us* ***to choose*** *half board instead of full board.*

Remarque : La signification de certains verbes change selon qu'ils sont suivis d'un verbe à l'infinitif ou d'un verbe en *-ing*.

- *To stop to smoke* = s'arrêter pour fumer
- *To stop smoking* = s'arrêter de fumer

Quelques verbes suivis d'un -ing		Quelques verbes suivis d'un infinitif	
avoid	éviter	*agree*	accepter
practice	s'entraîner	*expect*	s'attendre
give up	abandonner	*hope*	espérer
miss	risquer	*promise*	promettre
suggest	suggérer	*manage*	réussir
imagine	imaginer	*prepare*	se préparer
postpone	reporter	*decide*	se décider
spend time	passer du temps	*pretend*	faire semblant
finish	finir	*seem*	sembler
can't stand	ne pas supporter	*can't wait*	s'impatienter (attendre)

fiche

Mémo 9 : mots de liaison

Ordonner - Donner une formation supplémentaire

Ordonner		Information supplémentaire	
first	d'abord	*and*	et
then	après	*also*	aussi
after that	après ça	*additionally*	en outre, de plus
finally	enfin	*not only ... but also*	non seulement, mais aussi
next	puis, ensuite	*in addition (to)*	de plus
		moreover	de plus
		furthermore	de plus, en outre
		besides	en plus, encore
		as well as	aussi bien que

Indiquer le résultat - la cause

Résultat		Cause, But	
so	donc, par conséquent	*as*	comme, puisque
thus	donc, ainsi	*since*	puisque
as a result	en conséquence	*because*	parce que
therefore, consequently	donc, par conséquent	*due to + nom*	à cause de
		in order to	afin de

Marquer le contraste - le développement

Contraste		Développement	
but	mais	*in fact, usually*	en fait
though	bien que, pourtant	*indeed*	en effet
although	bien que	*above all*	surtout
even if	même si	*obviously*	évidemment
whereas	tandis que	*apparently*	apparemment
while	alors que	*according to*	selon
in spite of, despite	malgré, en dépit de	*personally*	personnellement
however	cependant	*in my opinion*	à mon avis
nevertheless	cependant, néanmoins	*fortunately*	heureusement
instead of	au lieu de	*unfortunately*	malheureusement
on the other hand	par contre	*surprisingly*	étonnamment

Mémo 10 : verbes irréguliers

Infinitif	Prétérit	Part. passé	Traduction
to awake	*awoke*	*awoken*	(se) réveiller
to bear	*bore*	*borne*	supporter
to beat	*beat*	*beaten*	battre
to become	*became*	*become*	devenir
to begin	*began*	*begun*	commencer
to bend	*bent*	*bent*	(se) courber
to bet	*bet*	*bet*	parier
to bid	*bid*	*bid*	offrir (un prix)
to bind	*bound*	*bound*	lier, relier
to bite	*bit*	*bitten*	mordre
to bleed	*bled*	*bled*	saigner
to blow	*blew*	*blown*	souffler
to break	*broke*	*broken*	casser
to breed	*bred*	*bred*	élever (du bétail)
to bring	*brought*	*brought*	apporter
to build	*built*	*built*	construire
to burn	*burnt*	*burnt*	brûler
to burst	*burst*	*burst*	éclater
to buy	*bought*	*bought*	acheter
to cast	*cast*	*cast*	jeter
to catch	*caught*	*caught*	attraper
to choose	*chose*	*chosen*	choisir
to cling	*clung*	*clung*	s'accrocher
to come	*came*	*come*	venir
to cost	*cost*	*cost*	coûter
to creep	*crept*	*crept*	ramper
to cut	*cut*	*cut*	couper
to deal	*dealt*	*dealt*	distribuer
to dig	*dug*	*dug*	creuser
to do	*did*	*done*	faire
to draw	*drew*	*drawn*	dessiner
to dream	*dreamt*	*dreamt*	rêver
to drink	*drank*	*drunk*	boire
to drive	*drove*	*driven*	conduire
to dwell	*dwelt*	*dwelt*	habiter
to eat	*ate*	*eaten*	manger
to fall	*fell*	*fallen*	tomber

Infinitif	Prétérit	Part. passé	Traduction
to feed	*fed*	*fed*	nourrir
to feel	*felt*	*felt*	sentir, éprouver
to fight	*fought*	*fought*	combattre
to find	*found*	*found*	trouver
to flee	*fled*	*fled*	s'enfuir
to fling	*flung*	*flung*	jeter violemment
to fly	*flew*	*flown*	voler
to forbid	*forbade*	*forbidden*	interdire
to forget	*forgot*	*forgotten*	oublier
to forgive	*forgave*	*forgiven*	pardonner
to freeze	*froze*	*frozen*	geler
to get	*got*	*got*	obtenir
to give	*gave*	*given*	donner
to go	*went*	*gone*	aller
to grind	*ground*	*ground*	moudre
to grow	*grew*	*grown*	grandir
to hang	*hung*	*hung*	pendre, accrocher
to have	*had*	*had*	avoir
to hear	*heard*	*heard*	entendre
to hide	*hid*	*hidden*	(se) cacher
to hit	*hit*	*hit*	frapper, atteindre
to hold	*held*	*held*	tenir
to hurt	*hurt*	*hurt*	blesser
to keep	*kept*	*kept*	garder
to kneel	*knelt*	*knelt*	s'agenouiller
to know	*knew*	*known*	savoir, connaître
to lay	*laid*	*laid*	poser à plat
to lead	*led*	*led*	mener
to lean	*leant*	*leant*	s'appuyer
to leap	*leapt*	*leapt*	sauter
to learn	*learnt*	*learnt*	apprendre
to leave	*left*	*left*	laisser, quitter
to lend	*lent*	*lent*	prêter
to let	*let*	*let*	permettre, louer
to lie	*lay*	*lain*	être étendu
to light	*lit*	*lit*	allumer

Infinitif	Prétérit	Part. passé	Traduction
to lose	*lost*	*lost*	perdre
to make	*made*	*made*	faire, fabriquer
to mean	*meant*	*meant*	signifier
to meet	*met*	*met*	(se) rencontrer
to pay	*paid*	*paid*	payer
to put	*put*	*put*	mettre
to quit	*quit*	*quit*	cesser (de)
to read	*read*	*read*	lire
to rid	*rid*	*rid*	débarrasser
to ride	*rode*	*ridden*	chevaucher
to ring	*rang*	*rung*	sonner
to rise	*rose*	*risen*	s'élever, se lever
to run	*ran*	*run*	courir
to saw	*sawed*	*sawn*	scier
to say	*said*	*said*	dire
to see	*saw*	*seen*	voir
to seek	*sought*	*sought*	chercher
to sell	*sold*	*sold*	vendre
to send	*sent*	*sent*	envoyer
to set	*set*	*set*	fixer
to sew	*sewed*	*sewn*	coudre
to shake	*shook*	*shaken*	secouer
to shear	*sheared*	*shorn*	tondre (des moutons)
to shed	*shed*	*shed*	verser (des larmes)
to shine	*shone*	*shone*	briller
to shoe	*shod*	*shod*	ferrer, chausser
to shoot	*shot*	*shot*	tirer
to show	*showed*	*shown*	montrer
to shrink	*shrank*	*shrunk*	rétrécir
to shut	*shut*	*shut*	fermer
to sing	*sang*	*sung*	chanter
to sink	*sank*	*sunk*	couler
to sit	*sat*	*sat*	être assis
to sleep	*slept*	*slept*	dormir
to slide	*slid*	*slid*	glisser
to sling	*slung*	*slung*	lancer (avec force)

Infinitif	Prétérit	Part. passé	Traduction
to slink	*slunk*	*slunk*	aller furtivement
to slit	*slit*	*slit*	fendre, inciser
to smell	*smelt*	*smelt*	sentir (odorat)
to sow	*sowed*	*sown*	semer
to speak	*spoke*	*spoken*	parler
to speed	*sped*	*sped*	aller à toute vitesse
to spell	*spelt*	*spelt*	épeler
to spend	*spent*	*spent*	dépenser
to spill	*spilt*	*spilt*	renverser (un liquide)
to spit	*spat*	*spat*	cracher
to split	*split*	*split*	fendre
to spoil	*spoilt*	*spoilt*	gâcher, gâter
to spread	*spread*	*spread*	répandre
to spring	*sprang*	*sprung*	jaillir, bondir
to stand	*stood*	*stood*	être debout
to steal	*stole*	*stolen*	voler, dérober
to stick	*stuck*	*stuck*	coller
to sting	*stung*	*stung*	piquer
to stink	*stank*	*stunk*	puer
to stride	*strode*	*stridden*	marcher à grands pas
to strike	*struck*	*struck*	frapper
to string	*strung*	*strung*	enfiler, tendre (une corde)
to strive	*strove*	*striven*	s'efforcer
to swear	*swore*	*sworn*	jurer
to sweep	*swept*	*swept*	balayer
to swell	*swelled*	*swollen*	enfler
to swim	*swam*	*swum*	nager
to swing	*swung*	*swung*	se balancer
to take	*took*	*taken*	prendre
to teach	*taught*	*taught*	enseigner
to tear	*tore*	*torn*	déchirer
to tell	*told*	*told*	dire, raconter
to think	*thought*	*thought*	penser
to throw	*threw*	*thrown*	jeter
to thrust	*thrust*	*thrust*	enfoncer

Infinitif	Prétérit	Part. passé	Traduction
to tread	*trod*	*trodden*	fouler aux pieds
to understand	*understood*	*understood*	comprendre
to wake	*woke*	*woken*	(se) réveiller
to wear	*wore*	*worn*	porter (des vêtements)
to weave	*wove*	*woven*	tisser
to weep	*wept*	*wept*	pleurer
to win	*won*	*won*	gagner
to wind	*wound*	*wound*	enrouler
to wring	*wrung*	*wrung*	tordre
to write	*wrote*	*written*	écrire

Soyez conseillé(e) par Dorone Parienti !
Soyez conseillé(e) dans votre préparation
aux concours en réservant un RDV individuel gratuit
(présentiel ou téléphonique) avec nous sur :
www.lagrandeprepa.com / 07.56.99.09.09

Test blanc n° 1

❑ **Question 1.** The child should respect the rules of the school if he doesn't want to get (...) off.

A. showed
B. told
C. given
D. turned

❑ **Question 2.** British don't drink beer (...) they drink tea.

A. as often as
B. much often
C. so more
D. as often

❑ **Question 3.** As far as I can remember he has always been interested (...) foreign languages.

A. in
B. on
C. with
D. out

❑ **Question 4.** The fugitive has (...).

A. been arrested
B. been arrest
C. be arrest
D. be arrested

❑ **Question 5.** Even though I know the language, I sometimes don't get the jokes, which reminds me that I don't (...) here.

A. understand
B. belong
C. thrive
D. cope with

❑ **Question 6.** The speaker is such a good liar; I can't tell (...) he is telling the truth or not.

A. weather
B. weaver
C. whether
D. wether

❑ **Question 7.** The foreign exchange student was shy and couldn't speak (...).

A. up
B. off
C. on
D. away

❑ **Question 8.** This saved us a lot of time and made the equipment purchase much more (...).

A. economy

B. economics

C. economic

D. economical

❑ **Question 9.** The tourists drank tap water while visiting India, therefore they were all (...) the day after.

A. seek

B. sicks

C. sikh

D. sick

❑ **Question 10.** The doctor's handwriting was so bad, the pharmacist could barely (...) what he wrote.

A. disturb

B. deny

C. decipher

D. reject

❑ **Question 11.** When he was younger Tom loved bread so much, he considered becoming a (...).

A. blacksmith

B. baker

C. butcher

D. jeweler

❑ **Question 12.** The industry is definitely in favor of making resolution, supported (...) appropriately flexible concept of work.

A. by a

B. to

C. to on

D. by an

❑ **Question 13.** We are already paying too much in legal ... and too much in penalties and fines.

A. profits

B. fees

C. earnings

D. revenues

❑ **Question 14.** If he had realized how hard the exam was, he (...) have studied more.

A. would
B. won't
C. will
D. shan't

❑ **Question 15.** The lack of accurate and reliable data is seen as (...) attempts to tackle the issue effectively.

A. withstanding
B. understanding
C. undermining
D. upstanding

❑ **Question 16.** He thinks he wouldn't feel sick if he (...) eaten that outdated milk.

A. haven't
B. wasn't
C. have
D. hadn't

❑ **Question 17.** The backpackers visited the site which was recommended (...) the guide book.

A. by
B. at
C. from
D. into

❑ **Question 18.** Despite what we were told at work, (...) was no major troubles in the city when we arrived.

A. they
B. they're
C. their
D. there

❑ **Question 19.** We went to Spain on vacation, the weather could not have been (...).

A. well
B. better
C. good
D. better off

❑ **Question 20.** My grandfather is too old to work now, he (...) from his job five years ago.

A. revealed
B. retired
C. remit
D. remote

❑ **Question 21.** Given that his professional skills were outdated, he had troubles finding a new (...).

A. salary
B. position
C. competition
D. board

❑ **Question 22.** The teacher I was talking to is of Irish (...).

A. community
B. relatives
C. ancestors
D. descent

❑ **Question 23.** From a very young age, he has always been (...) gangsters.

A. fascinated out
B. fascinated by
C. fascinated with
D. fascinated to

❑ **Question 24.** This test is not as hard as I would have (...).

A. throughout
B. tough
C. thought
D. though

❑ **Question 25.** The beer costs 4,5 € but if you bring the glass bottle to the bar, they will (...) you 1 €.

A. retire
B. refund
C. give out
D. grant

❑ **Question 26.** (...) all my work, I still failed the exam.

A. Since
B. Therefore
C. Despite
D. With

- [ ] **Question 27.** I'd like to thank you all for your help, I will always be (...) for this.
  A. grateful
  B. painful
  C. helpful
  D. hateful

- [ ] **Question 28.** The current diplomatic crisis is the biggest challenge the government had to (...) so far.
  A. cope with
  B. replicate
  C. thrive
  D. entitle

- [ ] **Question 29.** As he (...) sunglasses, no one could tell what he was looking at.
  A. worn
  B. worked out
  C. watched from
  D. wore

- [ ] **Question 30.** The garage can repair cars. (...) they can repair motorbikes.
  A. On the contrary
  B. However
  C. On the other hand
  D. Nevertheless

- [ ] **Question 31.** Concerns are growing as Beijing's influence has grown (...) than anyone anticipated.
  A. rapid
  B. rapidly
  C. more rapidly
  D. most rapidly

- [ ] **Question 32.** In a 2015 Instagram post, Rochester shared a photo she took of Kaylene before she (...) she was her mother.
  A. will know
  B. knows
  C. has known
  D. knew

❑ **Question 33.** After the informal plenary meeting, we will resume our work in a formal plenary meeting (...) 12.30 sharp.

A. before
B. at
C. on
D. in

❑ **Question 34.** Your blood can (...) help to save up to three lives.

A. literally
B. steeply
C. seriously
D. dramatically

❑ **Question 35.** I detest it when he sinks into one of his (...) mood.

A. dismal
B. tasteless
C. morose
D. drab

❑ **Question 36.** The drink I like to have (...) eating meat is red wine.

A. during
B. among
C. while
D. along

❑ **Question 37.** Due to a flu epidemic, four employees are (...) sick.

A. out
B. away
C. off
D. out of

❑ **Question 38.** This will bring to light any significant changes that we need to look (...) more deeply.

A. into
B. out
C. in
D. away

❑ **Question 39.** A (...) or gathering is regarded as unlawful if this authorization is not obtained.

A. plot
B. manifestation
C. demonstration
D. prohibition

❑ **Question 40.** Through (...).

A. thumb as tie
B. thin to thumb
C. tie with trip
D. thick and thin

Test blanc n° 1

- **Question 1. Réponse B**

  Dans le contexte de la phrase, nous recherchons l'équivalent en anglais du verbe « gronder » qui se dit *to tell off*, employé ici avec son participe passé *told*. Par ailleurs, *show off* signifie « frimer », *give off* « dégager, émettre » et *turn off* « éteindre ».

- **Question 2. Réponse A**

  Lorsque l'on cherche à comparer deux termes en anglais, on utilise la construction « *as ... as* ». Dans le contexte de la phrase, la seule construction qui fait sens est donc la proposition A « *as often as* », qui signifie « aussi souvent que ».

- **Question 3. Réponse A**

  On s'intéresse dans cette question au cas du participe passé adjectival, soit *interested* en anglais et « intéressé » en français. En anglais, ce participe passé adjectival se construit avec la préposition *in* suivi d'un groupe nominal ou d'une proposition en *–ing*.

- **Question 4. Réponse A**

  C'est la forme passive que l'on attend ici, on utilisera donc le participe passé avec le *present perfect simple*. La bonne réponse est la proposition A : *been arrested*.

- **Question 5. Réponse B**

  Le verbe *to belong* signifie généralement « appartenir » mais il peut également prendre un sens différent selon le contexte. Par exemple, l'expression anglaise *I don't belong here* signifie « je ne suis pas d'ici ». On notera qu'aucune des autres propositions n'est cohérente avec le contexte de la phrase.

  Le verbe *to understand* signifie « comprendre », *to thrive* « prospérer, s'épanouir » et *to cope with* « faire face à ».

- **Question 6. Réponse C**

  En anglais, la conjonction « si » ne se traduit pas systématiquement par le terme *if*. Par exemple, si la conjonction introduit deux options clairement définies et opposées, il est préférable d'employer la conjonction *whether*. Dans notre extrait, l'auteur parle d'un orateur qui ment si bien qu'il est incapable de dire si la personne ment (option 1) ou dit la vérité (option 2). On est bien là face à deux options définies et clairement opposées.

  Enfin, attention à ne pas confondre *whether* avec *weather* qui désigne « le temps [qu'il fait] », ou avec *wether* qui désigne... « un bélier châtré » !

- **Question 7. Réponse A**

  Le verbe à particule *to speak up* signifie « parler fort, se faire entendre » et constitue la seule proposition qui ait du sens dans cet extrait. Les autres propositions ne sont pas correctes : aucun des verbes à particule constitués n'existe en anglais. Notons que les autres formes existantes avec le verbe *to speak* sont : *speak out, speak for [someone], speak in [sb's favour]* et *speak to [sb/sth]*.

■ **Question 8. Réponse D**

Dans cet extrait, le terme que l'on cherche est nécessairement un adjectif singulier : l'utilisation des autres propositions entraîneraient une erreur syntaxique. On élimine donc logiquement les propositions A et B. On hésite alors entre les adjectifs *economic* et *economical* qui répondent tous deux aux exigences syntaxiques et grammaticales, mais n'ont pas exactement le même sens. L'adjectif *economic* signifie « économique » dans le sens de « quelque chose qui se réfère à la science économique ». L'adjectif *economical* est quant à lui employé dans l'expression « faire des économies ».

Conclusion : la proposition D est la bonne réponse.

■ **Question 9. Réponse D**

L'adjectif *sick* signifie « malade », et comme tout adjectif anglais il est invariable. On choisira donc la proposition D comme réponse (et non la B). Par ailleurs, *to seek* est un verbe qui veut dire « chercher », *sikh* désigne le pratiquant d'une religion indienne, le Sikhisme – ce terme s'orthographie de la même façon en français.

■ **Question 10. Réponse C**

L'extrait donné parle d'un médecin qui écrit si mal que le pharmacien arrive difficilement à déchiffrer ce qui est noté. Pour compléter correctement les pointillés, il suffit de trouver le verbe anglais dont le sens se rapproche de « déchiffrer, comprendre, interpréter ». Le seul terme qui répond à ce critère est *to decipher* qui signifie « déchiffrer ».

Les autres verbes *to disturb, to deny* et *to reject* signifient respectivement « déranger », « nier » et « rejeter ».

■ **Question 11. Réponse B**

La seule proposition qui ait un rapport avec le contexte donné est le mot *baker* – boulanger, en français. En effet, on retrouve dans l'extrait le mot clé *bread,* qui signifie « pain » ; ce qui nous permet de répondre très rapidement proposition B.

Les autres termes sont tous des noms de métiers : *blacksmith* désigne « un forgeron », *butcher* « un boucher » et *jeweler* « un bijoutier ».

■ **Question 12. Réponse D**

Le terme qu'il faut utiliser pour traduire la préposition « par » de l'expression « soutenu PAR » est la préposition *by.* Il reste alors comme réponses possibles les propositions A et D. Il suffit alors de remarquer que *appropriately* commence par une voyelle, et qu'il doit donc être précédé du pronom *an* – et non de *a*. On choisit logiquement la proposition D.

■ **Question 13. Réponse B**

Le terme *fees* signifie « honoraires ». L'expression *legal fees* est une formule connue, les autres termes ne sont pas adaptés au contexte ou occasionnent une erreur syntaxique.

- **Question 14. Réponse A**

En grammaire anglais, il faut savoir qu'une principale contenant une construction en « *if* + sujet + *had* + participe passé » est toujours suivie d'une relative au conditionnel dont la forme passée est exprimée en anglais par la construction « sujet + *would have* + participe passé ». On choisira la proposition A. Il s'agit d'une règle de concordance des temps dont nous avons l'équivalent en français. Par exemple : « *S'il avait* réalisé à quel point l'examen était difficile, *il aurait* plus étudié. »

- **Question 15. Réponse C**

Pour que la phrase ait un sens, on cherche à compléter les pointillés par un verbe dont le sens est celui de « saper, miner, affaiblir ». Parmi les propositions données, seul le verbe *undermining* répond à ces contraintes. Les autres termes, qu'ils soient des verbes (*withstanding*), des noms (*understanding*) ou des adjectifs (*upstanding*) ne sont pas cohérents avec l'extrait présenté.

- **Question 16. Réponse D**

Nous nous retrouvons ici face un problème de concordance des temps dans une phrase mise à la forme conditionnelle. L'expression « *he wouldn't feel seek if [...]* » de la première partie de phrase implique nécessairement l'emploi de « *hadn't eaten* ». En effet, on retrouve dans cet extrait l'usage du conditionnel sous sa troisième forme, celle qui permet de parler des choses qui aurait pu se produire mais qui ne sont pas produits. Dans ce cadre précis, la forme de la phrase sera toujours : « *would have* + participe passé + *if* + past perfect modal ».

- **Question 17. Réponse A**

Dans le contexte de la phrase, la préposition française « par » de l'expression « recommandé PAR le guide » se traduit systématiquement par *by* en anglais. En règle générale, chaque fois que la préposition « par » est suivie de quelqu'un ou quelque chose qui « fait l'action », on emploiera *by* en anglais. Les deux autres traductions possibles de « par » sont : *through* lorsque nous exprimons un mouvement comme dans l'expression « passer PAR Paris » ; *per* dans les expressions telles que « deux desserts PAR personne ».

- **Question 18. Réponse D**

L'expression française « il y avait » se traduit systématiquement par *there was* ou *there were*. Concernant les autres propositions, le pronom *they* signifie « ils, elles », *they're* est soit la contraction de « *they are* » soit la contraction de « *they were* » et signifie donc selon les cas « ils sont » ou « ils étaient ». Enfin, *their* signifie « leurs ».

- **Question 19. Réponse B**

Pour compléter correctement l'extrait d'un point de vue syntaxique, il nous faut utiliser une phrase sous sa forme figée. L'une des structures connues de tournures figées en anglais est « *could not have been* + adjectif sous la forme comparative ». Or, parmi les propositions données, seul l'adjectif *better* est sous cette forme. La bonne réponse est donc la proposition B. Notons que *better off* désigne « [une personne] riche, fortunée » ce qui n'est pas appropriée ici.

- **Question 20. Réponse B**

  Cet extrait évoque le cas d'un grand-père trop vieux pour travailler ; la raison est « qu'il a pris sa retraite cinq années auparavant ». On cherche donc, parmi les propositions données, celle qui a le sens le plus proche de « prendre sa retraite ». Le verbe qui répond le mieux à ce critère est (B) *to retire*. Les autres verbes signifient respectivement : révéler, remettre et enlever.

- **Question 21. Réponse B**

  Cet extrait évoque le cas d'un individu dont les compétences professionnelles ne sont pas à jour, ce qui fait qu'il a du mal à trouver un nouveau poste, un nouveau travail. Parmi les propositions données, celle dont le sens se rapproche le plus des termes « poste, travail, fonction » est *position*.

- **Question 22. Réponse D**

  Pour répondre correctement à cette question, on va procéder par élimination. Pour utiliser le terme *community* – en français « communauté » – il faudrait que la phrase contienne la préposition *from* pour créer la construction grammaticale correcte suivante : *from an Irish community*. On élimine donc la proposition A. Les autres termes *relative* et *ancestors* n'auraient pu être utilisés dans le contexte que s'ils étaient introduits par le verbe *to have*, ce qui n'est pas le cas ici. La bonne réponse est donc la proposition D, *descent* signifie « origine ».

- **Question 23. Réponse C**

  Pour répondre correctement à la question, il faut connaitre la règle de grammaire relative au participe passé *fascinated*. Cette règle est simple : si l'objet de la fascination est tangible, palpable, alors *fascinated* est toujours suivi par la préposition *with*. Dans le cas contraire – l'objet de la fascination est intangible – on utilisera la préposition *by*. Dans notre cas, le terme *gangsters*, objet de la fascination, est une réalité tangible. Il faudra donc employer le verbe à particules *fascinated with*.

- **Question 24. Réponse C**

  Cette question est difficile car toutes les propositions se ressemblent, ce sont des paronymes ou des homophones. Le participe passé du verbe *to think* s'écrit : *t-h-o-u-g-h-t*. Les autres propositions signifient respectivement : « durant », « difficile, dur » et « cependant ».

- **Question 25. Réponse B**

  Parmi les verbes proposés, nous cherchons ici celui qui signifie « rembourser ». La proposition B est la seule répondant à ce critère. Les autres verbes signifient respectivement : partir à la retraite, distribuer et octroyer.

- **Question 26. Réponse C**

  Les propositions A et B font référence à un rapport de cause à effet, ce qui n'est pas sous-entendu dans le contexte. L'emploi de la proposition D n'est pas correct syntaxiquement. La proposition C est donc, par élimination, la bonne réponse.

- **Question 27. Réponse A**
  Dans l'extrait donné, le narrateur souhaite remercier l'ensemble des personnes qui l'ont aidé. Il conclut son allocution en affirmation qu'il sera toujours reconnaissant pour ce geste. La seule proposition qui puisse compléter les pointillés est donc l'adjectif *grateful*, qui signifie « reconnaissant ». Les autres termes ont un sens mais ne sont pas les plus appropriés dans le contexte de la phrase ; *painful* signifie « douloureux », *helpful* « utile » et *hateful* « haineux ».

- **Question 28. Réponse A**
  Si l'on devait traduire la phrase dans sa totalité, on dirait : « *la crise diplomatique actuelle est de loin le plus grand défi auquel le gouvernement a dû faire face* ». On doit donc logiquement compléter les pointillés avec un verbe dont le sens est proche de « faire face, affronter » : *to cope with*.
  Les autres verbes signifient, respectivement : répliquer, s'épanouir, conférer.

- **Question 29. Réponse D**
  La forme prétérit du verbe *to wear* qui signifie « porter » est *wore*. Dans cette question, on choisira donc la proposition D. Parmi les autres propositions données, *worn* est son participe, *watched from* n'est pas un verbe pronominal et *work out* signifie « faire de l'exercice ».

- **Question 30. Réponse C**
  La bonne réponse est la proposition C. En effet, *on the other hand* ne marque pas nécessairement une opposition tandis que les autres termes le font.

- **Question 31. Réponse C**
  On a besoin d'un adverbe au comparatif pour compléter la comparaison avec *than* qui modifie le verbe. Or, parmi les propositions : la A est un adjectif, la B est un adverbe mais n'est pas au comparatif et la D est un superlatif et ne peut pas s'employer avec *than*.

- **Question 32. Réponse D**
  Une action passée qui se déroule après une action antérieure se met au prétérit simple. La proposition A est conjuguée au futur, la proposition B au présent, la proposition C est au *present perfect*. Notons que le verbe *to know* est un irrégulier et que son prétérit est : *knew*.

- **Question 33. Réponse B**
  Lorsque l'on évoque une heure précise, on utilisera la préposition *at*. En français : « Après la réunion plénière informelle, nous reprendrons nos travaux en séance plénière officielle à 12 h 30 exactement ».

- **Question 34. Réponse A**
  La seule proposition appropriée au contexte de la phrase est ici « littéralement », en anglais : *literally*. On choisit donc la proposition A. Concernant les autres adverbes, *steeply* signifie « brusquement », *seriously* « sérieusement » et *dramatically* « considérablement ».

- **Question 35. Réponse C**
  Tous ces termes désignent quelque chose de maussade, terne, ennuyeux etc. Cependant, l'adjectif *morose* est le plus approprié pour évoquer l'humeur d'une personne.

- **Question 36. Réponse C**
  Nous cherchons ici un mot exprimant l'idée d'une simultanéité. Seul « pendant que » exprimé en anglais par la conjonction *while* convient. Parmi les autres propositions, *during* signifie « pendant », *among* « parmi » et *along* « le long de ».

- **Question 37. Réponse C**
  En anglais, l'expression « être en congé maladie » se dit *to be off sick*.
  On retiendra donc la proposition C.

- **Question 38. Réponse A**
  La bonne proposition, qui signifie ici « étudier, analyser » est : *look into*. On préférera donc la A. Concernant les autres propositions, *look out* signifie « chercher », *look in* « regarder dedans » et *look away* « détourner le regard ».

- **Question 39. Réponse C**
  En anglais, « une manifestation » se dit *demonstration*. Concernant les autres propositions formulées, *plot* désigne « une intrigue, un complot », *manifestation* « un signe, une expression » et *prohibition* « une interdiction ».

- **Question 40. Réponse D**
  En anglais, l'expression *dans les bons et les mauvais moments* se dit « *through thick and thin* ».

Soyez conseillé(e) par Dorone Parienti !
Soyez conseillé(e) dans votre préparation aux concours en réservant un RDV individuel gratuit (présentiel ou téléphonique) avec nous sur :
www.lagrandeprepa.com / 07.56.99.09.09

Grille de réponses

Épreuve de langues : Anglais			
1	Réponse B	**21**	Réponse B
2	Réponse A	**22**	Réponse D
3	Réponse A	**23**	Réponse C
4	Réponse A	**24**	Réponse C
5	Réponse B	**25**	Réponse B
6	Réponse C	**26**	Réponse C
7	Réponse A	**27**	Réponse A
8	Réponse D	**28**	Réponse A
9	Réponse D	**29**	Réponse D
10	Réponse C	**30**	Réponse C
11	Réponse B	**31**	Réponse C
12	Réponse D	**32**	Réponse D
13	Réponse B	**33**	Réponse B
14	Réponse A	**34**	Réponse A
15	Réponse C	**35**	Réponse C
16	Réponse D	**36**	Réponse C
17	Réponse A	**37**	Réponse C
18	Réponse D	**38**	Réponse A
19	Réponse B	**39**	Réponse C
20	Réponse B	**40**	Réponse D

Test blanc n° 2

❑ **Question 1.** When I was a child, I wanted to become a doctor, but I had to give up because I was bad (...) maths.

A. on
B. with
C. to
D. at

❑ **Question 2.** I went to the bank to (...) money from my account.

A. withdrawal
B. withdraw
C. withdrew
D. withdrawn

❑ **Question 3.** Today, this market is the largest (...) in the East of France, the absolute must-see location for enthusiasts of second-hand objects.

A. landfill
B. market share
C. flea market
D. flee market

❑ **Question 4.** He doesn't even notice that his friends have stopped (...) and are whispering to each other.

A. talk
B. talks
C. to talk
D. talking

❑ **Question 5.** If I (...) rich I would buy you truffles and Champaign, but I am not so let's have a pizza.

A. was
B. wouldn't be
C. were
D. will

❑ **Question 6.** I (...) the lid to open the jar, so I could have some of that awesome strawberry jam.

A. revolved
B. turn on
C. rotated
D. twisted

❑ **Question 7.** If I (...) charged under a criminal court, I would have had legal aid.
A. were
B. was
C. had been
D. has been

❑ **Question 8.** When he bought a house in Cork, Nicolas had already (...) a flat for four years in Dublin.
A. rent
B. renting
C. to rent
D. rents

❑ **Question 9.** Croatia is definitely where I (...) to go on holidays.
A. would have like
B. would have liked
C. would had liked
D. would has liked

❑ **Question 10.** Unfortunately, one of my pencils (...) during the exam, so I couldn't write anymore.
A. showed
B. swapped
C. shopped
D. snapped

❑ **Question 11.** I (...) have learnt English for a very long time now, but I still make some mistakes.
A. have
B. may
C. could
D. would

❑ **Question 12.** I know what this phrase means but I do not know who (...) it.
A. rose
B. laid
C. realised
D. coined

❑ **Question 13.** When in India, she could (...) her life goal of visiting the Taj Mahal.

A. fill
B. make
C. achieve
D. built

❑ **Question 14.** The (...) gave rise to an unprecedented situation: the need to harmonize very different policies on remuneration and working hours.

A. merely
B. merengue
C. mericap
D. merger

❑ **Question 15.** Unemployment rate is expected to reach an alarming (...) by the end of the year.

A. line
B. threshold
C. slope
D. shrinking

❑ **Question 16.** I was born in France, but I (...) live in Ireland.

A. originally
B. literally
C. actually
D. currently

❑ **Question 17.** At the meeting, I (...) new ideas to improve the company.

A. put forward
B. advanced
C. postponed
D. undermined

❑ **Question 18.** She owns two houses, one (...) is by the sea.

A. of whose
B. whose
C. which
D. of which

❑ **Question 19.** I disagree with that candidate, but I don't like his opponent (...).

A. as well
B. other
C. neither
D. either

❑ **Question 20.** When you rush to get things done, you might (...) with bad or incomplete work.

A. finish up

B. go through

C. turn out

D. end up

❑ **Question 21.** Software Technologies aims to maintain a strong base of (...) quality and relevant skills within all sectors.

A. big

B. tall

C. high

D. cool

❑ **Question 22.** James (...) to be hired in a company which had previously rejected his application.

A. was offered

B. was offering

C. offers

D. has offered

❑ **Question 23.** Last summer, diplomatic tensions between North Korea and the US reached a(n) (...), with both presidents threatening each other of nuclear retaliation.

A. criteria

B. twist

C. climax

D. era

❑ **Question 24.** Governance of this sort is also, (...) enough, a quite natural and extreme form of modern managerial obsessions with control.

A. interest

B. interesting

C. interestingly

D. interested

❑ **Question 25.** This student is looking for an internship but doesn't really know where to (...).

A. offer

B. propose

C. replicate

D. apply

❑ **Question 26.** The landlord disagreed with the conditions and turned (...) the purchase offer.

A. out
B. into
C. down
D. on

❑ **Question 27.** Most of British people don't know (...) about foreign languages.

A. anything
B. nothing
C. many
D. lot

❑ **Question 28.** I don't have a dishwasher; you can put the plates in the (...).

A. sank
B. sink
C. sunk
D. sinking

❑ **Question 29.** Everyday, I go (...) university.

A. in
B. to
C. on
D. at

❑ **Question 30.** Anybody can learn a foreign language (...) those who don't even try.

A. otherwise
B. except
C. apart
D. however

❑ **Question 31.** Quite frankly, it's out of (...) for me to make comments on any other manufacturer's plan.

A. possibility
B. field
C. reach
D. scope

❑ **Question 32.** There were problems with all of them for the position and finally (...) was selected.

A. neither
B. none
C. all

D. any

❑ **Question 33.** The actors exit the (...) once the show has ended.

A. stage
B. contract
C. scene
D. factory

❑ **Question 34.** The federal system is designed to support states to better (...) their own laws.

A. enforced
B. enforcement
C. enforce
D. enforceable

❑ **Question 35.** Parents are (...) for their children.

A. responsable
B. responsible
C. responsive
D. respondent

❑ **Question 36.** I would like some tea; don't you mind putting the kettle (...)?

A. for
B. away
C. on
D. off

❑ **Question 37.** John forgot his umbrella and was (...) to the bones when he arrived to the pub.

A. drenched
B. drilled
C. exhausted
D. sorted

❑ **Question 38.** Moreover, such a strategy may (...) to be dangerous in terms of the quality of the statistics.

A. turn on
B. turn around
C. turn out
D. turn in

❑ **Question 39.** Oil prices suffered a(n) (...) fall due to the crisis.

A. optional
B. steep
C. blurred
D. shrinking

❑ **Question 40.** The candidate we have selected today said he would (...) his promise.

A. fulfill
B. consider
C. regard
D. achieve

Test blanc n° 2

- **Question 1. Réponse D**

  Dans le contexte de la phrase, nous cherchons un équivalent anglais à l'expression « mauvais en maths ». Ce « EN » se traduit systématiquement par *at* ; nous retiendrons donc la proposition D.

- **Question 2. Réponse B**

  En anglais, l'expression « retirer de l'argent » se dit : *withdraw money*. On choisit la proposition B. Concernant les autres propositions, le nom *withdrawal* désigne un retrait et les propositions C et D sont des formes conjuguées du verbe *to withdraw*.

- **Question 3. Réponse C**

  Pour donner un sens correct à cette phrase, on recherche ici un mot désignant un endroit où les gens peuvent acheter des objets d'occasion (en anglais : *second-hand objects*). Il s'agit donc d'un marché aux puces, que l'on traduit par : *flea market*. Ajoutons que *flee market* est mal orthographié, l'expression *market share* est hors-sujet et désigne « une part de marché », et le nom *landfill* désigne « une décharge ».

- **Question 4. Réponse D**

  On se retrouve dans cette question face à une forme grammaticalement figée. Rappelons que la tournure « *have* + participe passé » est toujours suivi d'un verbe avec la forme *-ing*. Seule la proposition D répond à ce critère.

- **Question 5. Réponse C**

  Le conditionnel présent du verbe *to be* s'exprime toujours par la tournure : *if I were*. Attention néanmoins à l'oral l'utilisation (fautive) de la tournure *was* est assez répandue.

- **Question 6. Réponse D**

  Le verbe à particules *turn on* signifie « allumer » ; il n'a donc rien à voir avec le contexte. Toutes les autres propositions peuvent se traduire par « tourner » en français ce qui ne nous facilite pas la tâche. Néanmoins, il est clair pour les anglophones que lorsque l'on fait tourner quelque chose sur lui-même (ici un couvercle) il faut employer le verbe *to twist* et aucun autre.

- **Question 7. Réponse C**

  Pour exprimer une condition irréelle dans le passé avec une proposition conditionnelle, on doit utiliser dans notre cas *had been*. Le fait que *would have had* soit au conditionnel passé confirme notre hypothèse.

- **Question 8. Réponse A**

  Dans cet extrait, nous voulons dire qu'avant l'achat de sa maison, le sujet avait déjà loué un appartement. Ici, l'anglais fonctionne comme le français et nous cherchons donc un participe passé, en l'occurrence celui du verbe *to rent* qui signifie « louer ». Ce verbe étant irrégulier, son participe passé est : *rent*.

■ **Question 9. Réponse B**

Dans ce type de construction l'auxiliaire « have » est toujours suivi du participe ; nous pouvons ainsi éliminer la proposition A. Les propositions C et D sont également erronées car l'auxiliaire *would* ne peut être suivi de *had* ou *has*. En conclusion, l'expression « j'aurais aimé » que nous cherchons à traduire ici se dit : *would have liked*.

■ **Question 10. Réponse D**

La seule proposition qui donne un sens convenable à cette phrase est *snapped* qui exprime, dans le contexte, l'idée selon laquelle « le stylo s'est cassé ». Les autres propositions sont les formes prétérit respectives des verbes « montrer », « échanger » et « faire [les magasins] ».

■ **Question 11. Réponse B**

L'auxiliaire anglais *have* ne peut pas être précédé par *have* ou *had* ; seule la tournure *have had* est correcte. Nous pouvons donc écarter la proposition A.

Concernant les propositions C et D, elles sont grammaticalement correctes mais impliquent que le sujet n'a encore appris l'anglais. Or nous apprenons dans la deuxième partie de la phrase qu'il fait encore des fautes. La proposition B est donc la seule correcte. L'utilisation faite de *may* exprime ici une concession traduite en français par « certes » ou « peut-être ». La phrase se traduit ainsi par : « J'apprends peut-être l'anglais depuis longtemps, mais je fais encore des erreurs ».

■ **Question 12. Réponse D**

Le seul verbe approprié dans le contexte de la phrase est *to coin*, qui signifie ici « créer ». Les autres propositions sont les formes prétérit respectives des verbes « lever », « poser » et « se rendre compte ou concrétiser ». À noter que *realised* est ici orthographié à la britannique – en Amérique du Nord, on écrira *realized*.

■ **Question 13. Réponse C**

Seule la proposition C donne un sens à cet extrait. En effet, *to achieve a goal* signifie « remplir ou réaliser un objectif ». Les autres propositions se traduisent respectivement par « remplir », « faire » et « construire ». Enfin, notons que si l'expression « remplir un objectif » à un sens en français, on ne pourra pas employer l'expression *to fill a goal* en anglais.

■ **Question 14. Réponse D**

Le terme cohérent avec le contexte de la phrase est *merger* qui désigne « une fusion ». C'est donc le terme à employer, les autres termes n'étant pas adaptés.

■ **Question 15. Réponse B**

La seule proposition adaptée dans le contexte de la phrase est *threshold*, qui désigne « un seuil ». Les autres propositions signifient dans l'ordre : « ligne », « pente » et « réduction ».

■ **Question 16. Réponse D**

La proposition adéquate est ici *currently*, qui signifie « actuellement ». Les autres propositions peuvent être traduites respectivement par les adverbes : « originellement », « littéralement », « réellement ». Notons que l'adverbe *actually* est un faux-ami et qu'il ne signifie pas « actuellement ».

■ **Question 17. Réponse A**

Nous cherchons ici à exprimer l'idée que le sujet a voulu « proposer, avancer » des idées pour améliorer l'entreprise, ce qui se traduit par le verbe à particules *to put forward*. Le verbe *to advance* signifie généralement « progresser » et ne peut être utilisé comme dans l'expression française « avancer une idée ». Les autres propositions signifient dans l'ordre : « repousser dans le temps » et « saper, miner »

■ **Question 18. Réponse D**

Nous cherchons ici une traduction anglaise au pronom « dont » pour que la phrase ait le sens de : « elle possède deux maisons, DONT une est au bord de la mer. » On choisira dans ce contexte l'expression typiquement anglaise : *of which*. Les autres propositions n'ont tout simplement aucun sens car elles ne se traduisent jamais par « dont ».

■ **Question 19. Réponse D**

Nous cherchons ici à traduire l'expression « non plus ». Il peut alors s'agir soit de *either*, soit de *neither*. Seulement, lorsque l'extrait contient déjà une négation, « non plus » se traduit par *either* car l'anglais ne tolère qu'une négation par proposition. Par ailleurs, notons que la forme adverbiale *as well* signifie « également » et *not more* « pas plus ».

■ **Question 20. Réponse D**

Le verbe à particules *end up with* permet d'insister sur le résultat d'un processus et se traduit généralement par « déboucher sur » ou « se retrouver avec ». Par ailleurs, le verbe *finish up* signifie « terminer, conclure », *go through* « traverser » et *turn out* « éteindre ». Notons que le verbe *to turn out* peut aussi exprimer le résultat dans l'expression *it turn out to be* que l'on peut traduire par « cela s'est avérer être ».

■ **Question 21. Réponse C**

L'emploi du terme *high* est évident dans ce contexte. Les autres termes se rapportent à la taille, à la corpulence, etc.

■ **Question 22. Réponse A**

Dans le contexte de la phrase, il est nécessaire d'employer la forme passive « BE + participe passé » – beaucoup plus fréquente en anglais qu'en français – pour énoncer qu'une entreprise « *a proposé à James de l'embaucher* ». Notons que James ne peut évidemment pas occuper la fonction de recruteur (comme le suggèrent certaines propositions) puisque sa candidature avait été rejetée auparavant.

- **Question 23. Réponse C**
  La seule proposition qui donne un sens à cet extrait est *climax* qui signifie « point culminant, paroxysme ». Concernant les autres propositions, le nom *criteria* signifie « critère », *twist* désigne « un retournement de situation » et *era* « une ère, une période ».

- **Question 24. Réponse C**
  L'expression figée *interestingly enough* peut être traduit par « intéressant, curieusement ». Par ailleurs, nous cherchons ici un terme capable de qualifier le verbe *is* qui précède. Or, seuls les adverbes qualifient les verbes et la seule proposition de la liste correspondant à un adverbe est : *interestingly*.

- **Question 25. Réponse D**
  Nous cherchons ici un verbe signifiant « candidater, poser sa candidature ». Seul le verbe anglais *to apply* répond à ce critère. Les autres propositions se traduisent respectivement par : « offrir », « proposer » et « répliquer ».

- **Question 26. Réponse C**
  Nous cherchons ici à indiquer que « *le propriétaire (*landlord*) a refusé la proposition car il était en désaccord avec les conditions* ». Or, la seule proposition traduisant le verbe « refuser » est : *to turn down*. Concernant les autres verbes à particules, *to turn out* signifie « éteindre », *to turn into* « se transformer en » et *to turn on* « allumer ».

- **Question 27. Réponse A**
  Contrairement au français, l'anglais ne tolère pas plus d'une négation par proposition. Il ne faut donc pas dire *don't know nothing* mais *don't know anything*. Attention, il peut vous arriver d'entendre l'expression « *I don't know nothing* » car certains anglophones font (encore) cette faute.

- **Question 28. Réponse B**
  La seule proposition qui est un sens ici est le nom *sink* qui signifie « évier ». Les propositions A et C sont les formes conjuguées du verbe *to sink* – respectivement au prétérit et au participe passé. Le terme *sinking* est son gérondif.

- **Question 29. Réponse B**
  On utilisera, sauf exception, la préposition *to* avec des verbes de mouvement, comme *to go*.

- **Question 30. Réponse B**
  Nous cherchons ici à exprimer l'idée « *que tout le monde peut apprendre une langue étrangère SAUF ceux qui n'ont même pas essayé* ». La préposition « sauf » se traduit ici par *except*. Notons que l'adverbe *apart* signifie également « sauf, excepté » mais il doit être toujours suivi de la préposition *from*. Notons que les adverbes *otherwise* et *however* signifient : « autrement » et « cependant ».

■ **Question 31. Réponse D**

Nous voyons ici un terme important en entreprise pour exprimer un DOMAINE de compétence ou de responsabilité, le terme anglais *scope*. Notons que *possibility* est ici hors-sujet et que le terme *field* « champ » ne peut pas s'employer dans le contexte. Enfin, l'expression *out of reach* existe bel et bien mais signifie « hors d'atteinte » et on ne peut l'employer dans cet extrait.

■ **Question 32. Réponse B**

« *Les candidats à ce poste présentaient tous des problèmes et aucun d'entre eux n'a [donc] été sélectionné* ». Le pronom « aucun » se traduit dans ce contexte par *none*. Il est important de rappeler que l'anglais fait la distinction entre « aucun » *none*, et « aucun [des deux] » *neither*.

■ **Question 33. Réponse A**

Nous cherchons ici à dire que « *les acteurs sont sortis de la scène à la fin du spectacle* ». Le nom « scène » se traduit par *stage* en anglais. Remarquons que l'anglais fait la distinction entre la scène sur laquelle on joue (*stage*) et la scène que l'on joue (*scene*).

■ **Question 34. Réponse C**

On choisit de mettre un verbe, en l'occurrence *to enforce* qui signifie ici « appliquer ». C'est le seul terme qui est acceptable dans le contexte présenté. Les autres propositions sont des noms, des adjectifs... ce qui ne convient pas syntaxiquement.

■ **Question 35. Réponse B**

L'adjectif « responsable » en français se traduit par *responsible* en anglais. On choisira la proposition B. Concernant les autres propositions, la A est orthographiée comme en français et elle est donc erronée ; la C signifie « réactif ». Enfin, le nom *respondent* désigne un « défendeur » ou une « personne interrogée ».

■ **Question 36. Réponse C**

Nous pouvons ici procéder par élimination : le verbe à particules *to put for* n'existe pas, *to put away* signifie « ranger », *to put off* signifie « sortir » et il ne nous reste donc que la proposition C. Or, *to put something on* se traduit par « allumer » ce qui constitue la seule proposition qui ait un sens puisque, pour faire du thé, il faut allumer la bouilloire (*kettle*).

■ **Question 37. Réponse A**

Dans le contexte donné, seul le verbe *drenched* signifiant « trempé » a un sens. Ajoutons que *drenched to the bones* est une expression figée proche de son homologue français « trempé jusqu'aux os ».

■ **Question 38. Réponse C**

La seule proposition cohérente dans cette phrase est le verbe à particules *to turn out*. En effet, l'expression *turn out to be* signifie « s'avérer être ». Par ailleurs, on peut traduire le verbe à particules *to turn on* par « allumer ». Les autres propositions n'ont aucun sens.

■ **Question 39. Réponse B**

L'adjectif *steep* qualifie généralement une pente et signifie qu'elle est raide – que ce soit au sens propre ou au figuré. Ici nous parlons de façon implicite d'une « chute brutale » des prix. La seule proposition convenable est donc la proposition B.

■ **Question 40. Réponse A**

Le verbe « tenir, remplir sa promesse » se dit *to fulfill* en anglais. Par ailleurs, le verbe *to consider* signifie « considérer, envisager », le verbe *to regard* « considérer », et le verbe *to achieve* « atteindre, réaliser ».

Soyez conseillé(e) par Dorone Parienti !
Soyez conseillé(e) dans votre préparation aux concours en réservant un RDV individuel gratuit (présentiel ou téléphonique) avec nous sur :
www.lagrandeprepa.com / 07.56.99.09.09

Grille de réponses

Épreuve de langues : Anglais			
1	Réponse D	**21**	Réponse C
2	Réponse B	**22**	Réponse A
3	Réponse C	**23**	Réponse C
4	Réponse D	**24**	Réponse C
5	Réponse C	**25**	Réponse D
6	Réponse D	**26**	Réponse C
7	Réponse C	**27**	Réponse A
8	Réponse A	**28**	Réponse B
9	Réponse B	**29**	Réponse B
10	Réponse D	**30**	Réponse B
11	Réponse B	**31**	Réponse D
12	Réponse D	**32**	Réponse B
13	Réponse C	**33**	Réponse A
14	Réponse D	**34**	Réponse C
15	Réponse B	**35**	Réponse B
16	Réponse D	**36**	Réponse C
17	Réponse A	**37**	Réponse A
18	Réponse D	**38**	Réponse C
19	Réponse D	**39**	Réponse B
20	Réponse D	**40**	Réponse A

Test blanc n° 3

- [ ] **Question 1.** The minister (...) a 12 month freeze on any further increases.
A. pronounced
B. denounced
C. annulled
D. announced

- [ ] **Question 2.** Thousands were forced to flee the area (...) to forest fires.
A. due
B. since
C. as
D. for

- [ ] **Question 3.** Just to be on the (...) side she arrived at the airport three hours before the scheduled departure.
A. sure
B. safe
C. best
D. secure

- [ ] **Question 4.** The tracking function on your X-pad tablet can easily be (...) by double-clicking the location icon in the main menu.
A. deactivate
B. deactivation
C. deactivated
D. deactivates

- [ ] **Question 5.** It (...) yesterday that the new director general, is a three-time University Challenge contestant.
A. emerging
B. emerged
C. emerges
D. to emerge

- [ ] **Question 6.** The family (...) their home in fear.
A. flew
B. fly
C. fled
D. flee

❑ **Question 7.** If we didn't have such a tight investment budget, we (...) able to buy more new equipment.

A. would be
B. were
C. had been
D. have been

❑ **Question 8.** It had been a (...) experience for the parents until finally they watched their child being airlifted to safety.

A. tearing
B. rewarding
C. harrowing
D. hilarious

❑ **Question 9.** Semaphore's new gaming application has proved (...) popular in all the countries where it has been released.

A. timely
B. hugely
C. lately
D. closely

❑ **Question 10.** The film star attended the (...) of his latest movie.

A. lunch
B. brunch
C. launch
D. lounge

❑ **Question 11.** There was a (...) of break-ins in the area this last week and the police are appealing for information that will lead to the arrests of those responsible.

A. row
B. number
C. line
D. category

❑ **Question 12.** The fire (...) at phenomenal speed.

A. speed
B. spared
C. spanned
D. spread

❑ **Question 13.** The (...) of the new under-city tunnel was measured and found not to be as (...) as expected.

A. length / long
B. length / longer
C. long / long
D. lengthen / longer

❑ **Question 14.** The boiler was not working correctly, so that when the water came out of the hot tap it was barely (...).

A. piping
B. scalding
C. lukewarm
D. cold

❑ **Question 15.** Vocational training allows child workers to upgrade their skills and thereafter find less hazardous and (...) jobs.

A. menial
B. mediocre
C. medium
D. miserable

❑ **Question 16.** The new CEO's aggressive cost-cutting initiatives have (...) in substantial savings in a number of areas.

A. caused
B. resulted
C. obtained
D. created

❑ **Question 17.** New regulations relating to the use of certain pesticides will come (...) force next year.

A. in
B. into
C. on
D. for

❑ **Question 18.** If the fire-alarm sounds, please leave your desk and (...) directly to the nearest exit.

A. proceed
B. produce
C. protect
D. process

❑ **Question 19.** The deceased was a Russian journalist who moved to Ukraine and (...) changed his views from pro-Russian to pro-Ukrainian.

A. radical
B. radicalise
C. radically
D. radicalised

❑ **Question 20.** There was a (...) to complete and publish the report on time but this inevitably led to uncorrected errors remaining within the text.

A. rash
B. rush
C. ram
D. rage

❑ **Question 21.** Residents of Riverside Hamlets have (...) to local council plans to build a major housing development on community land.

A. objected
B. rejected
C. refused
D. dismissed

❑ **Question 22.** There was a major dispute amongst family (...).

A. memories
B. members
C. remembers
D. numbers

❑ **Question 23.** We must learn from the past in order to (...) the future.

A. secrutiny
B. secure
C. secret
D. secures

❑ **Question 24.** At the Nathanial Cooper school for gifted children we encourage our students to be (...) to the feelings of others and to look at the effect of their actions.

A. sensitive
B. thinking
C. sensible
D. helpful

❑ **Question 25.** Passengers on this train are asked to ensure that their bags don't block the (...) or the doorways of the carriage.

A. ways
B. aisle
C. stream
D. engine

❑ **Question 26.** The proportion of women who are unhappy with their lives has stayed constant at one (...) nine.

A. in
B. with
C. to
D. as

❑ **Question 27.** We need to change young (...) perception that manufacturing is a man's world.

A. women's
B. woman
C. the man
D. men

❑ **Question 28.** Once your payment has been processed, you will receive an e-mail notifying you that your order is ready for (...).

A. shipment
B. ship
C. shipped
D. shipper

❑ **Question 29.** Questions were raised (...) the future of the event.

A. by
B. over
C. to
D. on

❑ **Question 30.** The improvement in technology of the D223 fighter jet is most evident in taking off and (...).

A. showing off
B. setting up
C. touching down
D. moving down

❑ **Question 31.** The Blue Lagoon Café has been badly managed and it's not surprising that it doesn't have as many customers as it (...) to.

A. used
B. use
C. using
D. would use

❑ **Question 32.** He was from a very (...) background.

A. well up
B. well done
C. well known
D. well off

❑ **Question 33.** If the replacement parts arrive on time, production (...) before the end of the week.

A. resume
B. would resume
C. will resume
D. has resumed

❑ **Question 34.** We are committed (...) together to strengthen the security of our shared border.

A. to working
B. worked
C. work
D. are working

❑ **Question 35.** It was the start of a decade (...), one that I didn't realise I was fighting at the time.

A. long
B. long struggles
C. long struggling
D. long struggle

❑ **Question 36.** The purchaser wanted the equipment (...) by Monday morning.

A. delivered
B. delivering
C. will be delivered
D. must be delivered

❑ **Question 37.** The meeting (...) going on since eight o'clock this morning.

A. has been
B. was
C. is
D. will be

❑ **Question 38.** If Nicole gets the salary (...) she has been hoping for, she will be able to buy a larger apartment.

A. rise
B. up
C. raise
D. more

❑ **Question 39.** If we had been (...) of the problem sooner, we might have been able to do something about it.

A. aware
B. awed
C. awaken
D. await

❑ **Question 40.** If he had known this at the time he had to decide on the transfer, he (...) certainly have refused it.

A. could
B. would
C. will
D. shall

Test blanc n° 3

- **Question 1. Réponse D**

  Dans le contexte de la phrase, seule la proposition D est convenable ; on peut alors traduire l'extrait comme suit : « Le ministre a annoncé un gel de douze mois sur toute augmentation supplémentaire ».

  Concernant les autres propositions, le verbe *to pronounce* signifie « prononcer », *to denounce* c'est « dénoncer, condamner » et *to annul* « annuler, abroger ».

- **Question 2. Réponse A**

  Pour compléter cet extrait, on cherche une locution prépositive établissant un lien de cause à effet entre le début de la phrase – « des milliers de personnes ont été contraintes de fuir la région » – et la fin de la phrase – « à cause des incendies de forêt ». Seule *due to* est convenable ici ; les autres termes ne sont jamais suivis par la préposition *to*.

- **Question 3. Réponse B**

  L'expression populaire *(just) to be on the safe side* signifie « par précaution, par mesure de sécurité ».

  On choisira sans hésitation la proposition B.

- **Question 4. Réponse C**

  Nous devons ici choisir la forme passive pour dire que « la fonction de localisation de la tablette peut être facilement désactivée », soit : « [...] *X-pad tablet can easily be deactivated* ».

  Les autres termes – qu'ils soient des substantifs ou des formes conjuguées – ne conviennent pas du point de vue de la syntaxe.

- **Question 5. Réponse B**

  La triple participation du nouveau Directeur Général au [jeu télévisé] *University Challenge* a été su « hier », comme nous l'indique l'emploi du nom *yesterday*. Il est alors logique de se tourner – parmi les propositions de réponse – vers celle conjuguée au passé simple du verbe *to emerge*.

  On retiendra pour cette raison la proposition B.

- **Question 6. Réponse C**

  Pour répondre à cette question, nous allons procéder par élimination. On écarte d'emblée les propositions A et B qui sont des formes dérivées du verbe *to fly* ; dire que l'on « vole d'une maison par peur » n'a aucun sens.

  On hésite donc entre les propositions C et D qui sont deux formes dérivées du verbe *to flee*, en français « s'enfuir ». Remarquons alors que le terme *fled* est conjugué au prétérit simple, tiroir verbal le plus approprié pour restituer une action brève, ponctuelle qui s'est déroulée dans le passé.

- **Question 7. Réponse A**

  En anglais, il faut savoir qu'une principale contenant une construction en « *if + past simple* » est toujours suivie d'une relative au conditionnel dont la forme au présent est exprimée en anglais par la construction « *would* + verbe à l'infinitif ». La phrase se traduit alors par : « Si nous n'avions pas un budget d'investissement aussi serré, nous serions en mesure d'acheter davantage de nouveaux équipements ». On retiendra donc la proposition A.

- **Question 8. Réponse C**

Pour donner un sens convenable à cette phrase, on cherche un adjectif décrivant une expérience de vie terrifiante pour des parents – craignant le pire pour leur enfant – avant qu'ils ne le voient être évacué par avion en toute sécurité (en anglais : *airlifted to safety*). Il s'agit donc d'un moment effrayant, bouleversant ou angoissant que l'on traduit par : *harrowing*. Concernant les autres propositions, l'adjectif *tearing* signifie « déchirant », *rewarding* a un sens proche de « enrichissant, gratifiant » et *hilarious* se traduit par « hilarant, drôle »

- **Question 9. Réponse B**

Les adverbes *timely, hugely, lately* et *closely* signifient respectivement : « en temps voulu », « extrêmement », « dernièrement, récemment », et « étroitement ». Au vu de la teneur de la phrase, seule la proposition B fait sens : « Le nouveau jeu [lancé par] Semaphore s'est révélé extrêmement populaire dans tous les pays où il a été commercialisé ».

- **Question 10. Réponse C**

Le nom *launch* signifie « lancement », au sens propre comme au figuré. En retenant la proposition C, la phrase se traduit alors par : « la star du cinéma a assisté au lancement de son dernier film ».

Aucune des autres propositions suggérées ne complète harmonieusement l'extrait. Le *lunch* et le *brunch* désignent deux types de repas et *lounge* décrit un salon, une pièce à l'atmosphère feutrée et au design raffiné.

- **Question 11. Réponse B**

L'expression idiomatique à reconnaître ici est *a number of [something]*, littéralement « un certain nombre de [...] » et qui se traduit généralement en français par « un grand nombre de [...] ». Concernant les autres propositions, *row* désigne « une rangée », *line* « une ligne » et *category* « une catégorie ».

- **Question 12. Réponse D**

La seule proposition qui convient dans ce contexte est *to spread* qui signifie « propager, diffuser ». Quant aux autres propositions, le verbe *to speed* se traduit par « accélérer », *to spare* « épargner, économiser » et *to span* « s'étendre, couvrir ».

- **Question 13. Réponse A**

Notons que lorsqu'on souhaite mesurer la taille d'un tunnel, on s'intéresse en premier lieu à sa « longueur » – en anglais *length*. Ensuite, on emploie généralement la tournure *as + adjectif + as* pour établir une analogie lorsque deux choses que nous comparons sont semblables [d'une certaine façon]. Dans ce contexte, l'adjectif employé ne peut contenir de suffixe en *-er* qui indiquerait lui un rapport de différence entre les termes comparés.

■ **Question 14. Réponse C**

Pour répondre convenablement à cette question, il faut s'intéresser au contexte de la phrase. Logiquement, puisque l'auteur nous explique que « la chaudière ne fonctionnait pas correctement », on imagine que l'eau qui en sortait était à peine… tiède.

■ **Question 15. Réponse A**

L'expression *menial jobs* désigne un travail qui nécessite peu de compétences, qui est mal payé et souvent ennuyeux. On peut alors traduire la phrase comme suit : « la formation professionnelle permet aux enfants travailleurs d'améliorer leurs compétences et de trouver ensuite des emplois moins dangereux et moins subalternes ».

■ **Question 16. Réponse B**

Dans cet extrait, l'auteur cherche à montrer les conséquences d'une politique agressive de réduction des coûts menée par le CEO. Le verbe « résulter », en anglais *to result*, est le seul permettant d'établir ce lien de cause à effet. On choisira la proposition B pour cette raison. Concernant les autres verbes, *to cause* signifie « causer », *to obtain* se traduit par « obtenir » et *to create* par « créer ».

■ **Question 17. Réponse B**

Par l'emploi du terme « régulation » – en anglais *regulation* – on saisit rapidement que la phrase s'inscrit dans un cadre administratif, fait de droits et de responsabilités. Pour compléter les pointillés, nous allons logiquement chercher une expression employée dans ce type de cadre. On retiendra ainsi la locution *come into force*, qui désigne le processus par lequel la législation, les règlements, les traités et autres instruments juridiques acquièrent une force et un effet juridique.

■ **Question 18. Réponse A**

Pour compléter harmonieusement cet extrait, on choisira le verbe *to proceed*, permettant de traduire la phrase comme suit : « Si l'alarme incendie retentit, veuillez quitter votre bureau et vous diriger directement vers la sortie la plus proche ».

Quant aux autres propositions, *to produce* veut dire « produire », *to protect* « protéger » et *to process* signifie « traiter ».

■ **Question 19. Réponse C**

Pour répondre à cette question, nous cherchons un terme pouvant qualifier le verbe *to change* qui précède les pointillés. Or, seul un adverbe qualifie un verbe et la seule proposition correspondant ici à un adverbe est *radically*, en français « radicalement ».

■ **Question 20. Réponse B**

Dans cet extrait, on comprend que des erreurs n'ont pas été corrigées dans le texte [remis] car la personne qui a complété et publié ledit rapport l'a fait dans « la précipitation », en anglais *rush*. Concernant les autres termes, le nom *rash* signifie « éruption », *ram* désigne un bélier et *rage* est un mot transparent.

■ **Question 21. Réponse A**

Au vu du contexte de l'extrait, la forme conjuguée du verbe *to object* est la plus appropriée. La phrase traduite devient alors : « Les habitants de Riverside Hamlets se sont opposés aux plans du conseil local visant à construire un grand ensemble de logements sur les terres de la communauté ».

■ **Question 22. Réponse B**

Parmi les propositions données, seuls les « membres » d'une famille sont capables de se disputer. A contrario, les « souvenirs » *(memories)* d'une famille par exemple ne peuvent pas se disputer.

■ **Question 23. Réponse B**

L'expression anglaise *in order to* appelle systématiquement un verbe à l'infinitif après elle. Parmi les propositions données, seul le terme *secure* répond à ce critère. La phrase se traduit alors comme suit : « Nous devons tirer les leçons du passé afin d'assurer l'avenir ».

Concernant les autres propositions, le mot *secrutiny* n'existe pas en anglais, *secret* peut être un adjectif ou un nom et *secures* est une forme conjuguée du verbe *to secure*.

■ **Question 24. Réponse A**

Cet extrait nous apprend que, dans une certaine école pour enfants surdoués, les élèves sont encouragés à être sensibles et attentifs aux sentiments des autres. L'adjectif français « sensible » se traduit en anglais par... *sensitive* !

Vous l'avez compris, l'adjectif anglais *sensible* est un faux-ami et signifie « raisonnable, judicieux ».

On choisira donc la proposition A

■ **Question 25. Réponse B**

Cette question de vocabulaire est assez complexe pour l'étudiant qui n'a pas l'habitude de voyager dans un pays anglophone. Notez alors que, pour désigner l'« allée » d'un train, on utilise le terme *aisle*.

■ **Question 26. Réponse A**

En anglais, la tournure à employer pour dire « une [femme] sur neuf » est *one in nine*.

On retiendra la proposition A pour cette raison.

■ **Question 27. Réponse A**

Au vu du contexte, on devine facilement l'opinion que l'auteur souhaite partager avec le lecteur. Selon lui, nous devons changer la perception des « jeunes femmes » selon laquelle l'industrie manufacturière est un monde d'hommes. À noter que l'absence de déterminant nous permettait de savoir qu'un terme au pluriel devait remplacer les pointillés.

■ **Question 28. Réponse A**

Ici, on peut seulement placer un substantif après la préposition *for*. Ainsi, seules les propositions *shipment* et *ship* doivent être retenues. Ensuite, au niveau du sens, seul le terme *shipment* qui signifie « expédition, envoi » peut s'insérer harmonieusement dans cette phrase.

■ **Question 29. Réponse A**

Dans cet extrait, on comprend que des questions ont été émises quant au devenir de l'évènement.

Or, l'expression « ont été émises » se traduit en anglais par : *were raised by*.

■ **Question 30. Réponse C**

Remarquons d'emblée l'emploi de la locution *taking off*, dérivant du verbe à particules *to take off* qui signifie « décoller [pour un avion] ». On choisira logiquement la locution dérivant du verbe *to touch down*, que l'on traduit communément par « atterrir [pour un avion] ».

Concernant les autres propositions, *to show off* signifie « exhiber », *to set up* c'est « mettre en place » et *to move down* « descendre ».

■ **Question 31. Réponse A**

L'expression anglaise permettant de décrire une habitude passée et révolue est : *used to*.

En remplaçant les pointillés par la proposition A, on obtient alors : « le Blue Lagoon Café a été mal géré et il n'est pas surprenant qu'il n'ait plus autant de clients qu'auparavant ».

■ **Question 32. Réponse D**

On emploie généralement la tournure *well off* pour désigner une personne « aisée, nantie ». Il est le seul adjectif que l'on puisse convenablement attribuer au terme *background* qui le précède. Concernant les autres propositions, le verbe à particules *to well up* signifie « remonter [de l'eau], monter [des larmes] », l'interjection *well done* est synonyme de « bravo », l'adjectif *well known* décrit quant à lui « [quelqu'un de] connu ».

■ **Question 33. Réponse C**

L'expression *before the end of the week*, que l'on traduit par « avant la fin de la semaine », place l'action dans l'avenir. Nous cherchons donc, parmi les propositions, une forme conjuguée au futur. En conséquence, *will resume* est la solution à retenir.

■ **Question 34. Réponse A**

En anglais, l'expression *be commited* provenant du verbe « s'engager » est toujours suivie de la préposition *to* (de manière analogue, son équivalent français est toujours suivi de la préposition « à »).

■ **Question 35. Réponse D**

On peut traduire l'expression anglaise *it was a decade long struggle* par « ce fut un combat long d'une décennie ». La difficulté réside ici dans le fait que les règles qui s'appliquent aux adjectifs en anglais ne sont pas similaires à celles en français. Dans le contexte de la phrase, c'est le groupe nominal *decade long* qui joue le rôle d'adjectif pour le mot *struggle*.

■ **Question 36. Réponse A**

Nous pouvons traduire la phrase de la manière suivante : « l'acheteur souhaitait que le matériel soit livré avant lundi matin ». Il s'agit d'une voix passive, c'est donc le participe passé qui doit être employé ici. La proposition B est un participe présent et les propositions C et D ne peuvent suivre *wanted*.

■ **Question 37. Réponse A**

Une action qui commence dans le passé et qui continue dans le présent s'exprime à l'aide du *present perfect*. La proposition B est au passé, la proposition C au présent et la proposition D au futur.

■ **Question 38. Réponse C**

Notons en premier lieu que le terme *raise* est un nom : *a salary raise* se traduit par « une augmentation de salaire ». Les autres propositions sont incorrectes car elles ne sont pas des mots de même nature. La proposition A est un verbe, la proposition B une proposition et la proposition D un adverbe.

■ **Question 39. Réponse A**

La locution adverbiale *to be aware of something* signifie « être conscient de, savoir quelque chose », elle est la seule qui puisse correspondre au contexte de la phrase.
La proposition B (« être émerveillé » ou « être effrayé » selon le contexte), la proposition C (« réveiller ») et la proposition D (« attendre ») sont donc incorrectes.

■ **Question 40. Réponse B**

Une principale comprenant une structure « *if* + sujet + *had* + participe passé » implique nécessairement l'emploi d'une subordonnée en *would* ou *wouldn't*, selon la règle de la concordance des temps. Seule la proposition B répond à ce critère.

Soyez conseillé(e) par Dorone Parienti !
Soyez conseillé(e) dans votre préparation aux concours en réservant un RDV individuel gratuit (présentiel ou téléphonique) avec nous sur :
www.lagrandeprepa.com / 07.56.99.09.09

Grille de réponses

Épreuve de langues : Anglais			
1	Réponse D	**21**	Réponse A
2	Réponse A	**22**	Réponse B
3	Réponse B	**23**	Réponse B
4	Réponse C	**24**	Réponse A
5	Réponse B	**25**	Réponse B
6	Réponse C	**26**	Réponse A
7	Réponse A	**27**	Réponse A
8	Réponse C	**28**	Réponse A
9	Réponse B	**29**	Réponse A
10	Réponse C	**30**	Réponse C
11	Réponse B	**31**	Réponse A
12	Réponse D	**32**	Réponse D
13	Réponse A	**33**	Réponse C
14	Réponse C	**34**	Réponse A
15	Réponse A	**35**	Réponse D
16	Réponse B	**36**	Réponse A
17	Réponse B	**37**	Réponse A
18	Réponse A	**38**	Réponse C
19	Réponse C	**39**	Réponse A
20	Réponse B	**40**	Réponse B

Dépôt légal : octobre 2020 - N° imprimeur : 102067177

Imprimé en France par Présence Graphique - Monts